天津市经济发展研究院智库报告

天津经济调研2018

◎ 黄凤羽/主编　　燕中州/副主编

Tianjin Economic Investigation 2018

天津社会科学院出版社

图书在版编目（ＣＩＰ）数据

天津经济调研. 2018 / 黄凤羽主编. -- 天津 ： 天津社会科学院出版社，2020.11
　　ISBN 978-7-5563-0661-9

　　Ⅰ．①天… Ⅱ．①黄… Ⅲ．①区域经济发展－研究报告－天津－2018 Ⅳ．①F127.21

中国版本图书馆CIP数据核字(2020)第195819号

天津经济调研. 2018
TIANJIN JINGJI DIAOYAN 2018

出版发行：天津社会科学院出版社
地　　址：天津市南开区迎水道7号
邮　　编：300191
电　　话：（022）23360165（总编室）
　　　　　（022）23075307（发行科）
网　　址：www.tass-tj.org.cn
印　　刷：北京建宏印刷有限公司

开　　本：787×1092　毫米　　1/16
印　　张：16.75
字　　数：245千字
版　　次：2020年11月第 1 版　　2020年11月第 1 次印刷
定　　价：78.00元

前　言

坚定不移走高质量发展之路

2013年5月,习近平总书记视察天津时,对天津工作提出"着力提高发展质量和效益、着力保障和改善民生、着力加强和改善党的领导"重要要求,为天津发展和各项工作提供了总依据、总遵循。天津市以"三个着力"重要要求为元为纲,以新发展理念为引领,坚决摒弃"速度情结",把发展战略转到拼质量、拼效益、拼结构优化、拼绿色发展上,坚定不移走高质量发展之路。

践行新发展理念,经济发展质量效益持续向好。2018年,全市生产总值(GDP)比上年增长3.6%。三次产业结构为0.9∶40.5∶58.6。现代都市型农业快速发展,田园综合体、现代农业产业园、共享农庄等新业态不断涌现,绿色优质农产品供给能力不断增强。制造业结构持续优化,一汽大众华北基地、丰田新工厂等一批高水平项目竣工投产,高端装备、航空航天等优势产业占全市工业比重超过78.0%。工业企业效益增长较快,规模以上工业企业利润总额增长11.1%。服务业占全市经济比重进一步提高,现代金融、科技服务、信息服务、旅游会展、电子商务等提速发展。全年引进服务业项目2625个,到位资金2414.36亿元,占比90.9%。科技服务加速成长,营业收入增长12.2%。固定资产投资结构进一步优化,计算机通信和其他电子设备制造业增长11.2%,汽车制造业增长7.0%。

推进供给侧结构性改革,加快构建现代产业体系。全面完成"三去一降一补"年度任务,深入实施新一轮中小企业创新转型行动。制定实施全市钢铁行业结构调整和布局优化方案,完成 51 个工业园区清理整合。产业创新能力快速提升。2018 年,规模以上工业中战略性新兴产业增加值占比 21.8%,比上年提高 1.0 个百分点。新能源汽车产量增长 4.1 倍,服务机器人和工业机器人分别增长 94.3%。滨海高新区、中新天津生态城获批国家新型工业化产业示范基地。产业链条逐步完整,人工智能、生物医药、新能源、新材料等产业加快发展,相继引进腾讯、华为等大数据中心和新松机器人、中核质子医疗、三峡新能源等产业项目。聚集了以"天河一号"超级计算机、曙光高性能计算机、飞腾 CPU、"银河麒麟"操作系统等为代表的自主可控信息技术产业链。产业竞争能力逐步提高,融资租赁资产总额占到全国四分之一,飞机、国际航运船舶、海工平台等跨境租赁业务总量在全国占比均达到 80.0% 以上,全国首个飞机租赁区在我市启用。天津港集装箱吞吐量达 1600.69 万标准箱,港口货物吞吐量达 5.08 亿吨,集装箱吞吐量排名进入世界前十名。机场旅客吞吐量为 2359.14 万人次,增长 12.3%。国内旅游收入达 3840.89 亿元,增长 16.7%。

实施创新驱动战略,积蓄发展新动能。成功举办第二届世界智能大会,高标准建设国家自主创新示范区,国家高新技术企业达 5038 家,科技领军企业达到 55 家,新认定市级"杀手锏"和重点新产品 279 项。基础科研能力加快提升,引进中国原子能科学研究院、中科无人机应用研究院、中国新一代人工智能发展战略研究院、人工智能军民融合创新中心等 10 家国家级科研院所,推动大型地震工程模拟研究设施、中国核工业大学、血液病和中医针灸国家临床医学研究中心等一批国家级创新平台相继落户。研发转化过程提速,"天河三号"百亿亿次超算原型机研制成功,12 英寸半导体硅单晶体打破国际垄断,水下滑翔机下潜深度再创新高。全市综合科技创新水平居全国前列,有效专利达 16.89 万件,其中发明专利 3.21 万件。技术交易额 553 亿元,增长 11.3%。金融服务科技能级提升,设立百亿元智能制造财政专项资金,依托海河产业基金打造千亿级新一代人工智能科技产业基金和项目群、300 亿元生物医药产业母基金群,为产业高质量发展奠定了坚实基础。

落实重大国家战略,京津冀协同发展和"一带一路"取得重要进展。紧扣"一基地三区"国家定位,以"五个协同"为抓手,全力推进京津冀协同发展,积极承接北京非首都功能疏解,主动服务雄安新区建设发展。滨海—中关村科技园科技企业初步集聚,京津合作示范区、宝坻京津中关村科技城、武清京津产业新城等承接平台建设提速,形成了"1+16"承接格局。产业、交通、生态、制度等重点领域实现率先突破,全年京冀企业来津投资到位资金1233.88亿元,占全市实际利用内资的46.4%。区域大气、水、土壤规划实现了标准监测和重污染天气应急响应"四个统一"。4条高铁通道联通京津双城的交通格局正在形成。通武廊"小京津冀"60项合作协议和12项重点工程加快实施,京津冀(天津)检验检疫综合改革试验区挂牌运营,天津口岸进出口总额来自京冀的货物比重达到30.2%。实施高层次人才服务绿卡制度,实现了人才职称资格互认互准。加强与"一带一路"沿线国家投资贸易合作,建设双向产业合作基地,持续推进中埃苏伊士经贸合作区扩展区建设,中欧先进制造产业园建设取得阶段性进展。相继开通天津至莫斯科、明斯克等地的国际班列,推进中蒙俄经济走廊多式联运示范工程,对"一带一路"沿线的俄罗斯以及东盟各国出口分别增长60.5%和23.0%。

改革开放实现新突破,制度红利初步释放。2018年,全市外贸进出口总额达8077.01亿元,增长5.6%。其中出口增长8.6%,增幅比上年提高7.4个百分点。自贸试验区改革创新步伐加快,175项制度创新基本完成,10项创新经验在全国复制推广。"深改方案"获中央批准实施,企业经营许可一址多证、融资租赁企业外债便利化等创新政策率先实施。自贸试验区累计新登记市场主体5.1万户,是设立前历年总和的2.2倍,实际直接利用外资占全市的32%。市属国有企业集团混合所有制改革取得实质性进展,国有资本活力显著增强。制定实施民营经济发展意见,民营企业数量增长13.3%。"金改30条"落地实施,科技金融、农业金融、绿色金融、普惠金融发展提速。推动实施"天津八条","产业第一、企业家老大"理念进一步树立,企业家创新创业热情进一步释放。"海河英才"行动计划引进人才13.3万人,一批顶尖领军人才和急需紧缺的高层次人才齐聚津门。建成"天津网上办事大厅"和50个政务服务"无人超市",90.0% 以上审批事项实现"一网通办""最多跑一次"。大力推进清费减负,非税收入占一般公共收入比重同比降低 7.7 个百分点。实施天津港口岸降费提效优化环境专项行动,在全国率先建立港口收费清单公示和明码标价制度,"一次缴费,全港通行""一单到底、全程无忧",流程服务全面优化,越来越多的企业和航线向天津聚拢。

坚持生态优先,群众"绿色幸福感"明显增强。完成全国首批生态保护红线划定,实现了一条红线管控生态空间。在中心城区和滨海新区之间规划建设 736 平方公里"双城夹绿"生态屏障,完成起步区 5 平方公里绿化任务。对七里海、北大港、团泊、大黄堡等 875 平方公里的湿地进行全面升级保护。实施蓝天、碧水、净土保卫战和柴油货车污染治理、城市黑臭水体治理、渤海综合治理、水源地保护、农业农村面源污染治理攻坚战 8 个作战计划,生态质量明显好转。全市 PM2.5 年均浓度 52 微克/立方米,比上年下降 16.1%,重污染天数比上年减少 13 天,创 2013 年监测以来最好水平。劣 Ⅴ 类地表水比例比上年下降 15 个百分点。

目前,天津经济发展到了爬坡过坎的关键阶段,存在动能转换与高质量发展的要求不适应、产业结构偏重偏旧、资源环境约束趋紧、体制机制活力不够、民营经济发展不充分等问题。为了在变革中寻求突破,天津市经济发展研究院组织全院研究力量,选择特色服务业、高技术产业、都市型农业、基本公共服务、高质量发展等主题,在天津市各区和重点功能区展开调研,形成了本书的 16 篇调研报告,旨在为市委、市政府及相关部门提供决策参考依据,为研究天津经济发展的相关人士提供研究参考。

我们深知,由于自身水平和调研条件的限制,调研成果存在许多不足,需要在今后的工作中加以改正和弥补。在此,希望关心天津经济发展的各位有识之士能不吝赐教,我们将深刻铭记、感怀于心。

编　者

2020 年 11 月

目　录

现代服务业篇

产业升级篇

现代农业篇

公共服务篇

现代服务业篇

滨海新区融资租赁产业发展研究

（天津市经济发展研究院　周腾飞）

融资租赁是滨海新区的一张名片。自 2006 年以来，伴随着滨海新区开发开放纳入国家战略，滨海新区融资租赁产业快速发展，租赁总资产突破万亿元。融资租赁产业是连接金融与实体产业的重要桥梁，其特有的投资杠杆作用和灵活的投融资方式能够有效推动经济的发展，促进实体经济的转型升级。当前，滨海新区融资租赁产业发展处在关键时期，政策优势逐渐衰减，自身发展也存在一些问题。本文将对滨海新区融资租赁产业发展的历史进行梳理，并与上海浦东新区进行对比，指出当前滨海新区融资租赁产业发展存在的问题，并提出相关建议。

一、融资租赁、金融租赁内涵及作用

（一）融资租赁概念

融资租赁是集融资与融物、贸易与技术更新于一体的新型金融产业。对于融资租赁，不同机构定义略有不同，但并无实质性差别。融资租赁是指出租人根据承租人对租赁物件的特定要求和对供货人的选择，出资向供货人购买租赁物件，并租给承租人使用，承租人则分期向出租人支付租金，在租赁期内租赁物件的所有权属于出租人所有，承租人拥有租赁物件的使用权。融资租赁与传统租赁不同，本质区别在于传统租赁以承租人租赁使用物件的时间计算租金，而融资租赁以承租人占用融资成本的时间计算租金。

通过定义可以看出融资租赁具有以下特点：一是租赁资产所有权和使用

权分离;二是租金分期交付,承租人用较少的租金便可获得设备使用权;三是用融物的方式实现融资的目的。

(二)融资租赁分类

融资租赁作为新型金融服务形式,是集金融、贸易、服务于一体的跨领域、跨部门的交叉行业,具有多种分类形式。

按照公司性质分,融资租赁企业分为金融融资租赁企业、外资融资租赁企业和内资融资租赁企业。2018 年 4 月 20 日之前,金融融资租赁企业由银监会批准和监管,外资融资租赁企业和内资融资租赁企业由商务部和国家税务总局监管。2018 年 4 月 20 日之后,以上三种融资租赁企业统一划归银保监会管理(具体情况见表1)。

表 1　我国融资租赁企业监管情况

类别	审批部门	最低注册资本	股东资格	适用法律
金融融资租赁公司	银保监会	1 亿元人民币	商业银行	《金融租赁公司管理办法》
内资融资租赁公司		1.7 亿元人民币	大型制造企业	《内资融资租赁企业管理办法》
外资融资租赁公司		1000 万美金	外资不少于25%	《外商投资租赁企业管理办法》

按股东背景划分,融资租赁企业分为银行系租赁公司、厂商系租赁公司和独立第三方租赁公司。银行系租赁公司以国银金融租赁、工银金融租赁等为代表,其特点是对银行的依赖性较强,业务项目来源于银行内部推荐,客户定位于国有大中型企业,业务集中于飞机、基础设施等大资产、低收益的大型设备领域。厂商系租赁公司以中联重科、西门子、卡特彼勒租赁等为代表,其客户绝大部分集中于设备厂商的自有客户,租赁对象一般为厂商自产设备,以直租赁交易结构为主。独立第三方租赁公司以远东宏信、华融租赁为代表,他们为客户提供包括直租赁、回租赁等在内的、量身定制的金融及财务解决方案,满足客户的多元化、差异化的服务需求。

按业务类型分,融资租赁可分为直接租赁、售后回租、杠杆租赁、委托租赁、转租赁和其他创新型融资租赁模式。

直接租赁。直接租赁是指租赁公司依据承租人的需求,购买指定设备,然后再租给承租人使用,同时收取租金,在租赁期内,租赁公司享有设备的所有权,承租人享有设备的使用权,租赁期满,承租人支付产权转让费后,便可以从出租人处获得设备的所有权。

售后回租。售后回租是指承租人出售其现有的设备或其他资产给融资租赁公司,与融资租赁公司签署融资租赁合同,再从融资租赁公司租赁和使用这项设备或资产。

杠杆租赁。杠杆租赁是指出租人支付租赁物价格的一部分(约20%),其余资金通过银行贷款或其他方式筹集,因为这部分的融资成本低于融资租赁收入,出租人可以利用杠杆效应得到更多的收入。杠杆租赁建立了其他投资者在金融租赁交易平台参与的模式,是当前广为流行的租赁方式,更多与售后回租搭配。

委托租赁。委托租赁是指出租人接受委托人委托,以出租人名义向承租人提供融资租赁服务,租赁期间,租赁物所有权属于委托人,出租人只收取手续费,不承担风险。这种租赁形式可使没有融资租赁业务资格的企业实现"借壳"经营融资租赁业务的目的。

转租赁。转租赁是指融资租赁合同的承租人以第一承租人身份向融资租赁公司或设备生产公司(第一出租人)租赁最终用户需求的设备,然后以第二出租人身份将设备租给最终承租人使用。转租赁的优势在于转租人可以获得其他融资租赁公司的融资便利,缺点在于增加了交易环节。

除以上融资租赁模式外,还有多种创新型融资租赁模式,包括结构共享租赁、捆绑式融资租赁、项目融资租赁、结构式参与融资租赁、销售租赁等形式。

(三)融资租赁对经济发展的作用

增加了中小微企业的融资渠道。中小微企业由于自身规模和企业实力的限制,融资难问题一直存在。中小微企业利用融资租赁,可以在不占用大量资金的同时,利用所需设备,保证正常的生产经营。另外,中小微企业在利用经营外币业务的出租人提供的外汇租赁时,间接获得外汇资金的融资渠道。

拓宽了销售渠道。对于价值高、流动性低、回收周期长的设备等商品,购买方直接购买会占用大量资金,影响企业的资金周转和运营。采用融资租赁的方式,以租代销,既解决了购买方一次支付大额资金的问题,也为生产商提供了资金周转。

促进货物进出口。在国际贸易中,如果出口国对某些设备限制出口,可以通过融资租赁的方式,订立不改变所有权条款,起到规避限制出口的目的。同时,在跨国租赁交易中,各国关税征收方式不同,融资租赁比直接进口关税更低,起到规避进口国关税壁垒的作用。

二、滨海新区融资租赁产业兴起的背景

(一)我国融资租赁业的发展过程

全球融资租赁产业不断向前发展。融资租赁是金融改革创新的产物,并随着金融创新的浪潮红遍全球,在整个经济发展过程中,发挥着独特的作用。近年来,融资租赁产业一直保持着高速发展的势头,年平均十几个点的发展速度远超经济的发展速度。欧美等发达国家和地区的融资租赁产业更是步入了成熟期,大大丰富了国家金融体系,改变了过去单纯依靠银行信贷的融资方式。融资租赁已成为仅次于银行信贷的第二大融资模式。进入21世纪来,以中国、俄罗斯为代表的新兴租赁市场迅速崛起,年平均增长速度甚至达到了50%,全球融资租赁产业正在稳步向前发展。我国融资租赁业起源于1981年中日合资东方租赁公司的设立。经过30多年的发展,我国融资租赁业的发展过程可分为四个阶段。

起步阶段(1981—1987)。这个阶段,我国实行计划经济,各级政府规定租赁项目并提供担保,中央和地方不断出台政策,鼓励融资租赁业发展。随着不断地探索和实践,融资租赁公司如雨后春笋般增多。截至1987年底,我国已

成立 42 家融资租赁公司,其中 19 家为中外合资融资租赁公司,累计引进外资17.9 亿美元。

问题爆发阶段(1988—1998)。这个阶段,政府职能开始转变,经济体制改革,政企分离,政府不再提供担保,融资租赁公司自负盈亏,使管理混乱、缺乏风险防控的融资租赁行业产生巨大的问题,很多融资租赁公司遭遇了欠租现象。

行业整顿阶段(1999—2001)。这一阶段,多家融资租赁公司倒闭,促使政府对融资租赁行业进行整顿。这段时期内制定了《合同法》《企业会计准则——租赁》《金融租赁公司管理办法》等来规范融资租赁行业。

恢复和快速发展期(2002 年至今)。随着外商独资融资租赁的开放以及内资融资租赁的试点,国内融资租赁业不断发展。《金融租赁公司管理办法》的修订,标志着我国融资租赁业已经进入恢复再生期。同时,随着我国市场经济体制的不断完善和发展,融资租赁行业在新机遇下得到了新的发展。

我国融资租赁产业发展空间巨大,津沪成为两大发展高地。我国从 20 世纪 80 年代开始引进融资租赁形式,大大提高了当时我国吸引外国资本和技术的能力。但是之后由于宏观环境发生恶化,我国的融资租赁产业陷入了巨大的危机之中,整个产业一蹶不振。当前,我国融资租赁产业进入了历史上最快速的发展时期,融资租赁渗透率由 2007 年的 0.17% 提高到 2018 年的 5% 左右,但与美、日等发达国家的 15% ~30% 的租赁渗透率相比,还有巨大的发展空间。天津、上海是我国融资租赁产业发展最为集聚的地区,两地依托自贸区的开放优势,成为我国融资租赁的两大发展高地。

(二)滨海新区融资租赁业兴起背景(2007 年至今)

滨海新区融资租赁业发轫于我国融资租赁行业恢复和快速发展期,至今有 10 多年的发展历程,其伴随着滨海新区开发开放纳入国家战略而不断发展壮大。

1.国家层面积极争取先行先试,破解发展瓶颈

2005 年,滨海新区融资租赁业的发展出现了转机,国家"十一五"规划提

出"推进天津滨海新区等条件较好地区的开发开放,带动区域经济发展",天津滨海新区开发开放纳入国家战略。2006 年,国务院出台《关于推进天津滨海新区开发开放有关问题的意见》,同意在天津滨海新区开展综合配套改革试点,自此滨海新区融资租赁业迎来了春天。2008 年 3 月,国务院批复了《天津滨海新区综合配套改革总体方案》,允许天津滨海新区大胆创新试验一些重要的改革开放措施,先行试验一些重大改革开放措施。得益于这些先行先试的政策,滨海新区大胆地进行了一系列融资租赁改革的尝试,脱颖而出成为我国融资租赁业的聚集区、领航区。

2011 年,国务院批复《天津北方国际航运中心核心功能区建设方案》,鼓励天津东疆保税港区开展租赁业务先行先试。2015 年,国务院印发《中国(天津)自由贸易试验区总体方案》,支持天津市租赁业政策制度创新,形成与国际接轨发展环境,加快建设国家租赁创新示范区。国家发改委、商务部、财政部、人民银行、银监会、国税总局、海关总署和最高人民法院陆续出台措施,从机构和业务监管、税收、外汇管理、跨境投融资、司法保障等方面支持天津市租赁业改革创新。

中国人民银行印发《关于金融支持中国(天津)自由贸易试验区建设的指导意见》,将融资租赁作为重点,在跨境投融资和资金运营管理方面给予了政策支持。资本金意愿结汇、外债意愿结汇、跨境融资宏观审慎管理、收取外币租金、跨境资金集中运营管理等创新政策陆续在自贸试验区落地实施。中国银监会印发《关于金融租赁公司在境内保税地区设立项目公司开展融资租赁业务有关问题的通知》,允许金融租赁公司在保税区设立单机单船项目公司(SPV),这对于隔离母公司经营风险,降低税收负担,具有重要意义。

商务部支持天津市在自贸试验区内自主审批设立内资试点融资租赁公司和外商投资融资租赁公司,允许融资租赁公司兼营保理业务。财政部、海关总署、国家税务总局印发《关于在天津东疆保税港区试行融资租赁货物出口退税政策的通知》,准予天津市融资租赁货物出口退税,极大地促进了出口租赁业务的发展。海关总署支持天津市开展保税租赁业务试点,对租赁资产试行"入区退税、进区保税"政策,并率先在天津市开展租赁物异地委托监管。国家税务总局也批准在天津市实行融资租赁增值税抵扣政策。

2.地方层面完善政策制度,建立健全配套保障机制

从租赁公司设立、租赁合同权属登记、物权保护、多渠道融资、市场培育、业务创新、财税优惠和提高行政审批效率等方面明确了支持租赁业发展的政策制度。

2010年为"推进滨海新区综合配套改革和金融改革创新,促进融资租赁业发展成为天津市的金融主导产业",天津市政府发布《天津市关于促进融资租赁业发展的意见》,从租赁公司设立发展、明晰权属和办理权证、租赁市场发展、支持租赁业务和租赁融资发展的财税政策四个方面提出了具体的支持政策,这也是我国第一部地方租赁行业法规。

2011年天津市高级人民法院出台《天津市高级人民法院关于审理融资租赁物权属争议案件的指导意见(试行)》,《意见》指出,通过判断第三人在受让租赁物时是否是善意取得,以遏制租赁物被承租人恶意处置。这解决了融资租赁的权属问题,平衡了融资租赁各方的合法权益,进一步改善了天津市融资租赁业的政策环境。2014年出台《天津市高级人民法院关于审理动产权属争议案件涉及登记公示问题的指导意见》,进一步完善了融资租赁物的权属登记问题。

2015年,天津市政府出台了《加快天津市融资租赁业发展的实施意见》,将融资租赁业列为天津市重点产业优先发展,进一步推进天津融资租赁业功能、政策和制度创新,为天津市企业提供便利化服务,进一步推进天津市融资租赁业创新先行先试。

天津市金融局等部门印发《关于做好融资租赁登记和查询工作的通知》,在天津市范围内率先确立租赁登记对抗制度,有效避免租赁物权属纠纷。

天津市财政局等部门出台《天津市促进现代服务业发展财税优惠政策》,给予租赁机构设立奖励,营业税所得税减免,办公用房补贴,高级管理人员个人所得税补贴等财税支持。

天津市国税局、市地税局出台配套措施,解决了融资租赁增值税差额纳

税,售后回租契税免除和增值税开票,增值税超额返还等问题。人民银行天津分行在外汇管理、借用外债资金和跨境租赁资产应收账款保理等方面给予了有力支持。

三、滨海新区融资租赁产业发展现状

(一)我国融资租赁业整体发展情况

全国融资租赁业呈现稳步发展态势,企业数量、注册资金和业务总量均稳步增长。从数量来看,截至 2017 年底,全国融资租赁企业总数达到 9090 家,其中金融融资租赁企业 69 家,内资融资租赁试点企业 276 家,外资融资租赁企业 8745 家。从注册资金看,全国融资租赁企业注册资本金总量约 32000 亿元,其中金融融资租赁为 1974 亿元,内资融资租赁为 2057 亿元,外资融资租赁约为 28000 亿元(外资租赁注册资金为认缴制)。从业务总量来看,全国融资租赁合同余额约为 60600 亿元,其中金融融资租赁约为 22800 亿元,内资融资租赁约为 18800 亿元,外商融资租赁约为 19000 亿元(见表2)。东部地区在企业数量、注册资本、业务总量方面占据绝大部分,其中上海、天津、广东、北京、福建、江苏、浙江、山东 8 个省市占全国总数九成以上。

表2　2017 年全国融资租赁业发展概况

	数量(家)	注册资金(亿元)	业务规模(亿元)
金融融资租赁	69	1974	22800
内资融资租赁	276	2057	18800
外资融资租赁	8745	28000	19000
总计	9090	32031	60600

(二)滨海新区融资租赁业发展现状

1.总体规模不断壮大

截至 2017 年底,天津市共有总部型法人融资租赁公司 1578 家。其中,银监会监管的金融融资租赁公司为 11 家,中信、华泰、中煤科工、中铁建、国泰金融租赁陆续获批筹建。商务部监管的内资融资租赁公司 79 家,外资融资租赁公司 1488 家。注册资本 6468 亿元,当年新增 1527 亿元。全市融资租赁公司境内外资产总额超过 1.15 万亿元,资产超过 100 亿元的融资租赁企业为 13 家。金融融资租赁公司总资产 6418 亿元,占全国金融融资租赁公司资产总额的 25.7%。跨境飞机、船舶和海工平台租赁业务占全国总量 80% 以上。

2. 制度和产品服务持续创新

天津市开展了租赁项目公司共享母公司外债额度,经营性租赁收取外币租金,租赁企业境外发行外币债券,本币结算跨境租赁资产交易,跨境本外币资金集中运营管理,全口径跨境融资宏观审慎管理,自主审批内资租赁试点企业,融资租赁公司兼营保理,融资租赁公司接入企业征信系统等一系列重大政策制度创新试点。同时,天津市探索出了无形资产租赁、租赁公司保理资产证券化等创新业务模式,在全国发挥了示范带动作用。租赁产品服务从以航空、航运、海洋工程为主,向能源设施、轨道交通、高端装备、节能环保、医疗服务、基础设施、居民消费等领域全面发展。

3. 服务实体经济能力不断增强

工银租赁依托工商银行营销网络及客户资源,积极发展中小微企业设备租赁业务,开发了"租易通"租赁产品,累计为 300 多家中小微企业合计提供租赁融资 100 多亿元。借助供应链融资模式和具有丰富二手设备处置和管理经验的设备制造商,提供租赁物回购担保或租赁债权担保,向其下游用户提供租赁融资,有效解决了中小微企业担保抵押能力不足的问题。以中科租赁、芯鑫租赁、平安租赁为代表的融资租赁企业,以科研设备、信息技术设备、科技装备和无形资产为主要租赁标的物,打通科技项目资金融通障碍,实现科技产业与金融产业的共赢发展。

4. 开放能级和水平持续提升

通用航空金融服务公司(GECAS)、爱尔开普(AERCAP)等全球排名前十位的飞机租赁公司均在我市开展业务。工银租赁在爱尔兰、中国香港等地设立分支机构,加快布局,实现国际化发展。渤海租赁通过租赁资产交易、兼并收购等手段,实现海外租赁业务的迅速扩张,完成了对全球排名第 11 位的飞机租赁公司阿沃伦(AVOLON)的收购。通过融资租赁推动我国高铁、光伏、通信设备、造船等优势产业"走出去"和国外先进技术装备"引进来",服务国际产能和装备制造合作战略。天津市相继完成了华为匈牙利电信跨国电信设备租购项目、肯尼亚工程设备租购项目、金光集团印尼售后回租项目以及华能澜沧江水电、天津天纺投资机械设备等经营租赁项目,推动了中国发电、电信、机械设备等装备走向世界,成为国家走出去战略的新载体。

5.东疆模式示范带动作用不断显现

东疆保税港区(成立于 2006 年)不断探索融资租赁业发展方式,相继开创了进口保税租赁、出口租赁、联合租赁、转租赁、离岸租赁、跨境资产交易等约 40 种跨境租赁创新结构,形成了具有国际影响力的"东疆租赁模式",东疆保税港区成为我国融资租赁产业的主要聚集区和创新领航区,对促进我国融资租赁业发展起到了重要的引领和示范作用。截至 2018 年 3 月,东疆共注册租赁公司 2704 家(含金融租赁公司 2 家,外商投资融资租赁公司 1021 家,内资试点融资租赁公司 57 家,单一项目公司 1486 家,其他租赁公司和分公司 138 家),累计注册资本金达 4590 亿元,共计完成 1122 架飞机,107 台发动机,140 艘国际航运船舶,12 座海上石油钻井平台的租赁业务,飞机、船舶、海工设备租赁资产累计总额达 646 亿美元。

四、滨海新区融资租赁产业与上海融资租赁产业的比较

(一)政策层面

上海自贸区是全国第一个自贸区,天津自贸区是我国北方第一个自贸区,为促进融资租赁业发展,两地分别制定了一系列政策。在准入门槛、跨境融资和租赁业务范围方面,上海自贸区较天津自贸区更全面、开放。在企业注册补

贴方面,天津补贴金额更高,在人才引进方面,天津给予人才的补贴范围更广。总体来看,上海自贸区在促进融资租赁业发展的核心政策方面优势更加明显。(具体情况见表3)

表3　天津自贸区与上海自贸区融资租赁业政策比较

	天津自贸区	上海自贸区
相同点	(1)统一内外资融资租赁企业准入标准,设立审批和事中事后监管,允许注册在自贸试验区内由省有关主管部门准入的内资融资租赁企业享受与现行内资试点企业同等待遇。 (2)跨境租赁实行异地监管模式,实施属地申报、口岸验放。对注册在自贸试验区海关特殊监管区域内的融资租赁企业进出口飞机、船舶和海洋工程结构物等大型设备涉及跨关区的,在确保有效监管和执行现行相关税收政策的前提下,按物流实际需要,实行海关异地委托监管。	
准入门槛	支持符合条件的金融租赁公司和融资租赁公司设立专业子公司,支持融资租赁企业在东疆保税港区设立项目子公司,不设最低注册资本金限制。	区内融资租赁公司的审批权限下放,由自贸区管委会经济发展局负责审批3亿美金以下注册资本的外资融资公司。允许和支持各类融资租赁公司,在自贸区内设立项目子公司(SPV公司)并开展境内外租赁服务,并且对项目子公司不设最低注册资本金限制。
扩大租赁业务经营范围方面	经相关部门认可,允许租赁企业开展主营业务相关的保理业务和福费廷业务,鼓励租赁业境外融资。签署租赁合同涉及的融资租赁无权属但有明确登记主管部门的,应向相关登记主管部门提出租赁物权属变更、权属转移、权属转让申请。	自贸区内融资租赁企业可开展全流向的租赁业务,包括两头在内的境内租赁、两头在外的境外租赁,以及一头在内一头在外的进口或出口租赁业务。自贸区内的融资租赁公司可兼营主营业务相关的商业保理业务。
跨境融资方面	暂无明确政策条文。但相关部门提出扩大人民币跨境使用,支持自贸试验区内企业和金融机构从境外借用人民币资金,支持跨国企业集团开展跨境双向人民币资金池业务。	自贸区内融资租赁公司可开立跨境人民币专户,向境外借取跨境人民币贷款,跨境人民币借款额度采取余额制管理。 支持开展跨境人民币双向资金池,国内、国际外汇主账户等本、外币资金池业务。

续表

	天津自贸区	上海自贸区
财政支持	(1)对经国家有关部门批准,在本市新设立的金融租赁公司和融资租赁公司法人结构,给予一次性资金补助。(2)注册资本10亿人民币以上,补助2000万元;注册资本5亿元到10亿元的,补助1500万元;注册资本1亿元至5亿元的,补助1000万元。(3)补助资金分三年支付,第一年支付40%,第二年、第三年分别支付30%。	注册资本1亿元(含)至5亿元的,给予补助500万元;注册资本5亿元(含)至10亿元的,给予补助100万元;注册资本10亿元(含)以上的,给予1500万元一次性补贴。
人才补贴	从外省市引进且连续聘任两年以上的公司副职级以上高级管理人员,在本市行政辖区内第一次购买商品房、汽车或参加专业培训,五年内按其缴纳个人工薪收入所得税,地方分享部分予以奖励,累计最高奖励限额为购买商品房、汽车或参加专业培训实际支付的金额。	对新引进注册资本达到10亿元或增资规模10亿元(含)以上的融资租赁企业的高管人员,给予每人一次性住房(租房)补贴20万元;对到位资本金1亿元(含)以上的融资租赁企业高管人员、管理人员和专业骨干人员,经综合考核评定,给予一定金额的人才补贴。

(二)发展规模

滨海新区融资租赁产业从 2006 年以后迅速壮大。据中国租赁联盟和当地的租赁行业初步测算,2006 年至 2017 年上半年,滨海新区融资租赁企业由 2 家增加到 1578 家,租赁企业资本规模由 8.5 亿元增加到 6468 亿元,融资租赁合同余额由 8500 万元增加到 1.15 万亿元。2010 年,国家放宽外资系租赁公司的审批权,上海市融资租赁企业,特别是外资系租赁企业数量剧增。2014 年上海自贸区挂牌成立,企业规模更是翻了几番。截至 2018 年第三季度,注册在浦东的融资租赁母公司总数为 1804 家,注册资本总额达 7272 亿元,融资租赁资产规模约达 2 万亿元。

（三）企业结构

天津市共有 7 家金融系租赁企业,数量仅占天津市租赁企业数量的 1.4%,注册资本规模偏大,基本超过 10 亿元人民币,其中工银金融租赁注册资本达到 110 亿元,位列全国第一。2015 年上半年,天津市金融系租赁公司业务总量达到 4900 亿元,占天津融资租赁业务总量的 43.75%。金融租赁企业占据主导地位。2015 年上半年,上海市大约有 1074 家外资系租赁企业,占全市租赁企业总数的 98% 左右。从利润指标看,上海外资租赁公司贡献了全国外资租赁公司全部净利润的 60%。外资租赁占据绝对主导地位。

（四）产品结构

滨海新区融资租赁产品主要是飞机、轮船和大型设备等单笔金额巨大且业务周期长的大型交通设备,且基本集中在东疆港保税区内。东疆港内的融资租赁产品结构由三大板块构成。一是大飞机、航空机和大轮船、游艇为主的交通运输设备板块;二是大型工业装备为主的通用机械设备板块;三是各种基建设备为主的基础设施及不动产板块。仅在东疆保税区内,注册设立的用于民航客机和各类远洋船舶租赁的单机单船项目公司数量就超过了 400 家,我国的飞机租赁业务量的 90% 来自东疆港。上海市融资租赁业务面对的客户和融资标的对象广泛多样,平均业务规模和总资产规模普遍不大,很多代表性融资租赁企业针对特定行业特定类型客户开发满足个性化细分市场需求的融资租赁服务产品,更多的是通过专业化、差异化和精细化的服务盈利,而不是像大型金融租赁公司那样通过低廉资金成本造成的利差优势和大单造成的规模经济获利。从具体的产品结构来看,上海融资租赁产业涉及的领域范围较广,在传统的航空航天、船舶游艇、工程机械等领域发展较为成熟,同时也广泛地渗透到教育医疗、节能减排、水利水电等新兴领域和环保领域。

（五）区域带动能力

在滨海新区所处的京津冀地区,融资租赁产业呈现出北京、天津双引擎发展模式,并且竞争大于合作。天津的租赁企业数量最多,达到 335 家,北京其次,有不到 200 家。从租赁资产总额看,天津超过 2000 亿元,北京位列地区第二、全国第三,大约有 1800 亿元,河北在企业数量和业务规模上均较低。上海所处的长三角地区,融资租赁发展呈现单核发展模式,协同发展程度较高,上海带动作用明显。2014 年底,融资租赁企业数量排名前十的省市中,上海第一、江苏第六、浙江第八;融资租赁企业资产总额排名前十的省市中,上海第一、江苏第五、浙江第八。

五、滨海新区融资租赁产业存在的问题

(一)租赁业发展优势逐渐缩小

租赁业政策改革事权愈发向国家层面集中,我市可运作空间十分狭窄,对重要政策制度的突破难度很大。而爱尔兰、新加坡等地在跨境租赁税收方面优势明显,国内其他省市在租赁企业设立奖励、租赁项目资金奖励、行业配套环境等方面支持力度不断加大,我市租赁业优势逐渐缩小。

(二)对我市效益贡献有限

注册的租赁企业资产规模和数量很大,但很多大型租赁企业的办公场所、资金归集多在北京地区,业务遍及全国甚至境外,在我市辖区内开展业务占比较低,与我市有资金需求的企业和项目联系不够紧密,形成"区内注册、市外经营、全国展业"的局面。

(三)业务模式单一

天津自贸区融资租赁业务多数为售后回租业务,而直接租赁、委托租赁、转租赁、经营租赁等体现租赁业特色的业务占比较低。很多售后租赁多是类信贷业务,注重的是融资,缺少融物的特性,服务实体经济的能力差。在业务领域方面,也存在过度单一的问题,融资租赁公司的业务涉及领域主要集中在飞机、船舶等领域,而服务中小微企业、农业和生活领域的业务较少,同时服务实体经济能力有待进一步提升。

(四)企业空置率高

滨海新区融资租赁企业空置率较高,这些公司并没有实质性开展业务,也就是所谓的"空壳公司",这些空壳公司又大多以外资租赁公司为主。与金融租赁公司和内资租赁公司相比,外资租赁公司注册门槛低,审批方便。很多所谓的外资租赁公司由中国人设立的离岸公司担任外资租赁公司股东,这些公司中很多并不真正从事业务,而是想借牌照套利。

(五)管理和风险防范水平有待提高

很多企业没有完善的业务拓展、财务管理、风险管理、资金融通和人才储备体系,成立后开展业务和持续发展能力不足,甚至成为"空壳"企业。2018年,内外资融资租赁公司转由银保监会管理,将由地方金融监管部门进行主体监管。融资租赁业的监管办法,事中、事后监管手段,需要尽快完善,以前存在的风险需要进行妥善排查化解。对于内资融资租赁公司和外资融资租赁公司出台的政策大有不同,实施外商投资准入前国民待遇加负面清单管理模式,明确在自贸区设立外资融资租赁公司的,由自贸区管理机构直接备案,外资融资公司设立条件和门槛较低,具有"超国民"待遇,促使中资设立离岸公司后再重回国内设立外资融资公司,不利于融资租赁行业的多元化发展。

(六)专业人员紧缺

融资租赁行业的发展主要依靠精通融资租赁相关理论,具备计算机及网络应用、外语、数据分析、市场调研等技能,具备金融、法律、会计、税务实际操作能力的综合型专业人才。而现在的融资租赁公司的员工一般来自银行、保险等机构,不具备综合能力。再者,金融人才教育薄弱,仅有少数高校有租赁专业的专业硕士生,同时对从业人员的终身教育和职业生涯培养不够重视,没有系统的培训和在职教育。对金融人才引进的政策有待丰富,人才集聚效应没有显现。

六、滨海新区融资租赁产业未来发展展望

(一)进一步提升融资租赁发展环境

进一步推进租赁政策制度创新,加快推动《进一步深化中国(天津)自由贸易试验区改革开放方案》中有关租赁业的创新政策落地,形成与国际接轨的租赁业发展环境,助推融资租赁产业继续发展前行。加快建设国家租赁创新示范区,打造天津租赁 2.0 升级版,创造租赁业政策制度和体制机制新优势,努力跻身国际一流租赁聚集区,形成专业化、差异化、国际化租赁业发展模式。

(二)进一步提升监管能力和水平

当前,融资租赁行业风险不断暴露,加强融资租赁行业风险预警和防控刻不容缓。融资租赁行业风险主要体现在两个方面:一是外资租赁公司数量不断增多,存在空壳公司。这些空壳公司享受自贸区优惠条件甚至骗取补贴。二是售后回租业务占比较大,很多融资租赁公司开展的都是类信贷业务,更多的是"假租赁、真信贷",特别是售后回租与不附追索权的保理业务相结合等形式,更大大提升了风险。因此,必须提升监管能力,在宏观层面完善市场准入,加强社会信用体系性建设;在微观层面,加强对融资租赁公司风险管理和指导,规范行业健康有序发展。

(三)进一步提升服务实体经济水平

滨海新区融资租赁业产品标的主要为大型交通设备、大型机械设备,主要包括飞机、轮船等,这是天津的优势,也是天津融资租赁行业发展壮大的重要支撑。但从美、日、德等国际成熟融资租赁市场发展的趋势看,这些国

家一半左右的租赁业务是集中在为中小企业提供设备租赁支持。因此,为进一步支持实体经济发展,进一步扶持中小企业发展,建议滨海新区在以飞机等大型设备租赁为特色发展的同时,能针对中小企业融资租赁进行研究,出台相应的支持政策,开发相应的产品,保持新区融资租赁业能够更加快速健康全面发展。

和平区中小微金融发展研究

(天津市经济发展研究院　周勇)

一、研究综述

(一)研究意义

中小微企业是经济社会健康持续发展的生力军、就业的主渠道、创新的动力源,已成为我国国民经济的重要组成部分。中小微企业还在科技创新中起到重要的作用,是我国国民经济新增长点的重要来源。但基于自身特点,这类企业在发展过程中也面临不少制约瓶颈,融资难被认为是制约其发展的最大障碍之一。目前,党中央、国务院以"大众创业、万众创新"为立足点,出台了各项政策,助力中小微金融。天津市把提升金融服务作为发展的重要抓手,建立完善了中小微企业贷款风险补偿机制,通过发挥财政资金的导向作用和杠杆作用,鼓励和引导金融服务支持实体经济,取得了显著成效。

和平区作为天津市的核心城区,第三产业占经济总量的98%以上,目前正面临从传统的批发零售业、餐饮业等经济业态,向创意产业、新型服务业、信息技术、新媒体产业转型。在这个转型过程中,中小微企业,特别是初创期的中小微企业的顺利成长是实现经济转型升级的重要环节。而融资难、融资贵是这些中小微企业面临的主要难题。为扶持中小微企业的成长,和平区出台了一系列旨在促进中小微企业融资的方案,然而中小微金融发展不足的问题依然没有得到有效缓解,因此有必要加强对该问题的研究。

(二)中小微企业融资特征

1.融资渠道少

中小微企业的融资存在融资渠道不完善、融资成本高的问题。中小微企业因信息透明度低、治理结构简单、抵押资源短缺、生产不确定性大和经营风险难以控制等因素，难以在直接资本市场上通过发行债券、股票解决资金短缺的问题。而商业银行因贷款规模和风险等原因，设置了较高门槛，如果不在国家政策支持和约束下，较高的融资成本很难使其成为中小微企业融资的重要渠道和平台。

2.更多依靠内源融资

内源融资是指企业将自己的储蓄(主要包括留存盈利、折旧和定额负债)转化为投资的源源不断的过程。内源融资是企业资本形成的最初形式，具有一定的原始性、自主性、低成本和抗风险的特点。与此同时，内源融资也受企业的盈利能力、净资产规模和未来收益预期等方面的制约。中小微企业常见的内源融资方式为自筹资金，主要有业主或合伙人、股东的自有资金，向亲戚朋友借用的资金，个人投资资金，企业间的信用贷款等。中小微企业往往会选择内源融资，是因为中小微企业成立时间较短，缺乏外源融资所需的信用记录和相对合乎标准的财务信息、信用记录，信用担保能力不强，只能主要依靠企业内部积累。

3.债务融资以短期、小额为主

中小微企业的债务融资表现出规模小、次数多和流动性强的短期贷款特征。基于中小微企业自身快速灵活的特点，中小微企业在流动资金的使用比率上会高于大型企业，这些借贷的资金多用于日常生产的支付和原材料的购买。

(三)中小微金融相关理论

1.融资次序理论

米尔斯(Myers)于1984年提出资本结构的融资次序理论，指出企业为新项目融资时会对融资方式选择一种优先次序安排,即从不同渠道取得资金的有机构成及其比例关系,具体表现为权益融资与负债融资两种形式的组合和相互关系。理论指出,企业家在确保资金链安全的前提下,才愿意通过对外融资的方式获得资金,而且会选择相对风险较低的证券。也就是说,企业融资次序是内部融资、证券等债务类融资、其他外部融资。由于小企业的融资成本和信息不对称有直接的关系,中小微企业在融资方式选择上的次序特点更为突出。

2.金融成长周期理论

金融成长周期理论是指按照资本结构、销售额和利润等因素,将企业金融生命周期划分为三个阶段,即初期、成熟期和衰退期。随着研究的深入,金融成长周期理论得到了进一步完善,企业的金融生命周期被划为六个阶段:创立期,成长阶段Ⅰ,成长阶段Ⅱ,成长阶段Ⅲ,成熟期和衰退期。这六个阶段更清晰地描述了各个发展阶段企业的具体融资选择。理论显示,处于早期成长阶段的企业,其外源融资的约束紧,融资渠道窄,企业主要依赖内源融资;而随着企业规模的扩大,资本增加,信用提高,企业的融资渠道不断拓宽,获得的外源融资逐渐增加。企业金融成长周期理论为解释处于不同发展阶段的中小企业融资结构特点提供了思路。

据国际金融公司在北京、成都、顺德、温州等地开展的一项针对民营企业的调查表明,我国民营企业不论处在哪个发展阶段,其融资来源都严重依赖于内部融资。这说明我国中小企业多把内源融资作为首选的融资方式,而银行贷款、发行股票或债券等外源性融资运用得极少,基本符合该理论。

3.信息不对称理论

20世纪70年代后期,罗斯(ROSS)将"信息不对称理论"引入融资结构的研究,揭示了中小微融资困境的基础根源。该理论自创立后经历了一系列的传承与发展,现已成为经济学领域中较为常见的研究热点。信息不对称是指在交易过程中双方所掌握的信息完全不对等,从而导致交易在不平等对称的情况下进行的现象。从实际情况看,现实市场经济环境中,信息是不均匀分布的,信息普遍存在偏差的问题,信息不对称的现象在融资过程中比比皆是,影响着金融业的财务决策。

20世纪80年代进一步发展了信贷市场的信息不对称理论,指出均衡信贷配给产生的根本原因,是信息不对称导致了融资过程存在的逆向选择和道德风险。这一现象的产生是因为信贷市场的交易时间长,贷款人搜集授信企业信息所需的成本高,时间长,并且很多时候不能直接跟踪中小微企业的项目进展情况,这样,金融机构贷款给中小微企业的成本高于一般的大型企业,这使得银行在低利率的水平下,通过信用配给来实现超额贷款的需求。通过使用价格补偿机制,风险程度就和道德风险和逆向选择有关了。因为这种原因,融资成本不能满足市场出清的需求,有些融资企业因为信贷基础不健全,出于对还款风险的考虑,这些企业就得不到贷款。融资市场上存在的信息不对称问题越多,信贷配给的比例就越大。

二、和平区中小微金融现状

(一)和平区中小微企业发展概况

和平区坚持高端高质、优化结构,经济持续健康发展,2017年地区生产总值861.21亿元,增速6.3%,以高端金融、高端商务、高档商业、高新科技、高雅文旅的"五高"产业为支撑的第三产业占据绝对优势,占比为97.3%。在"五高"产业中,中小企业数量占据绝对优势。金融机构数量达到660家,其中大多为中小金融机构。小白楼国际航运服务业集聚区效应凸显,传统商业加快调整。楼宇经济加快发展,全区共有商务楼宇116座,总建筑面积418万平方米,全部商务楼宇实现全口径税收160亿元,税收超亿元楼宇35座,盘活空置楼宇32.4万平方米。创新驱动激发活力,国家科技统计数据中心落户,原宝石轴承厂转型为科技创新载体,建成市级众创空间3个,新增科技型中小企业321家、规模过亿元的科技型企业6家。市场主体总量达到2.8万户,同比增长12.5%。

（二）和平区中小微企业融资概况

1.融资难度大

受经济下行压力影响,中小微企业资金困难的情况普遍存在,大多都有较强的融资欲望,但融资难度比较大。究其原因,不外乎以下三类。

一是银行融资"门槛高"。银行定价考虑客户风险、管理成本、资金成本等因素,在传统的信用评级方法和抵质押与担保标准下,大多数的中小微企业不符合商业银行的信贷标准。例如,很多创意产业、科技产业的企业,它们属于轻资产,甚至零资产,缺少必要的抵押担保。虽然市里出台为无抵押、无质押、无担保的"三无"企业提供融资扶持的政策,建立了中小微企业贷款风险补偿机制,但最后到银行那获得贷款扶持的仍是少数。

二是中小微企业管理基础薄弱,财务制度不健全,难以达到金融机构的信息审核要求。没有完整的信用记录,导致银企之间信用信息不对称,金融机构获得相应信息的成本率过高,审贷过程比较烦琐。银行普遍反映,多数中小微企业没有实施现代企业制度,企业治理结构不健全,财务制度不规范,贷款风险高于国有大中型企业,甚至有的中小微企业还有恶意贷款不还的行为,这些都加重了资金回笼的风险。

三是社会融资风险大。中小微民营企业之间的相互借贷是其融资的一种重要方式,在经济下行普遍资金困难的情况下,相互借贷压力加大,稍有不慎,企业倒闭风险相当大。在这种局势下,中小微企业社会融资的渠道也变窄了。

2.融资成本高

目前,经济发展形势错综复杂,中小微企业竞争愈演愈烈,发展成本也日益增高,对融资成本的过高的忧虑也不可忽视。

一是中小微企业规模小,而融资程序多、把控严、时间长、费用高,导致金融机构财务成本极高。银行出于信贷风险防范和成本考虑,对中小微企业设置高信贷门槛,符合条件的中小微企业数量锐减。

二是大部分银行对中小微企业定价水平通常为基准利率上浮,出现了融资实际和需求实际不匹配的现象。贷款融资成本抵消了企业利润,企业压力增大,使得大多数中小微企业"望而却步"。

三是融资担保服务平台不健全,担保机构的征信、增信功能和融资信用担保功能没有得到充分发挥,信用担保体系架构没有形成,使中小微企业融资缺少担保保障。

三、国内外中小微金融经验借鉴

(一)日本中小微企业融资模式

日本从自身的经济社会发展状况出发,通过对法律体系的不断完善和社会实践,逐渐形成以政府疏导、银企对接为主导,中小微企业间接融资为主的融资模式,为中小微企业提供了宽松的融资环境,也造就了朝气蓬勃的中小微企业。

1. 企业融资的规章制度比较完善

第二次世界大战以后,日本不断完善有关中小微企业的法律规章,逐渐形成了一整套健全的法律体系。20 世纪 50—70 年代,日本先后出台了《国民金融公库法》《中小微企业金融公库法》《中小微企业基本法》等多部相关法律,将原来的中小微企业政策进一步系统化。同时,设立了国民金融公库,规定要向中小微企业提供长期的小额低息贷款,帮助企业解决资金周转困难问题,帮助企业渡过难关。在此基础上,日本陆续制定了针对中小微企业发展扶持、融资指导等多方面的法律法规,比较著名的是 1999 年出台的《中小微企业基本法》,该法要求企业不断提高内部结构治理水平,加强自身管理,推动了中小微企业的长期良性发展。

2. 企业融资的渠道较为多样

间接融资门槛低。日本企业与企业之间、企业和银行之间,长时间存在着交叉持股现象。正是由于相互持股,企业之间、银企之间保持了良好的信赖关系,形成了日本中小微企业关系融资的基础。这是日本独特的融资方式,在全世界,只有日本的间接融资多于直接融资。日本的中小微企业自有资本比率平均为 15%,甚至低于大中型企业的平均水平,对金融机构的贷款依存度,即银行贷款的比例占到了 59%,也远高于大企业。除一般性的商业银行外,日本政府还出资成立国民金融公库、商工组合中央金库及中小微金融公库等专为中小微企业提供融资服务的金融机构。在这些机构,中小微企业可通过政府支持获得低于市场利率的贷款,同时审批程序和手续简单,获得资金的时间成本也很低,这极大地缓解了中小微企业的融资难题。

鼓励有潜力的企业直接融资。日本政府设立相应的扶持政策和激励机制,鼓励有发展潜力的中小微企业直接上市融资。在政府搭建的创业板市场和第二柜台交易市场的直接融资平台,进入门槛较低,帮助了一大批潜力大、规模小的企业进行融资,推动了高新技术产业和新兴产业中中小微企业的发展。

3.信用担保体系比较完善

日本建立信用担保体系时间早,相对其他国家也更为成熟。日本针对中小微企业的信用担保体系有两种:一是信用保证协会,该协会的出资方包括政府和地方团体;二是信用保险公库,公库完全由政府出资,向信用保证协会提供保险。信用担保体系包括了从全国性到地方性的各级担保机构,全国性的担保机构如中小微企业信用保险公库,地方性的担保机构代表如东京中小微企业信用保证协会,还有民间私人信贷担保公司。通过政府和民间资本的共同风险承担模式,建立了地方担保加政府再担保的双重、多层次的担保模式,使中央与地方共同承担风险,有效地增强了银行贷款给中小微企业的信心,构建了日本系统的信用担保体系。

(二)德国中小微企业融资模式

和日本一样,德国也以中小微企业领先世界著称,其遍布制造业的中小企业在全球享有盛名。

1. 健全的法律制度

在德国,针对中小微企业的财政、金融及税收政策,以及由相关公法和民商法构成的法治系统比较完备。德国绝大部分州都制定了《中小微企业促进法》,其中比较有代表性的是《中小微企业结构的政策原则》《反限制竞争法》。1977 年和 1978 年,德国相继出台了《中小微企业研究和研制工作基本设想》《联邦政府关于中小微企业研究与技术政策总方案》等针对中小微企业的帮扶措施,促进企业技术转型升级,增加发展后劲。进入 21 世纪后,德国陆续出台了《中小微企业研究及发展工作设想的计划》等优惠性政策,加大了对新注册企业和中小微企业的政策倾斜力度。可以看到,完善的法律体系为德国中小微企业融资奠定了稳定的基础。

2. 政府适度参与融资活动

德国政府对待中小微企业融资问题,采取的是联邦性和辅助性的原则:联邦性指事权与财权一致,如何推动经济发展是各州的事权,专项资金的大部分由各州自筹,使用上也因地制宜,以本州的实际需求为出发点,自行支配;辅助性是指帮助而非代替中小微企业自身的努力,政府制定了一系列促进中小微企业融资的措施,最重要的就是优化中小微企业的融资环境。在机构管理上,德国设置了多个方向的管理机构,在联邦政府财政部设立了中小微企业局,在经济部、科技部等也设有中小微企业管理机构。在融资扶持手段上,成立企业发展基金,对符合政策的中小微企业可给予基金资助;设立专项科技开发基金,对科技中小微企业进行补贴。同时,加大财税优惠政策的倾斜力度,对符合条件的中小微企业免征营业税、免交财产税。

3. 建立完善的信贷担保体系

德国针对中小微企业的实际需求,成立了包括合作金融机构、大众银行、储蓄类银行在内的多种类型的金融机构,还有手工业工会和行业工会组建的联合担保系统给予担保,中小微企业可自由选择担保方式。

(三)中国贵州中小微企业融资模式

1. 金融科技产品的开发与应用

为进一步促进科技成果转化,解决科技型中小微企业在技术创新和成果转化、科技产业化过程中所面临的融资难、成本高问题,贵州省与相关金融机构合作,开发了一系列科技金融产品,助力中小微企业发展。

(1)科技金融专项产品服务

贵州省与中国银行所属分行开发了"黔科通宝",与国家开发银行所属分行建立了"四台一会",同时针对科技型中小微企业由于资产、信用等不足而在融资中存在的主要障碍,从科技金融模式上探索有效的解决方案。

(2)非上市股权投融资服务

为探索科技型中小微企业非上市的社会资本融资渠道,贵州与天津股权交易所合作,进一步寻求融资的新渠道。

(3)设立科技金融专项贴息补助金

贵州采取多部门联动、出台联合政策的措施,设立科技金融贷款贴息专项补助金。自 2014 年起,贵州每年投入 300 万元,按照 1∶50 倍比例放大效应使用,吸纳更多的社会资本到中小微企业融资中来。

2. 信用体系的建设与完善

贵州省印发《社会信用体系建设(2014—2020 年)规划纲要》,明确指出贵州省将建设中小微企业信用体系,帮助中小微企业解决融资难问题。

(1)建立信用评价体系

贵州将完善信用评价体系,建立中小微企业信用记录,以便查询,引导鼓励金融服务类机构进行中小微企业融资增信服务,创造性地建立了中小微企业联合信用服务体系,多措并举为中小微企业增信。

(2)营造良好的社会氛围

建立诚信经营为本、诚实守信的社会氛围,通过政策宣讲、政策激励、典型宣传等方式,向全社会宣传诚信的重要作用。

（3）加强对中小微企业信用管理的指导

通过诚信进社区、诚信落企业等活动,加强企业自身诚信管理,推动企业建立良好的信用记录,培养良好的信用习惯。

（四）中国重庆中小微企业融资模式

在大众创业、万众创新中,重庆取得了辉煌的成绩。其中,小微企业实现了高达80%以上的存活率,已有很多小微企业逐渐发展壮大,多家企业在重庆股份交易中心(OTC)挂牌上市,未来甚至可能在主板上市。

1.财税、金融政策助力企业发展

（1）财政补贴

自2010年始,重庆从财税、人力社保等多个方面,出台助力中小微企业的地方政策法规60多个,每年投入小微型企业帮扶资金超10亿元。

（2）税费减免

重庆取消和免征行政事业性收费55项、政府性基金项目53项,累计兑现财政奖励补贴1.56亿元。

（3）金融贷款

重庆出台了微型企业可申请无抵押担保的创业扶持贷款政策,已累计发放微型企业贷款177.29亿元。

2.提升企业自身能力

一方面,重庆财政每年拨付后续发展专项资金2亿元,用于财务制度完善补贴、设备改造升级补助等十余项经营帮扶;另一方面,重庆继续探索创新金融服务政策,先后推出了助保贷、购置贷,以及用于转贷应急周转的专项资金,进一步解决了企业的资金需求和降低成本问题。

（五）借鉴与启示

综合日、德解决中小微企业融资问题的经验发现,做好政策的顶层设计是基础,要不断完善政策法规对中小微企业的保障和帮扶作用;政府扶持与引导是前提,要加大对企业的帮扶力度,善于借助政府、民间资本共同做好融资的推动工作;多元化的融资渠道是关键,要不断搭建银企对接的平台建设,推动有条件的企业采取融资上市等直接融资模式;完善信用体系是保障,要建立适应本国发展情况的信用体系,降低融资风险,通过增信降低融资门槛。

在科技型中小企业的融资问题上,贵州省的做法具有重要的参考价值,特别是非上市股权投融资服务可为和平区提供借鉴,利用属地优势和"金融和平"的区域定位,为科技型中小微企业开展非上市、社会资本融资探索新渠道。贵州省抓住企业信用评价、社会舆论宣传、信用观念培养等关键环节,采取全社会共同参与的方式,有力地提升了企业家的信用理念,有效提升了中小微企业的信用度。和平区也可以借鉴贵州省提升信用度的做法,帮扶中小微企业发展,除了金融服务,给予企业贷款外,帮助企业加强自身建设,强化企业竞争软实力也至关重要。重庆市采取的财税、金融、培训三位一体的综合帮扶模式也值得和平区借鉴。

四、推进和平区中小微金融发展的对策

从和平区经济运行态势看,政策的制定与实施的相对滞后,企业自身信用问题和发展的局限性,以及金融产业的发展不健全等多方面因素相互关联,共同导致了中小微企业的融资难题。因此,想要推进中小微企业融资问题的解决,就需要从政府、金融机构和企业三方查找原因,从政策支持、金融服务和企业完善等多角度共同寻求解决问题的对策。

(一)强化政策支持力度

1.加大重点行业的融资扶持力度

做好中小微企业的扶持,根本在于要紧紧围绕党中央、国务院提出的"大众创业、万众创新"的总体要求,通过支持环保产业、创新驱动产业等朝阳产业中有发展潜力的中小微企业,促进产业结构升级,经济模式优化,推动经济良性健康发展。将搞好中小微企业帮扶与培育众创空间、扩大外贸增长等重点工作相结合,通过载体建设,使更多的优质企业快速集聚、乘数倍增,要推动"小升高""小壮大""小做强",实现企业能力、规模、服务全面升级,助力企业在新常态下稳健发展。

2. 拓宽中小微企业融资渠道

利用多种方式途径,连续打出"组合拳",以政府资金为杠杆,撬动中小微企业的融资能力,给企业提供资金支持,使企业能够应对挑战、成长壮大。

一是落实政策。自2015年的"一助两促"活动开始,天津市出台了银税互动合作,风险贷款补偿前移时点,建立贷款贴息奖励机制,健全政府融资担保体系,加强信用环境建设等一系列举措,应支持和帮助企业把优惠政策用足、用好、用到位,深入调研辖区内中小微企业的需求,为助推企业发展加油充电。

二是推动符合条件的中小微企业上市融资。定期组织召开全区企业上市推动会及协调会。行业主管或服务部门每季度至少组织有上市意愿企业召开一次上市挂牌工作政策宣讲会或培训会。组织券商、会计师、律师事务所、天津股权交易所等机构参加活动。帮助上市和股改企业享受市区两级财政资金支持,确保各项优惠政策顺利兑现。

3. 优化企业融资环境

以国家自主创新示范区和平分园为核心区域,依托环天津大学—南开大学知识经济创新圈和"一区三片"的金融产业布局,建立市区联动、上下配套的政策机制,优化融资环境,推进创新创业,使"促惠上"活动成为推动经济社会发展的新引擎。加大众创空间培育力度,带动科技创新及配套服务产业发展,形成产业研发、创业孵化、技术转化、知识产权、科技咨询和科技金融等创新产业链和服务链,打造富有活力和特色品牌的科技产业聚集带。健全政府融资担保体系,区属国资投资公司下属的担保公司为中小微企业融资提供适当的信用担保服务。加强信用共同体建设,动员金融机构扩大信贷规模,开发有针对性的金融产品。充分发挥中小微企业贷款贴息激励作用,前移贷款贴息补贴时点,完善企业贷款的激励约束和监督管理机制。依靠大数据等新兴技术,为金融机构提供更加准确的小微企业运营信息,解决信息不对称问题。

(二)进一步落实中小微企业贷款风险补偿机制

1.加大信贷投放力度

推动区内金融机构积极向总部争取政策和资金支持,做足表内贷款,拓展表外业务,保证资金供应,有效提高贷款增量,实现中小微企业表内外贷款总量大幅度增加。

2.强化对接补偿机制

加快推进金融产品和服务模式创新,开发推广适合风险补偿机制的金融产品,大力发展商圈贷款、产业链贷款、知识产权贷款等特色金融产品,实现金融与企业的有效对接。建立符合风险补偿机制要求的贷款审批绿色通道和扁平化、集约化、标准化、批量化的中小微企业贷款审批流程,提高贷款审批效率。推动完善金融机构内部激励约束机制,对落实中小微企业贷款风险补偿机制突出,服务中小微企业突出的团队和个人予以正向激励,科学认定不良贷款责任,切实落实尽职免责制度。

3.提升金融服务水平

推广差异化服务,实施精细化管理,为中小微企业提供开户、信贷、结算、理财、咨询等基础性、综合性金融服务,运用手机银行、网上银行新渠道,提高服务便利度和覆盖面。在机构、人员、系统等内部资源配置上继续确保对中小微企业业务条线的倾斜,建立压力传导机制,将指标任务层层分解到分支机构,为更多中小微企业提供资金支持。

4.完善风险分担机制

在风险可控前提下,金融机构要拓宽合作担保机构范围,不得根据股权性质和资本金规模设定门槛。对风控能力强、融资运作规范、资本实力强的担保机构,优先提供其承保项目的信贷支持,给予利率优惠,适当放大担保倍数,降低或适当取消保证金的缴存比例。建立和完善科学的风险共担机制,根据项目风险程度、申贷企业和承保担保机构的资信等级,按照风险与收益对等的原则,确定合理的风险分担比例,促进三方共赢。

(三)降低中小微企业融资成本

1.降低融资中间环节成本

在做好贷款质量监测和风险分类的基础上,对市场前景好、遇到短期资金困难的企业,灵活采取调整贷款期限和还款方式、变更担保方式等贷款重组措施,积极推广联合授信和银团贷款,缓解企业的债务压力。积极落实改善中小微企业金融服务的相关政策,创新中小微企业金融服务产品,在有效管控风险的前提下,尝试推广循环贷款和无还本续贷等流动资金的还款创新方式,降低企业"过桥"融资成本。

2.开拓直接融资渠道

积极推动金融机构为企业多渠道融资提供多元化金融服务,优化融资方案,积极为企业提供财务顾问服务。推动更多企业用好债券市场,发行企业债、公司债、小企业集合票据等债务融资工具,吸引更多的风险投资,扩大直接融资规模,优化融资结构,降低财务成本。

(四)完善信用体系建设

1.完善信用信息征集体系

采取多种方式完善信用信息征集体系。根据《中小微企业信用体系建设基本数据项指引》,结合和平区中小微企业的特点和信息分布情况,确定采集指标体系,完善信息征集机制,采取数据报送、直接征集、信息系统联网共享等多种方式征集信息,加快电子化档案建设,实现信息的持续更新,完善信用信息的共享机制。

2.建立信用评价机制

整合税务、工商和银行贷款系统中的企业经营、纳税和贷款记录等数据，实现企业信息"三库合一"，建立中小微企业信用记录，以便查询，引导鼓励金融机构进行中小微企业融资增信服务，以中小微企业信用信息为基础，建立完善的适合中小微企业的信用评价机制。推动中小微企业信用评级（分），鼓励评级机构制定适合中小微企业特点的评级方法体系，按照市场化原则推动评级机构为中小微企业评定信用等级。利用中小微企业数据库，建立中小微企业联合信用服务体系，多措并举为中小微企业征信、增信。

3.健全信息通报与应用制度

强化政府部门信息服务。动态跟踪政府部门的信息需求，定期或不定期地通过报告、报表等方式向政府部门通报中小微企业的信用信息，为政府制定政策、措施提供信息参考。设立信息公众平台，实时发布银行金融产品和企业融资需求信息；实时打通融资对接信息，提高银企对接效率，做好对社会的信息公布。采取定期和不定期相结合，以报告、报表等方式，通过网络或新闻媒体向社会公布中小微企业融资的信息。

（五）发挥公共服务平台作用

1.积极组织银企对接活动

依托科技金融服务平台，深度开发"平台＋"融资服务模式，推进"一站式"金融服务，做好政策宣传、信息整理、挖掘需求、融资对接、金融培训等工作。将科技型中小微企业作为服务重点，依托科技创新综合服务平台，推介科技金融服务职能和相关工作流程，积极引进投融资服务机构入驻，帮助创新创业企业与银行、投资公司、投资基金等金融服务机构高质量对接，搭建供需接洽平台，营造良好的金融服务环境。

2.设立信息共享平台

在市"一助两促"信息平台和融资信息服务网的基础上，设立区中小微企业专项融资服务平台，即时发布数据和工作动态，推介金融产品，宣传解读政策,实现中小微企业信息科学化、系统化管理。依托中小微企业大数据平台,将企业实缴税金、贷款历史、贷款需求、近期对接等信息纳入数据库;依托金融服务网络平台,集中推介金融产品和融资政策,并结合企业线上融资申请情况,按照分区域、分板块、多批次、小批量的方式,定期举办线下对接活动;依托中小微企业资信评价和信用体系平台,为银行审核贷款资质提供综合信息。

河北区楼宇经济发展调查研究

（天津市经济发展研究院　穆瑞章）

一、河北区经济发展概况

近年来,我国经济发展模式由高速度向高质量的转变,为河北区带来了促进都市经济发展壮大的外部条件。河北区以"向上、向深、向新"发展为引领,按照发展沿河经济、地铁经济、楼宇总部经济"三个经济",实施开发带动、产业升级、政策吸引、环境保障、和谐共建"五大战略"的总体思路,团结协作、务实创新、攻坚克难、创先争优,实现了经济发展的加速度、环境建设的高标准、民生改善的上水平的新局面。

随着经济发展进入新常态,整体形势错综复杂,深层次矛盾和短期困难交织,经济下行压力不断加大,河北区坚持咬住发展不放松,以提高发展质量和效益为中心,主要经济指标保持了平稳较快的增长态势。2018 年,预计实现地区生产总值480 亿元,服务业增加值占比近70%,完成一般公共预算收入27.7 亿元,税收占比达78.3%,完成固定资产投资 114 亿元,完成率达103.6%。

招商引资实现新突破。落实京津冀协同发展战略,服务非首都功能疏解,引入北大金秋等18 家京冀企业,与北京市石景山区签署战略合作框架协议。实施招商引资高质量发展三年行动,瞄准重大实体项目、智能科技、高端服务业招大引强,引进高质量项目28 个,预计实现国内招商引资到位额70 亿元。丝路视觉、丰巢科技、喜马拉雅、沁新集团,以及中海外能源、日立电梯工程技术等一批行业领军企业相继落户。积极服务天津市申报"设计之都",成功举办第五届天津国际设计周,吸引了一批创意设计类企业。举办"品质之城·相约河北"等招商活动,借助津洽会、进博会等广泛开展招商推介,主动走出去敲门招商,区域影响力不断扩大。

产业升级迈出新步伐。编制完成《河北区产业创新发展报告》。科技创新能力不断提高。新增市级科技型企业167家,通过国家科技型中小企业评价入库176家;新增规模过亿元科技型企业2家、国家级高新技术企业22家,移山工程、中铁六局被认定为国家知识产权优势企业。完成科技成果登记101项、专利授权1052件,实现技术合同成交额37.2亿元。金融业稳定增长。驻区金融机构达到116家;齐鲁银行天津分行落户,实现引进地区性银行总部零的突破。137家中小企业实现新一轮创新转型,引进、转型、培育天士力大药房等39家电子商务企业。稳步推进区属国有企业改革,建设开发公司、天兴公司合并重组,出清"僵尸企业"6家。紧紧抓住"海河英才"行动计划契机,近5000名人才落户,加速建设人才公寓,16名博士、博士后来区挂职,人才总量达到4.3万人,同比增长30.3%。

载体建设取得新进展。全年施工面积425万平方米、竣工77万平方米,超进度完成计划总投资5000万以上项目开工任务。旺海国际等商务楼宇竣工,和融广场、国印一期等项目开工,恒茂商业中心等项目加速建设。借助楼宇资源,打造创业公社、优客工场、清控科创"科技创新中心"、浙大校友会"天使大厦"等专业运营服务平台,茂业大厦等大意风区重点楼宇招商态势良好,盘活楼宇空置面积15.27万平方米,28座亿元楼宇实现税收15.9亿元。榆关道—赵沽里地块实现出让。

营商环境得到新提升。深入推进"一制三化"行政审批制度改革,加快实施减事项、减材料、减环节、减证照、减时限"五减"改革,有力推动"多项合一、多证合一"等工作,推出容缺后补、承诺审批事项45项,行政许可办理时限从20.6天压缩至4.4天。开辟绿色通道,企业开办仅需1个工作日。实施工程建设项目审批制度改革,项目审批时间压减一半以上。全年新增市场主体1.13万家,其中企业主体4621家。民营企业达4538家,增加值占比约40%,位居中心城区前列。深入践行"产业第一、企业家老大"的理念,落实"天津八条"和"河北区八项优化举措",建立企业家俱乐部,组织企业家沙龙,畅通政企沟通渠道。扎实开展"双万双服促发展"活动,收集企业问题1243个,按时办理率100%,问题解决率99.6%,位居全市第一。出台产业发展扶持办法等安商惠商政策,增强了对优质新企业的吸引力,促进了优势老企业的稳健发展。税务、市场、规划、公安、消防、交管等各驻区单位做出了新的贡献。

二、河北区楼宇经济发展的主要举措

京津冀协同发展战略实施以来,河北区发挥区位优势,整合楼宇载体,承接首都资源,一批地区总部、结算中心等行业龙头和高端项目相继落户于此,涌现出一批具有较强行业吸引力的特色楼宇,其上下游关联企业的入驻已达到一定规模和比例。远洋大厦、茂业大厦、颐和珠宝大厦以及医药大厦分别形成了以航运物流、金融总部、黄金产业、生物医药为主导的特色楼宇。同时,逐步形成南起茂业大厦,北至天津之眼聚源广场,涵盖远洋大厦、意式中央商务区、颐和国际珠宝大厦、白金湾大厦、津源大厦等十几座高端楼宇,全长4.5公里的海河楼宇经济聚集带,以金融创新产业和高端商务服务业为依托的黄金走廊,成为河北区极具产业竞争力和辐射带动力的独特优势资源。

(一)通过重点规划、走访、帮扶,大力培育和发展楼宇经济

一是将楼宇招商与承接非首都核心功能、京津冀协同发展等工作相结合。通过加强与北京各类政府机构、中介组织、商会协会的沟通联系,开展中介招商,以商招商,重点吸引优质企业和有经验的楼宇运营团队。

二是充分发挥扶持资金的杠杆作用。利用资金支持对远洋大厦、颐和国际珠宝大厦、通广科技园、天明创意产业园、茂业大厦等多座楼宇进行了提升改造,调动了楼宇业主或运营单位的积极性,改善了楼宇的软硬件设施水平,提升了楼宇品质,从而更有效地为招商引企工作奠定了基础。

三是加大楼宇资源的宣传力度。建立了楼宇招商展示和招商信息发布平台,开发了楼宇刊物,设计印制了各主要招商楼宇的宣传册,积极策划拍摄楼宇宣传片等,加大对我区楼宇经济的宣传引导。最大限度地宣传河北区的楼

宇项目、楼宇招商动态、楼宇产业聚集优势,为楼宇企业和领导决策提供数据支持。

四是加快亿元楼宇打造盘活速度。坚持定期研究对策,定期入楼服务,尤其是对第四批亿元楼宇,在政策资金扶持、提升改造、加快产业聚集等方面,全力做好推进和服务工作。已吸引天津嘉颐实业有限公司、麦当劳天津地区总部、天津隆远房地产等一批优秀企业入驻。

五是做好转型升级商务楼宇的走访、调研工作。继续推动商务楼宇实现转型升级任务目标。针对几座转型楼宇的不同情况和特点,与楼宇管理团队密切配合,在业态转型和定位,推进税收增加上下功夫,确保如期完成任务。

(二)推进"五个一工程",打造楼宇经济

为更好地贯彻楼宇经济向上向新发展的指示精神,全面促进商务楼宇提质增效,河北区紧密围绕规划、产业、政策、服务四个主要环节,全面推进"五个一工程"建设,实现好"一个基础调研、一个产业规划、一个经济地理数据库、一个政策试点、一个服务标准",全力打造楼宇经济升级版。

"一个基础调研"。通过对现有十几个重点楼宇、楼内重点企业进行实地走访调研,在准确掌握楼宇数据的基础上,与市内兄弟区、市外先进地区对标,综合分析楼宇产业构成、单位产出、政策作用等经济指标的成长空间。

"一个产业规划"。结合河北区现有产业基础、楼宇企业集聚现状,针对海河沿线的线状楼宇群、意风区的片状楼宇群中的重点楼宇,邀请市政府智库专家,完善楼宇产业设计,做好产业规划,理清产业龙头方向。

"一个经济地理数据库"。整合楼宇空间分布、综合特征指标、效益贡献指标、产业特色以及楼宇外部形态、虚拟现实(VR)宣传等各种数据,制作"楼宇经济地理信息库"系统,运用大数据全面、实时、动态展示河北区楼宇全貌,为领导决策提供科学依据。

"一个政策试点"。做好楼宇扶持政策研究,筛选基础好的亿元楼宇、商务楼宇,制定楼宇产业招商试点方案,撬动提升楼宇产业聚集度和企业黏性,提高楼宇入驻率、属地注册率和税收贡献率"三率水平",并以此为基础,探索出

一条经得起实践考验的楼宇扶持政策方向,在各楼宇全面铺开。

"一个服务标准"。制定商务楼宇公共配套服务标准,全面升级楼宇软硬性配置功能。具体包括对员工餐厅、会议中心、商务中心、技术中心等硬性公共服务空间设置,对金融保险、广告中介、信息咨询、法律会计等软性公共服务内容配置,以及对特色餐饮、休闲娱乐等幸福指数功能的添置,形成楼宇全系统配套服务标准体系。

(三)大力提质楼宇招商,打造新经济群

一是招品牌企业,提升区域影响力。针对当前更多地产商转型收购写字楼物业之机,瞄准万科、SOHO 中国等前十名大型商务物业持有运营商,梳理名单、分解行程、逐一走访,努力通过品牌企业的落户提升河北区楼宇经济的整体影响力。

二是招新资源型企业,建设创新聚集区。瞄准资源集聚型、创新创业型的平台型企业,深度挖掘大意风区的载体资源,使北京的高效资源平台在该区域进一步集聚,打造大意风区为京津冀协同创新的新高地。

三是招特色产业,打造天津新名片。充分发挥天津美院驻区优势,整合政、产、学、研、商、金等多组织资源,做强工业设计产业链,双向对接洛可可、丝路视觉等国内超一流的设计集团和旺海国际大厦等区内楼宇运营载体,建设"天津设计之都"大厦,打造河北区城区发展的新名片。

四是以点带面,开辟项目引入"直通车"。聚焦京津冀协同,以优客工场、创业公社落地项目为重点,瞄准北京创新创业要素资源,辐射、带动一批像清控科创等平台型企业入驻,将意风区作为承接首都优质创新创业资源转移的领航之区和示范高地。

五是以线连片,架设产业导入"高速路"。将海河沿线高端楼宇带作为产业发展的黄金走廊,结合沿线茂业大厦、白金湾、津源大厦等载体特点,培育发展区域总部型、成熟办公型、税收贡献型的海河沿线"黄金贡献带"。

三、全区重点楼宇分布

(一)悦海大厦

悦海大厦位于河北区胜利路与建国道交口,地理位置优越,交通便利。由天津天门金湾置业有限公司开发建设。楼宇招商产业定位为科技、商贸企业。建筑面积 67000 平方米,商务面积 15000 平方米,合作方式为租售均可。

(二)伟联中心大厦

伟联中心大厦位于河北区进步道 38 号,东临五经路,西临民生路,地理位置优越,交通便利,距天津站仅 200 米,距建国道地铁站步行仅 5 分钟,周边拥有多条公交线路。大厦位于意大利风情区中,可浏览海河风景及津塔和周围风貌建筑群,观赏功能俱佳。大厦产业定位为众创空间、金融办公、酒店。建筑面积 32712 平方米,商务面积 32712 平方米,标准单层面积 1184 平方米,合作方式为出租。

(三)旺海国际广场

旺海国际广场位于天津发源地的古三岔河口、狮子林桥畔。这里,高端住宅、写字楼林立,百年望海楼、河北区政府、悦榕庄酒店、天津古文化街环绕,比邻李叔同、梁启超、曹禺、袁世凯等历史名人故居,是历代名流聚集之地。旺海国际广场地理位置优越,交通便利,30 分钟"海陆空"核心交通圈,链接区际、市际、国际交通。项目距天津滨海国际机场仅 15 公里,驾车 30 分钟即达;距天津站 2000 米,车行 5 分钟;距金狮桥地铁站 1000 米,步行 15 分钟;距古文化街码头 400 米,步行 7 分钟。另外,还有 15 条公交线路直达城内六区。

旺海国际广场总面积 36 万平方米,由集中商业、写字楼及景观公寓组成,项目将以文化为引导,通过艺术介入的手段,在此展示海河所代表的天津文化。从产业上,旺海国际广场将以体育产业为亮点,将体育商业、冠军创客、体育传媒、体育金融、体育教育融为一体,打造体育产业链明星项目。商业部分,强势品牌第五频道已签约旺海国际广场,依托于第五体育的核心体育资源,以及旺海国际商业项目的核心优势,共同打造体育商业新典范。八大处控股集团旗下知名教育品牌"凯文教育"即将落户于此,将世界顶级的体育及艺术资源倾注到旺海国际广场,凯文教育已经和英超豪门曼城足球俱乐部、美国职业棒球大联盟等世界一流的体育组织达成合作,将以上组织系统的体育培训课程和教练纳入凯文教育体系中,帮助孩子们掌握运动的精髓。旺海国际写字楼部分规划建设 2 栋甲级写字楼,总计 10 万平方米,将京津冀乃至国内优秀的体育产业、设计产业引入天津,打造以体育、设计产业为中心,其他产业为支撑的"2 + N"商务楼宇产业平台。旺海国际广场以文化为引导,以体育、教育产业为亮点,开创商产融合新模式,将旺海国际广场打造成为天津一张独一无二的"城市名片"。

(四)外贸华益

该项目坐落于河北区中山路 163 号,毗邻河北区繁华商业区——中山路,周边交通便利,配套设施齐全。该项目原为外贸华益公司,由 5 座老厂房组成,占地 15771 平方米,建筑面积 8797 平方米,商业面积 8797 平方米,合作方式为租售均可,主要产业业态为商贸、服务业、物流业。

(五)通广科技园

通广科技园位于河北区新大路 185 号,原为天津通信广播集团有限公司。建筑面积 10 万平方米,商务面积 3.6 万平方米,合作方式为出租,产业定位为电子信息研发服务。通广科技园是天津市经信委及河北区政府重点扶持的科技产业园。园区位于河北区内环线旁,紧邻地铁 3 号线金狮桥站,距天津站只需 10 分钟车程,另外还有多条公交线路在园区设站,交通十分便利。现园区中主要企业为通广公司及下属企业。计划吸引与通广公司能够合作的电子类上下游企业、科技研发企业入驻园区,打造天津中心城区通信、电子、高科技孵化基地,打造具有比较优势和聚集效益的科技工业园区。随着中心城区政策与滨海新区政策的接轨,中心城区彰显出很多的比较优势,园区的科技产业聚集功能和地理位置十分优越。

(六)天明创意产业园

天明创意产业园位于河北区红星路 18 号,紧邻志成快速路及地铁 5 号线思源路站。建筑面积 16239 平方米,商务面积 11600 平方米,标准单层面积 1500 平方米,合作方式为出租,主导产业业态为文化创意产业。现有独立摄影棚 1 处,可供影视制作单位、广告拍摄单位等使用,数字录音棚 3 处,可供音乐制作单位、戏曲和曲艺录制单位等使用,还设有展示厅、商务中心等配套设施,为入驻企业提供便捷服务。

(七)诺德中心

诺德中心位于河北区律纬路与五马路交口,居于地铁 6 号线新开河站之上,距地铁 3 号线中山路站仅 500 米,同时周边中山路、律纬路、志成路三条城市主干道环绕,交通路网四通八达,并汇集住宅、商业、公寓、酒店等多元业态,发展空间巨大。写字楼建筑面积 36709 平方米,商务面积 30683 平方米,标准单层面积 1461 平方米,合作方式为租售均可,主要产业业态为金融、商贸、物流。

(八)科技创新大厦

科技创新大厦位于河北区志成道 130 号,地处河北区发展"沿河经济、地铁经济、楼宇经济"的交集圈——月牙河畔,毗邻志成路和铁东路等城市快速路和主干道,紧靠地铁 3 号线和 5 号线,交通环境方便快捷。大厦集中承载着天津国家自主创新示范区河北分园的管理服务职能,聚集优质的创新创业资源,大力扶持科研创新技术成果转换,为信息技术与传统产业寻找融合点,将科技创新与市场需求无缝对接,实现"中国制造"向"中国智造"的转化,形成"工业设计定制化、科技制造智能化、服务平台信息化"的服务体系,构建富有活力的创新生态系统。大厦一层为创新创业综合服务区,为创新创业者提供一个开放、合作、共赢的服务平台;大厦二层为多个众创空间组成的联创空间,打造相对完整的产业链,为创新创业者提供多样化的发展途径;大厦三层、四层以深度孵化和总部企业为主,构建了一个创新创业发展的生态圈。大厦建筑面积 13185 平方米,商务面积 13185 平方米,标准单层面积 2850 平方米,合作方式为出租,主要业态为科技研发、文化创业产业,打造集展览展示、综合服务、创业孵化等功能于一体的综合性创新创业服务载体。

(九)白金湾大厦

白金湾大厦地处海河观光带黄金走廊核心位置,以其无可堪比的吉祥寓意及典雅精致的仿如意造型矗立于美丽的母亲河——海河河畔。白金湾大厦位于和平、河北、南开、河东及红桥五区交界之处,交通便利,四通八达。白金湾大厦距离地铁 2 号线建国道站仅 470 米,距离北方交通枢纽天津站仅 10 分钟车程,30 分钟直达天津滨海国际机场。河北区政府、望海楼天主教堂、古文化商业街、梁启超等名仕故居、意大利风情旅游区等政治、文化、旅游热景、商业综合体中心环抱。整体以高端业态、金融中心及文化艺术产业为主打基调,分为悦榕庄酒店及公寓、商业办公综合体和独栋办公楼三部分,总建筑面积 108101 平方米。

(十)圣心商务园(创业公社)

圣心商务园(创业公社)位于天津的城市会客厅——意大利风情区内,是该区域唯一一个带有独立院落的意式风貌建筑,周边名人故居环绕,距离天津母亲河——海河仅 500 米。项目紧邻地铁 2 号线建国道站出口,步行 6 分钟即可到达天津站,距离天津滨海国际机场仅 12 公里,地铁 20 分钟可直达。

项目总面积 9400 平方米,由 A、B、C、D 四座风格迥异、独具特色的意式风貌建筑组成,A 座 3 层,共计 2600 平方米,单层挑高达 4.8 米,适于文化创意、高端设计类企业入驻;B 座 6 层,共计 4600 平方米,适于先进制造、虚拟现实、大数据等高新技术类企业入驻;C 座 1500 平方米,已整体出租给天津市青年就业创业中心,目前已入驻青创汇、律巨人等一系列名优企业;D 座 775 平方米,建设有17个设施完备的独立空间,适于服务型办公及初创型小微企业入驻。

该项目由北京创业公社投资运营,股东包括首钢基金、中股集团、顺为资本等,是国家级孵化器和众创空间,开创了"基金+基地+产业链服务"的独特生态运营模式。

圣心商务园是河北区政府贯彻京津冀协同发展的倾心之作,其总体定位是连接京津的产业创新中心,周边环境优越,交通便利,资源丰富,配套完善,是商务办公、项目拓展、创新创业的不二选择。

(十一)茂业大厦

茂业大厦位于河北区海河东路78号,紧邻天津站、海河与解放桥,是天津市地标建筑。大厦占地9219平方米,高度205.3米,地上51层,地下3层。大厦建筑面积123069.8平方米,商务面积100000平方米,标准单层面积1805平方米,大厦主楼为甲级写字楼,裙楼一、二层合计8000平方米,为临街商业,地下三层为停车场,合作方式为出租,主要产业业态为金融服务、企业总部、现代物流。茂业大厦位于天津站中央商务区(CBD)商圈内,占据着得天独厚的地理位置。大厦面朝海河,将津湾广场、天津站前广场、解放桥、世纪钟等景观尽收眼底。

茂业大厦由深圳茂业集团投资开发建设并自主运营。深圳茂业集团依托自身资源优势,汇聚大量的资金流和信息流,促使项目加速推进。大厦定位于金融类、科技类及大型企业地区行政总部基地。目前已成功引进麦当劳、日立等世界500强企业,富德生命人寿、廊坊银行天津分行等多家大型金融机构落户于此,多家制造、物流、房地产等企业相继进驻。未来,茂业大厦必将成为海河建筑群中最为耀眼的商务办公核心。

(十二)民生路56号大楼

民生路56号大楼地处意式风情区内,毗邻海河和天津站,地理位置优越。大楼原为天津市职工经济技术大学教学楼,建筑面积8300平方米,商务面积

8300 平方米,标准单层面积 2000 平方米,合作方式为出租,主要产业定位为金融、地区总部型企业、现代服务业、商务商贸企业。现由天津津东房地产有限公司承租,已改造为商务楼宇办公使用。

(十三)奥式商务区

奥式商务区由奥式一期、奥式二期(官邸三号)、建行大厦组成,四至范围为平安街、建国道、海河东路、进步道,建筑面积 5.5 万平方米。奥式一期主要为市海河公司办公使用。奥式二期(官邸三号)位于河北区海河岸边,由联排别墅、河景公寓,以及下沉式景观广场组成,临海河之侧为 3 ~ 4 层的联排别墅,建筑面积 3.3 万平方米,主要吸引企业总部、金融服务业企业入驻。

(十四)津源大厦

津源大厦地处天津的发祥地和近代工商业发展的摇篮——三岔河口,这里是海河的起点,亦是海河 4.5 公里黄金经济带的核心位置。大厦面朝海河,尽观亚洲最大的桥上摩天轮——天津之眼,旖旎风光一览无余;左邻北方规模最大的八方佛寺院——大悲禅院,右靠意大利本土以外最大的意式风格建筑群——意大利风情旅游区,更与全国八大美院之一的天津美术学院一路之隔。大厦是一座奥式风格的建筑体,百年商业街中山路商圈、大悲院商贸旅游区、金纬路金融街、大胡同商贸圈、古文化商业街等环绕周围,商业氛围浓厚。大厦周边交通发达、出行便捷,地铁 4 号线中山路站、6 号线八马路站举步可至,距天津站 5 分钟车程,起步即达。大厦周边教育、医疗等城市功能配套齐全,天津美院、区中心小学、天津市第二医院、254 医院坐落周围。

大厦分为 A、B 两座,总建筑面积 24604.9 平方米,其中地上面积 19782.9 平方米,地下面积 4822 平方米,商务面积 19344 平方米,标准单层面积分别为 750 平方米和 2450 平方米,合作方式为租售均可。配备有 90 个停车位(地上 8 个,地下 82 个)。大厦目前由河北区国有资产管理有限公司持有,未来定位于金融科技、文化创意、区域总部,通过整体持有、管理运营等方式,共同将大厦打造成为天津海河沿线新地标。

(十五)万科中心大厦

万科中心大厦坐落于具有百年商业历史的河北区中山路,大厦西南临海河,毗邻天津美术学院和大悲院商贸区,跨金刚桥与东马路、和平路连接,交通极为便利。大厦具有完善的硬件设施,中央空调系统、报警联动系统、消防设备、监控系统一应俱全。大厦地上 28 层,配有地下停车场和酒店,周边配套设施齐全。大厦建筑面积 52000 平方米,商务面积 20000 平方米,标准单层面积 600 平方米,合作方式为出售,主要产业业态为商务办公。

(十六)国银大厦

国银大厦(原津都大厦 A 座)位于河北区进步道 38 号,大厦共 29 层(地上 27 层,地下 2 层),建筑面积 36112 平方米,商务面积 31075 平方米,标准单层面积 1200 平方米或 1400 平方米,合作方式为出租,主要业态定位为现代物流、金融创新、电子商务。大厦发挥毗邻海河、天津站的区位优势,主要吸引商贸物流、金融创新类企业入驻,现渤海商品交易所、渤海农商行等企业已入驻。

(十七)广德大厦

广德大厦由天津市运腾房地产开发有限公司投资建设,位于河北区金钟河大街与桂江道交口,紧邻地铁 5 号线和 6 号线,距京津唐高速口 1 公里,交通便利,地理位置优越。大厦建筑面积 27807 平方米,商务面积 7800 平方米,标准单层面积 3600 平方米,合作方式为出租,主要业态定位为电子商务、商贸、物流业。大厦为两栋 18 层办公写字楼和公寓,一层为商业,二层以上为办公和公寓,大厦商业裙楼提升改造已经完成,已达到拎包入住标准,主要吸引商贸物流、现代服务业企业入驻。

(十八)颐和国际珠宝大厦

颐和国际珠宝大厦位于河北区自由道 68 号,地处海河风景线沿岸,海河经济商圈内,毗邻意风区,交通四通八达。大厦外观为欧洲中世纪建筑风格,装修精美,办公环境优良。大厦内主要以黄金珠宝展示批发、黄金投资回购、高端珠宝定制、艺术品收藏交易、相关产业网上商城、金融证券、交互产业项目展示及交易等为主,已有哈尔滨秋林集团、华鑫证券等 71 家知名企业在此落户。颐和国际珠宝大厦被天津市定为集黄金珠宝批发、现货交易结算、电子商务和互联网为一体的特色亿元商务楼宇,以及"十三五"战略规划重点明星项目。

(十九)远洋大厦

远洋大厦建于 1997 年,坐落于天津市内环线中心区域,东临天津站,西接意大利风情旅游区,面朝海河广场公园,与著名的和平路商业街、解放路金融区隔河相望,环境区位优势得天独厚,是海河沿线著名的地标建筑之一。

远洋大厦建筑面积 7.5 万平方米,商务面积超过 4.5 万平方米,距天津火车站仅 5 分钟步程,距天津滨海国际机场 30 分钟车程,距开发区、保税区约 30 分钟车程。借助京津冀协同发展的滚滚浪潮,远洋大厦对周边环境、内部设施及物业管理水平不断进行全面提升,连同正在规划建设的大厦二期项目,为承接中远海运集团等北京总部企业打造了载体空间,实现了对中远海运集团旗下航行在四大洋、停靠于五大洲所有船舶的全天候监控和应急指挥,吸引了一批为天津市大飞机、大火箭及空港航空等主导产业提供运输服务的优质企业入驻,目前已有 66 家公司进驻办公,基本形成了以远洋运输、对外贸易和现代物流为产业特色的亿元楼宇,并不断迸发出新的青春活力。

从 20 世纪到 21 世纪,远洋大厦纵跨了承前启后的历史节点,随着时代新元素的不断注入,它承载的海洋文化底蕴随着时间的叠加越来越丰厚,且酝酿成独特迷人的写字楼气质。

四、入驻重点项目介绍

(一)天津创业公社

北京创业公社投资发展有限公司(简称创业公社)是首钢基金旗下的城市

更新服务商,主要投资人包括首钢基金、京西创业、中关村股权交易服务集团、顺为基金、顺隆基金、光耀东方等。创业公社聚焦城市存量资产改造运营,以"基金＋基地＋产业链服务"的生态运营模式激活城市空间,帮助中小微科技企业实现创业梦想,获得了国家级众创空间、国家级孵化器、全国青年创业示范园区、投中 2016 中国最佳众创空间 TOP10、全国首个 SGS 认证的 ISO 创业服务标准化体系等荣誉称号。其业务特点为办公空间、产业园运营、青年公寓、政策金融大数据,服务对象为中小微科技企业、大企业创新中心、政府产业相关部门。

天津创业公社围绕先进制造、虚拟现实、大数据以及文化创意这四大主题,在极具天津味的意式风情街旁,将唯一的独立院落(始建于民国时期的意大利风格洋房)打造为新型产业创新基地——河北意风区创业公社产业创新中心。"大众创业,万众创新"的热潮下,天津市河北区积极打造国际化的双创平台,吸引海外创业创新资源,参与"一带一路"科技合作,着力打造京津冀产业协同创新示范项目,建设具有自身特色的双创孵化标杆示范基地。

天津创业公社总建筑面积 1 万平方米,在这里办公,可以享受"家"门口就是建国道地铁站,10 分钟步行至天津火车站的便利交通。这里,比邻意大利圣心教堂、各名人故居、马可波罗广场,文化氛围浓厚。还有百家美食环绕,银行、超市皆在周边,生活便利。基于创业公社成熟的服务体系,天津创业公社可以为创客们提供一站式的服务——运营服务、培训服务、金融服务、数据服务。依托公社股东资源及签约的近百家投资机构,天津创业公社可以帮助创业者对接资本市场,助力企业更好地前进。公社自主开发的水滴数据平台,1500 万家全国企业、3500 家投资机构、5000 位投资人和超过 10 万条投资行为数据,让我们更科学地了解市场。天津创业公社与市团委青年就业创业服务中心携手建设青年双创基地和青少年发展基金,与天津市河北区合作积极组织各级创新创业大赛,吸引港澳台双创项目及科技类企业入驻园区,打造港澳台创业基地。

以彩色光摄影、"优创＋"、青创汇、律巨人为代表的企业相继入驻创业公社。彩色光摄影是北京彩色光互动广告有限公司旗下的子公司。彩色光摄影成立于 2013 年,是集广告摄影、艺术摄影、婚纱摄影、商业摄影于一体的摄影机构。公司拥有专业的摄影团队和化妆师,致力于为客户提供最优质的创意摄影。彩色光摄影与男人装、春光里、美空、小咖秀、秒拍、花椒、深圳卫视、东风日产、奥迪、大众斯柯达等企业都有合作。"优创＋"是云端产品供应链服务平台,隶属于天津优创加企业管理咨询服务中心。"优创＋"平台基于强大的供应链支持和云端管理服务,将项目投资前风险控制措施、投资中的风险控制措施和投资风险发生后的补救措施一一对标,真正做到支持创业、服务创业、成功创业。"优创＋"平台将为具有工匠精神的企业提供云端产品供应链服务,帮助企业更加健康良性的发展,同时又为社会优秀青年创业者提供一个展示自我、发展自我、成就自我的平台。青创汇首创"五位一体"运营管理模式,是全国首家公益创新创业服务平台。青创汇的使命是建设成为全国一流的青年创新创业服务平台,协助广大青年创业者进行创新创业实践,帮扶初创企业夯实发展基础,为"大众创业、万众创新"提供良好的网络、社交空间。律巨人隶属于北京法通网络科技有限公司,成立于 2016 年 6 月,致力于为广大创业公司提供一站式智能法务服务。律巨人自主研发的智慧法务管理系统,在对公司法务事务进行数据化处理的基础上开发出合同的全生命周期管理、智能化公司治理、线上签署劳动合同等多种功能。律巨人智慧法务也即将落地天津创业公社。

河北区的首家智能无人便利店"小麦铺"正式开业,落户创业公社·产业创新中心,为楼内企业提供全新智能便利的生活服务体验。小麦铺便利店借助人工智能和大数据技术,支持无人值守模式,店内全品类供应生鲜、食品、日用品,可"24 小时×365 天"提供日常购物服务和便捷体验。进店顾客无须随身携带现金,首次进行会员注册后,刷脸进行面部识别即可开门进店,顾客选取商品后,自助手机扫码完成支付即可。小麦铺是北京覆盖最广、获得融资最高的智能便利店品牌,是具有中国特色的"新零售"创新业态代表。目前,小麦铺已在业内率先完成了对居家生活、办公、出行三大主要消费场景的全布局,未来将实现在每 300 个家庭拥有一家小麦铺的服务密度。

天津创业公社依托于北京总部,制定本地化发展策略,打造产业服务生态。在运营的半年时间内实现了95%入驻率,服务企业200家,2018年上半年完成税收1007万元。未来,创业公社力争培育科技企业5~8家,每家企业估值1亿元以上,孵化创新型企业不低于500家,培育新三板挂牌企业3~5家。天津创业公社成为天津市创新创业的新地标,并成为培养优秀企业家的摇篮。

(二)优客工场

优客工场(ucommune)成立于2015年4月,由毛大庆博士发起成立,由红杉资本中国基金、真格基金、诺亚财富、创新工场、亿润投资、中投汉富、阳光壹佰、银泰置地、中融信托、首创置业、龙熙地产、景荣控股等数十家国内知名投资机构共同投资。

创新驱动发展,服务助推创新,是优客工场创设的使命与愿景所在。自创立以来,优客工场用互联网模式革新传统办公场景,率先实现智能化办公和无人值守运营管理,全方位服务直击会员核心需求的商业模式,契合了培养和建设现代化新经济模式的发展趋势。

历经3年的发展,优客工场已经成为中国共享办公行业首个独角兽企业,同时也是中国首家完成全球化布局的共享办公企业。目前,优客工场正式完成D轮融资,旗下汇聚了八大共享办公优秀品牌,合力建设基于联合社群的商业社交平台和资源配置平台,营造理想的工作生活方式场景,共同为创新者赋能。

截至2018年12月,优客工场在全球44座城市及新区布局了200余个共享办公空间,包括中国的北京、上海、深圳、广州、雄安新区、南京、西安、天津、青岛、济南、厦门、武汉、天津、青岛、济南、厦门、武汉、杭州、扬州、无锡、苏州、重庆、昆明、太原、成都、开封、沈阳、襄阳、长春、大连、拉萨、香港、台湾,以及新加坡、雅加达、纽约等。目前已聚集了近15000家怀揣梦想的企业,持续赋能数十万全球会员。

目前,优客工场已成为500强公司和独角兽企业的栖息地,包括罗辑思维、得到、忠旺集团、今日头条、抖音、快手、亚马逊中国、地平线机器人、山水创投、维康金磊等都已入驻优客工场,并在此不断壮大,成为优客工场生态社群的重要组成部分。在优客工场,平行世界的人终将相互遇见,并擦出创新的火花。

在河北区领导的大力支持以及各职能部门、海河风貌公司、原驻楼企业的通力配合下,经过多轮谈判,优客工场与海河风貌公司正式签约,入驻意风区原意大利兵营项目,该项目的成功签约,意味着中国目前最大的联合办公企业已落户河北区。同时,随着优客工场、创业公社等一批在中关村成长发展起来的、中国最优秀的创业创新企业纷纷落户意风区,也标志着意风区已逐渐成为承接北京创新资源的最新高地和领航之区。天津意风区·优客工场社区占地面积近 7000 平方米,整体运营面积约 6400 平方米,可提供近 1000 个工位,是 Heritage(历史建筑中的共享艺术空间)产品线上最早的社区之一,由始建于 1910 年的意大利兵营改造而成。天津意风区·优客工场社区正式启幕前已招募多个行业会员加入。其中,包括管理咨询、智能硬件、共享单车、培训教育等多个行业,具体有天津精准互动科技有限公司、北京摩拜科技有限公司、深圳市丰巢科技有限公司、林之尚沃(天津)国际贸易有限公司、大为优仕(天津)企业管理咨询有限公司、天津华商云鼎科技股份有限公司、天津经世恒道教育科技有限公司、天津卓华汇尔管理咨询有限公司。曾经的兵营在让人牢记历史的同时也应该被赋予更多新的意义。在保留外墙和内室完整性的基础上,优客工场用 4 个月的时间将这座建筑的优势尽现,将之改造成了一栋充满艺术感的意式风情共享办公空间。这座陈旧而充满历史感的建筑,在保留外体建筑不被破坏的基础上被赋予了更大的价值,路演厅、烘焙区、共享厨房、咖啡厅,每一个改变都被注入新的"色彩"和新的"血液",使之成为创业者的"乌托邦"。

天津意风区·优客工场社区落地之后,优客工场在天津的布局也已经逐渐显现。优客工场已经落地天津的社区,包括:库农天下·优客工场、天津和平·优客工场、阿里巴巴创新中心·优客工场(天津于家堡)、天津意风区·优客工场四个社区,为天津城市创新活力助力。

（三）喜马拉雅

喜马拉雅成立于 2012 年,是中国音频生态的构建者与引领者,是知名音频分享平台,总用户规模突破 4.8 亿,2013 年 3 月手机客户端上线,两年多时间手机用户规模已突破 2 亿,成为国内发展最快、规模最大的在线移动音频分享平台。2014 年喜马拉雅完成了 2 轮高额融资,为进一步领跑中国音频领域奠定了雄厚的资金实力。截至 2015 年 12 月,喜马拉雅音频总量已超过 1500 万条,单日累计播放次数超过 5000 万次。在移动音频行业的市场占有率已达 73%。公司在产业链上游整合了包括前文化部部长王蒙、著名学者余秋雨、耶鲁大学教授陈志武在内的 500 万个有声主播;在产业链中游开发了喜马拉雅应用软件(APP),覆盖用户 4.8 亿,占据了全国 71% 的市场份额;在产业链下游推出"小雅"智能音响,延伸应用场景。此外,公司还推出《习近平重要讲话百日学》栏目,成为互联网主流价值观传播阵地,并积极承担社会责任,推出残疾人主播培训以及"移动希望小学"公益项目。定位为用户原创内容(UGC)模式的喜马拉雅,除了拥有海量的节目音频之外,也已成为音频创作者最集中、最活跃的平台。2014 年 5 月初,喜马拉雅激活用户突破 5000 万大关,成为国内最大的在线音频分享平台。

在喜马拉雅勾画的产业链条里,出版社、作家、播主、粉丝、品牌通过喜马拉雅平台联结在一起。喜马拉雅电台(FM)助力打造由出版社电台和作家电台组成的出版社电台集群,通过粉丝效应迅速树立出版社品牌,实现经济效益的转化,通过网友打赏等方式实现变现。喜马拉雅专业用户生产内容(PUGC)生态平台吸引了大量热爱用声音传递和分享的人们。许多电台主持人(DJ)通过喜马拉雅发布他们的音频节目,其中不乏来自央视、央广等媒体的知名主持人;还有许多原创音乐人,也通过喜马拉雅发布原创或改编的音乐作品;不少知名的动漫声优、配音师、品牌栏目如《财经郎眼》《罗辑思维》等也纷纷入驻喜马拉雅。此外,"草根明星"也开始涌现,如轻松搞笑栏目《段子来了》单期节目播放量已高达 63 万次,并获得广告商的青睐以及上百万元的年度冠名。

喜马拉雅是新经济领域的独角兽企业,5 年估值增长超过 1000 倍,最新估值达到 36 亿美金(截至 2018 年)。喜马拉雅天津公司的发展得到了各级领导的大力支持,先后推出了"耳听天津""改革开放 40 年企业家座谈""红色氧吧"等专题频道。

(四)丰巢科技

丰巢科技成立于 2015 年,致力于研发运营面向所有快递公司、电商物流使用的 24 小时自助开放平台——"丰巢"智能快递柜,以提升平台化快递收寄交互业务。丰巢科技总部位于深圳,由顺丰、韵达、申通、中通、普洛斯五家全国领先的快递企业共同创建,初期投资 5 亿人民币,五家企业的持股比例为:顺丰 35%,申通、中通和韵达各 20%,普洛斯 5%。丰巢科技作为独立运营的第三方运营平台,投资方不直接参与丰巢科技的运营管理。丰巢科技的业务面向所有快递公司,与投资方之间的业务往来也是独立结算。丰巢科技研发运营面向所有快递公司、电商物流使用的 24 小时自助开放平台——"丰巢"智能快递柜,以解决快递末端难的问题。"丰巢"智能快件柜产品设计已覆盖物流快递、社区服务、广告媒介等领域,并通过移动终端实施自助操作和安全保障。统一标准的设施和营运方式可以迅速复制和众包管理。丰巢科技与万科物业、中航地产、中海物业等地产物业核心企业合作,共同打造"互联网 + 政策"基础上的新型智能快件柜服务市场。丰巢科技创始股东聚合了逾 20 年的物流快递服务经验,在国内拥有超过 87000 个服务网点,85 万名一线配送人员每日递送全国 50% 以上的快件。

丰巢科技是国家科技部认定的独角兽企业,目前估值 90 亿元(至 2018年),主要包括快递末端交付、新零售、互动媒体、开放增值服务、软硬件定制五大核心业务。丰巢科技天津公司注册资金 1 亿元。天津是公司布局的重点,未来作为集团在津投资、运营、结算的主体。据测算,未来 5 年将投放智能快递柜 8000 组,累计达到 1 万组,为河北区带来固定资产投资 6 亿元。丰巢科技是在供给侧改革背景下的新经济新业态,在物流终端形成了领先品牌和核心技术,为天津市民提供智能化、便利化最后一公里服务。

(五) 丝路视觉

丝路视觉总部位于深圳,成立于 2000 年 3 月,是首家在 A 股上市的数字视觉服务公司,属于高端创意型企业,服务了全国 70% 的建筑规划设计院、全国前 50 强的地产开发商,已经发展为国内知名的数字视觉科技运用公司,并相继成立了深圳、上海、北京、南京、青岛、广州、武汉、厦门、成都以及迪拜办事处等国内、外分支机构、数字视觉营销中心,以及丝路数字视觉培训机构。公司拥有人才超过 1500 人,多数来自计算机动画(CG)行业及影视行业之精英,目前也中标了雄安新区规划展览馆的开发建设。

丝路视觉关注如何将技术上的优势转变成客户的竞争价值,如何把公司发展中的积累变成推动行业发展的动力。从 2001 年起,丝路团队开始在 CG 领域的大胆探索与创新。在产品的研发上,2001 年丝路视觉率先在国内推出手绘结合电脑处理的产品可视化,得到市场上的普遍认可。2002 年丝路视觉又将客户的方案汇报加以多媒体手段进行重新包装而得到客户广泛的肯定和推广。今天,丝路视觉进一步结合了虚拟现实、影像互动、多维立体表现、影视实拍等先进成熟的技术手段,为客户提供最为优化的全方位解决方案。2007 年 5 月,丝路视觉通过整合行业内多方资源与优势的方式,实现了丝路品牌的再次提升,同时为行业的发展提供了可借鉴的操作模式。作为深圳市影视动画行业协会的常务理事单位,丝路视觉一直为推动中国数字技术的发展和在国际大舞台上加强与外界的交流尽自己微薄的力量。丝路视觉作为深圳影视动画企业代表参加了多届日本东京、法国昂西、阿联酋迪拜等地的国际动画节,在中外行业交流与互动方面发挥了积极的作用。2007 年 8 月,丝路视觉成立了针对数字视觉表现领域的培训机构,力求将自身在发展中的成功经验和技巧进行全面的普及与推广,旨在为企业自身培养良好的人力资源,也争取为社会培养更多的适用型人才。2008 年 11 月,于深圳成立了专门针对数字视觉表现领域的专业制作机构"数字视觉营销中心"。从此,丝路视觉在视觉表现领域翻开全新的篇章。

丝路视觉以"态度、创新、快乐、分享"的企业信念面对未来的机遇与挑战,并将扩大企业品牌价值、完善技术产品服务、提升客户竞争价值和为推动数字科技行业发展作为目标,在数字科技领域的舞台上尽情演绎属于丝路的传奇。河北区与丝路视觉的签约,目的是推动其北京区域总部整体迁入河北区。该项目的引进,将丰富河北区的"创意基因",提升河北区经济发展的质量,引领作用明显。

五、河北区楼宇经济进一步发展的思考

(一)河北区楼宇经济发展的经验

近年来,河北区把发展楼宇经济作为壮大经济实力的重要抓手,推进转型升级,突出精品效应,注重特色创新,力求"做强几座,带动一批,发展一群,形成新的增长极"。一是明确思路。高水平做好规划建设,打造海河东路、中山路、金钟河大街、北宁公园周边地区、八马路、天泰路、张兴庄等几个特色鲜明的楼宇集群。东站地区(包括意式风情区)打造天津娱乐购物不夜城,中山路以金融、商贸、中介咨询为重点,海河东路以高档酒店、总部经济、远洋物流为重点,金钟河大街以会展经济、商业物流和服务外包为重点,南口路以科技研发和创意产业为重点,确定发展方向,体现聚集效应。二是明确招商方向。充分利用楼宇资源,大力发展高端商贸商务,重点引进金融、保险、证券、科技研发、现代物流、服务外包、创意经济、信息网络、中介咨询等业态,吸引公司企业总部、地区总部、研发中心、采购中心、营销中心等总部机构落驻,形成总部经济聚集区。三是打造特色楼宇。对新建楼宇加紧招商,体现一楼一个特色。四是加大政策扶持力度,针对每个楼宇和重点企业的情况,深入研究用足市里下发的各项政策的具体措施,并配好补贴资金。同时,创新服务方式,建立楼宇企业联席会议制度,走访重点楼宇、重点企业,对接政策,提供服务。加强对楼宇企业及楼宇业主的行政服务,提升楼宇服务水平。

（二）河北区楼宇经济发展的不足

1.缺乏高端楼宇

一是甲级写字楼稀缺。28座存量亿元楼宇中,没有标准的甲级写字楼,影响了国际企业、跨国公司等高端项目的落户。二是配套设施老旧。众多楼宇公共部位未进行装修,不具备现代化办公条件。三是增值服务缺项。楼宇运营商多为开发商变身,不能全方位整合社会各类资源,为入驻企业提供各类培训沙龙、项目诊断、项目路演、融资对接、营销推广等企业成长必需的落位增值服务。

2.缺少产业特色

一是产业定位不明确。河北区座商务楼宇中,近半数依然处于"找主子、租房子、收票子"的原始阶段,没有基础的产业规划和定位方案,更没有完备的招商产业路线图。二是产业集聚效应不明显。在28座亿元楼宇中,仅有少部分形成了发展特色,其余楼宇产业相对分散,集聚效应不明显。

3.缺位专业团队

一是政府项目不专人。津源大厦、万科中心大厦都是区级政府国资平台下的国有资产,均没有统一规划、统一运营的专门人员。二是民营项目不专业。部分综合体项目管理运营方均为地产开发商或小运营团队,缺少业界高水准的专业运营团队包装运作,直接导致产业招商乏力。

4.缺乏持续税收

一是税收的整体贡献度不高。河北区楼宇经济对财政收入的贡献率不到50%,贡献率有待提升。二是依赖房地产的基本调控政策没有变,楼宇经济的主导产业依然是房地产业。而房地产业容易受宏观调控、土地供给、项目周期影响,税收的波动较大。

（三）进一步发展河北区楼宇经济的对策建议

1.加强规划引导,优化产业布局

在新一轮空间布局调整的同时,明确并细化产业布局规划,对正在实施组团化开发的天泰路等六大重点地区,利用河道、地铁、道路等产业纽带,从相互支撑、错位发展的角度,研究楼宇开发建设规划、楼宇产业发展规划、楼宇综合配套规划。从项目规划入手,合理确定开发建设比例,留足产业发展空间。从龙头带动入手,围绕远洋、电力、铁路、商交所等龙头企业,整合企业周边的楼宇资源,主动对接企业发展规划,引导上下游相关配套企业聚集,延伸产业链,做大产业规模。充分利用河北区待开发土地相对较多的优势,在海河沿线、中山路、狮子林大街、金钟河大街、天泰路地区等重点区域规划建设一批规模较大、基础设施完善、服务配套齐全、建筑风格鲜明的楼宇,建设高端楼宇经济带,整合茂业、远洋、白金湾、津源大厦等沿海河高端楼宇,引入北京优质项目,形成协同发展的沿海河高端楼宇经济带,依托中铁诺德、中铁国际等陆续投入使用的大型城市综合体项目,以及开发待建的张兴庄、建昌道地块项目,形成协同发展的新兴楼宇潜力群,改变河北区以往楼宇数量少、规模小、布局散的局面。借助河北区印刷、电子通信、动漫传媒等行业相对集中的优势,吸引相同或相近产业聚集,打造特色楼宇优势,充分利用意风区交通优势、生态优势,整合提升中央商务区及周边洋楼资源,形成协同发展的特色楼宇经济区,实现与其他中心城区的错位经营发展。

2.创新建设模式,实现招建同步

以规划区域为指引,以特色产业为基础,实施楼宇经济"外向型"招商发展策略,积极对接京冀优势资源,通过在北京、河北等地举办主题招商活动,将优质资源吸引汇聚到河北。坚持招商先行,创新使用"前置""图纸"等新型楼宇招商服务方式,提前锁定主力租户,并结合重点招商企业需求,在楼宇建筑建设开发过程中给予侧重,确保企业满意度和招商成功率,最大限度地实现楼宇竣工后的运营收益。在沿海河高端楼宇经济带,重点引入金融总部、航运物流、生物医药等产业领域的企业,强链补链,形成特色楼宇的生态闭环。在意风区特色楼宇经济区内,着力跟踪有疏解意向的大型央企集团、资本集聚的平台型企业以及科研实力卓著的大院大所,将聚集高品质企业作为发展特色楼宇经济的着力点。对于待建商业地产项目,不仅向土地开发商招标建设商业楼宇,同时更应倾向于招揽有实力的产业投资商优先拿地,建设自用的总部商业楼宇;对于存在二次招商问题的楼宇项目,需要储备一批有需求意向的高品质经营商,在规划设计阶段超前介入楼宇建设,按照经营商需求进行评单式建设,由建设与招商串联改为并行。对于在建项目,在加快商务楼宇建设速度的同时,利用各种政策鼓励业主自持物业经营,实施整体包装、整体招商,杜绝改变用途性质和分割出售等行为。制定和实施更具吸引力的亿元楼宇奖励政策,引导楼宇业主积极主动地打造亿元楼宇,在楼宇建设时就为实现亿元楼宇做招商规划,以打造亿元楼宇的目标促进在建楼宇的提升。突出楼宇运营商的主体地位,研究制定针对楼宇运营商的扶持政策,做到有考核、有监督、有支持、有反馈。按照"跟进、推出、储备"三个一批的原则,做好重点楼宇资源的储备培育工作。既要做好现有亿元楼宇的跟踪管理,防止税收、服务、品质下滑,还要按照亿元楼宇的标准,高质量推进在建项目,争取尽早投用、早出效益,适时推出一批新的亿元楼宇。做好优质项目储备,推进一批兼具经济、社会、人文和生态效益的大项目、好项目。

3.整合各类资源,提高服务质量

建立和完善促进楼宇经济发展的组织体系,由政府有关职能部口牵头,把不同楼宇的业主组织起来,成立河北区楼宇经济协会。通过这个组织,一方面及时传递市、区精神,一方面大力促进楼与楼、企业与企业、政府与企业之间的沟通交流,在平等协商、互惠互利的基础上,建立"楼宇公约",达到相互配合、共同发展的目的。进一步加强工商、税务、楼宇工作组及产权人、经营单位的沟通联系,随时了解楼宇企业的变动情况,掌握企业的变迁情况和办公用房租赁使用情况,为腾外换内、腾低进高、腾弱进强奠定基础。建立区内楼宇经济企业联系制度,每座楼宇内可以设立联络员、统计员、信息员等,采取座谈、走访等多种形式与企业加强交流,动态掌握企业信息,为政府提供相关信息。引入专业的楼宇运营商,对接大型商业楼宇运营商,借助专业视野及渠道资源,为闲置楼宇进行规划定位,为楼宇入驻企业提供全方位包装。建立楼宇专员负责机制,在重点楼宇内派驻一名政府人员,作为衔接政府与楼宇的纽带,摸清底数、掌握动态、协调资源,做到政企零距离、服务零等待。建立河北区商务楼宇档案数据库,对已建成和在建商务楼宇的可使用面积、功能配套设施、租金物业价格、已入驻企业、税收、服务环境等基础信息进行统计和及时更新,建立大数据共享平台,即时发布企业需求及项目信息,让京津企业数据协同、资源共享,逐步实现"一楼一档""一企一档"的长效管理,定期向全区招商单位、招商中介组织进行公布,实现楼宇资源的全方位共享,解决好企业家经营中遇到的难题,做好企业服务保障,进一步促进河北区民营经济发展和民营企业家健康成长。

4.完善财税扶持政策,优化政务环境

调整完善楼宇经济财税扶持政策体系,继续实行现有财税扶持政策,鼓励楼宇不断转型升级,促进亿元楼宇继续做大做强,优化楼宇经济激励政策,设定入驻率、税收增幅等考核指标,考核达标楼宇可获得一次性升级改造资金奖励,安排专项资金,采取先补贴的办法,专项用于空置楼宇培育期的租金补贴工作。研究制定楼宇人才奖励政策,统筹建立楼宇人才奖励专项基金,根据近年来个人所得税的缴纳情况,给予入驻企业专业技术人员一定的奖励。建立能够客观反映河北区楼宇经济的发展成效和资源投入的综合计量评价体系,针对区域楼宇经济的发展实际,参照政策目标、各职能部门分工、楼宇建设成效和跟踪审计结果,分类考核楼宇经济政策资金的使用效果。加强税源调查和预测,信息采集和分析,强化税源监控,积极签署纳税遵从协议,强化税企风险管理和信用评定,坚持依法征纳。同时,要提高工作效率,加强税收辅导和税法宣传,为纳税人提供方便、快捷的纳税服务环境,执行好减免退税政策,促进产业升级。深入楼宇企业开展调研,了解企业需求,制定更符合现阶段楼宇经济发展需要、更切合企业发展需要的优惠政策,扩大对中低档商务楼宇及中小企业的扶持力度和惠及范围。

大力营造亲商、安商、富商的良好氛围,为企业创造更好的营商环境。加快转变政府职能,强化政府在社会管理和公共服务领域的职能,探索用政府购买服务的方式优化公共服务。大力推进行政审批制度改革,进一步推进简政

放权,落实"一颗印章管审批",强化事中事后监管。推动街道行政服务中心建设,促进便民服务向基层延伸。深化街道综合执法改革,坚持治理和疏导相结合,强化网格化管理的执法保障,确保街道综合执法管得全、管得住。加强行政执法监督,建立健全行政执法监督平台,发挥好行政执法监督平台作用。大力推行权责清单制度。加强对行政权力的制约与监督,着力深化政务公开,重点推进财政预算、公共政策、行政执法、公共服务等领域的政府信息公开,提高公共决策透明度和公众参与度。发挥政策和资金的杠杆撬动作用,扶持带动企业加快发展。坚持和发展领导干部"包楼宇、包企业"和"联系企业送服务、联系线送效能"等工作制度,落实线工作法,每年开展对企业的帮扶活动。

西青区都市型休闲农业发展模式研究

（天津市经济发展研究院 韩璐）

一直以来,农业在我国国民经济中发挥着基础性作用,在推动国民经济快速发展的同时,也制约着国民经济的发展。近年来,随着我国经济的快速发展,农业的基础性地位显著提高,党和国家始终把解决"三农"问题作为工作重点,加快实现城乡一体化。都市型休闲农业作为连接城市和农村经济沟通的纽带,是城乡融合发展的产物,在调整农业产业结构、提供综合性生活服务等方面具有重要作用,是推动城市生态健康的重要组成部分,是"三农"问题能够有效解决的最佳途径之一,也是促进城市经济实现可持续发展的关键因素。

天津市西青区现代农业发展迅速,都市型休闲农业发展也取得了显著的进步,本文通过对天津市西青区都市型休闲农业的实地调研,考察其发展所具备的条件、影响因素,并针对存在问题进行优化设计,以期探索西青区都市型休闲农业资源优化配置下的发展模式和科学的发展机制,为西青区休闲农业发展提供新思路,促进西青区都市型农业的发展。同时通过对西青区发展经验及启示进行演绎分析,构建我国都市型休闲农业特色模式,使资源配置发挥最好的效用;结合目前我国都市型休闲农业发展的现状及其发展态势,总结出适合我国都市型农业行之有效的长效发展机制,对促进我国都市型休闲农业科学可持续发展具有广泛的理论和现实意义。

一、西青区都市型休闲农业发展条件

（一）经济综合实力显著增强

党的十八大以来，西青区经济保持着持续快速健康发展的良好势头，主要经济指标位居全市各区前列。地区生产总值跨入千亿元行列，2017年达到1072.67亿元，位居全市各区第三位；区级一般预算收入跨过百亿元台阶，2017年达到121.39亿元，位居全市各区第三位，年均增长14.2%；全社会固定资产投资跨入千亿元行列，2017年达到1158.31亿元，位居全市各区第二位；2017年社会消费品零售总额达到240.57亿元。

（二）农业供给侧结构性改革不断深化

"一减三增"产业结构优化调整，设施农业成为西青农业的主要形态，形成了蔬菜、水产两大主导产业和花卉、休闲农业两大优势产业。休闲观光农业蓬勃发展，中北运河商务小镇、杨柳青文化旅游小镇、辛口农业特色镇等特色小镇建设步伐加快。西青区在全市率先建成农业科技孵化器，其中以农业科技合作示范园为代表的一批现代农业项目竣工投产，智能化、工厂化种养殖模式示范推广。建成农辛现代农业企业发展中心平台，建设5个农业综合开发现代农业园区试点。

（三）农村发展机制改革创新进展明显

农业投融资机制取得新突破，西青区在推进农业投资主体多元化上取得了重要突破，尝试了由投资公司担保，以生产设施作抵押的贷款融资模式，为解决农业建设资金贷款问题开辟了新途径。农村基本经营制度持续完善，永久基本农田特殊保护制度全面落实，农村土地承包关系稳定。农村集体产权制度改革稳步推进，村集体经济组织成员身份确认稳妥开展，全面清查核实村集体所有资产。农村承包土地"三权分置"取得重大进展，截至2018年，全区

63

流转集体土地 10.1 万亩,占家庭承包总面积的 72%。新型农业经营主体不断壮大,注册专业合作社达到 527 家,市级以上农民专业合作社 30 家,龙头企业 16 家,注册家庭农场 24 家,完成 19 个经济薄弱村帮扶任务。

(四)农民生活水平显著提高

农民就业渠道持续拓展,举办"春风行动""民营企业招聘周"等各类招聘会,城镇登记失业率控制在 3.5% 以内。农民收入实现较快增长,农村居民人均可支配收入达 26918 元,同比增长 8.6%。示范小城镇完成投资 35 亿元,累计实现 11.6 万农民还迁入住。将民心工程由 10 项扩充到 20 项,全面完成 59 个子项 88.3 亿元的民生投入,投向民生领域的财政资金增长 71%。

(五)农村基本公共服务水平上新台阶

全区落实全民参保计划,城乡居民基本养老保险覆盖率达 76.3%,城乡居民医疗保险参保覆盖率达 93%。持续提高教育质量水平,10 个街镇"1＋1"学前教育建设任务全部完成,实现公办园和普惠性民办园各街镇全覆盖,公办园总数达到 16 所,普惠性民办园达到 12 所。积极构建公共文化服务体系,与清华大学、浙江大学等公共文化服务研究机构对接合作,基本完成了区、街镇、村居三级文化设施网络建设。启动西青医院二期改扩建和中医医院建设工程,西青医院创建为三级综合医院。

二、西青区都市型休闲农业发展现状分析

近年来,休闲农业逐渐成为西青区的优势产业。以休闲农业园区、农庄、城市菜园等为骨干的休闲农业体系基本建成,有效拉动了农业综合附加值快速增长。休闲农业分布在西青区的七镇一街,经营主题、内容、形式丰富多样,不限于传统的家庭经营模式,而是包含了公园式观光农业、种植式市民农园、科技式发展园、民俗民宿等多种类型,并具有定制农业、创意农业等比较新型的农业形态,能满足市民从购买特色农产品的物质消费,到体验农耕文化、休

闲观光等的精神消费。

为了更好地了解西青区休闲农业的发展现状,此次对西青区的休闲农业进行了系统地调研和研究,调查方式以实地调研为主,采集相关数据,并对其发展状况进行较为全面的了解。

(一)整体发展水平层次不一

目前,西青区休闲农业的整体发展水平层次不一,有处于发展前沿的现代休闲农庄、农业园区,也有处于较原始阶段的单个农户家庭经营形式,在经营规模和业务类型方面差异显著。

从营业收入来看,年收入在 5000 万元以上的大型休闲农业占总数的 12.1%,年收入在 100 万元以下的小型休闲农业占总数的 23.5%,年收入最高的达到 1.2 亿元,最低的仅为 6 万元,足以看出西青区休闲农业发展两极分化较为严重,规模档次之间差距较大。从经营业务类型上看,开展 8 种以上业务的综合性休闲农业占总数的 23.4%,开展单一业务的传统小型休闲农业占总数的 20%。从开展业务来看,以特色农产品销售、采摘和餐饮等基本服务为主,提供住宿、棋牌、儿童游乐、成人运动等设施的高端休闲农业场所占比相对较小。休闲农业发展水平的差异性特征,一方面有利于塑造休闲农业场所的个性化特色,另一方面也给西青休闲农业场所的统一管理造成一定的挑战,在制定规范和标准方面存在较大的难度。

(二)经营主体形式多元化

西青区休闲农业的经营形式不再限于传统意义上的以家庭经营为主,目前包括了公司、农民专业合作社、个体户等多种经营主体形式,其中在工商部门注册为公司的休闲农业企业占 65%。休闲农业活动的经营者也不再只是农民,还有乡镇政府、村集体、企业、城市居民和外来投资商等。经营的场所也不再只限于小农经营式的自家庭院,而是逐渐向以杨柳青庄园、水高庄园等为代表的休闲农业景区和现代庄园、天津热带观光植物园为代表的农业高科技示范和科普教育基地,以及曹庄花卉等观赏展销型的现代休闲农业形式发展。

（三）休闲农业发展态势良好

西青区休闲农业发展起步较晚,自2000年开始萌芽,2007年起逐渐发展。近几年来,依托悠久的农业生产历史和都市型现代农业的快速发展,西青区休闲农业在发展中积极发挥资源优势,呈现蓬勃发展的态势。自2011年以来西青区成立了13家休闲农业企业,目前户均年接待规模达到36万人次,户均年营业收入达到2400万元。

目前,西青区将农业与休闲、观光相结合,延伸产业链,增加产业附加值,做大做强农业休闲旅游品牌,已成为天津市重点休闲农业旅游区,并于2011年通过了国家旅游局等机构的认定,成为国家休闲农业旅游与乡村旅游示范县。近年来,西青A级旅游景区和天津市乡村旅游特色点创建达标的数量明显增加。全区对外开放休闲农业景点23家,农业休闲观光园达到18个,特色农业展会6个,全国休闲农业与乡村旅游示范点3个,天津市休闲农业示范区、示范村(点)6个,天津市乡村旅游特色点13家,其中1家被评为国家4A级旅游景区,4家已被评为国家3A级旅游景区、西青区文明旅游景点,杨柳青庄园、水高庄园创建为市级乡村旅游典型特色点。

西青区休闲农业发展规模日益扩大,旅游影响力不断提升,未来发展空间较大。

三、西青区都市型休闲农业发展模式与机制研究

（一）发展模式

西青区都市休闲农业进入了快速发展阶段,休闲农业资源品种丰富、规模结构优越、项目基础数量庞大、产业形态多元化,形成了以大集团、大公司投入为主的庄园休闲度假型产业模式,以当地政府和村民集体投入为主的自然景观和民俗村落型产业模式,以镇政府、村集体或村民合作组织投入为主的产业园区、设施农业科普、观光型产业模式,以一家一户投入为主的单一经济体农

家院型农事体验、乡野生活产业模式,以民间资本投入为主的农耕文化传承与娱乐体验型产业模式等多种模式。

1. 乡村自然景观旅游模式

乡村自然景观作为休闲农业的基础资源,是农业观光、休闲的前提条件,要在此前提下综合设计和规划发展方向,满足游客的游览需求,并在此基础上加强农业教育和科普功能,打造立体农业休闲区。西青区自然景观资源丰富,子牙河、独流减河和郊野公园等自然景观旅游资源的开发较为完善,并与当地的农业生产经营以及体验、观光、休闲等功能有机结合。依托河道风景线、生态农园、森林公园、湿地公园等类型,西青区农业发展以政府投入为支撑,形成了农业功能拓展的休闲农业发展模式。

2. 农事体验、乡野生活休闲模式

农业休闲区别于其他旅游模式的突出特点在于,游客可以直接体验农事乐趣,体验春种秋收的务农经验。其经营模式主要为亲躬农业、农家小院等形式,充分体现"住农家、吃农饭、干农活、享农乐"的发展模式。杨柳青、辛口镇等地区建有丰富的休闲农业项目,其中包括市民智慧菜园、科普农业园区和果蔬采摘农园等项目。通过重点开发农户小院度假游等形式,西青区重点打造各具特色的采摘园、市民菜园、农家乐和渔家乐等类型,在为都市居民体验农事、农村生活以及提供优质农产品和特色餐饮场所的同时,也拓宽了农民的收入途径。

3. 农耕、乡俗文化开发带动模式

西青区悠久的村镇文化历史,决定了其特色村镇景观休闲农业发展模式。村镇利用现有名人故居、传统村屋、民俗风情作为休闲农业体验活动的基础,既保证了当地农民生活习俗的传承发展与文化保护的连续性,也满足了游客的独特性需求。该模式在西青区主要以民俗文化村、民间手工艺、古镇村落建筑游和乡村节庆游等为表现形式,一般以政府、村集体为经营主体。围绕西青区乡村的风土人情、人文历史景观,开发乡村文化旅游景点,如杨柳青民俗文化城、石家大院等类似展示乡村风情风俗的景点,同时配合节日、庆典的农业

观光旅游的拓展，丰富了农业旅游的观光内容。

4.现代农业展示、科普教育模式

现代农业是传统农业生产方式与现代科技的有机结合，该模式对于进一步推动农业现代化发展、推广起到示范带动作用，同时有助于增强农业科普功能的力度，具有一定的教育价值。西青区建有 13 个现代化的农业产业园区，各乡镇建有规模化、专业化的农产品生产基地，具备现代农业观光旅游的资源基础。目前，包括农业观光园、农业科技园区、农业博览园以及科普教育园等在内的园区已经成为西青区休闲农业观光的新景点，这些园区以乡镇政府、企业、农业专业合作社作为经营主体，同时配合有政府组织的宣传和引导，是城乡之间沟通和交流的桥梁。

5.休闲农产品市场商贸展销模式

通过景观打造、集中展览展示，特色休闲农产品市场的建设和销售，综合运用多种传播手段加强宣传、信息交流等，有助于公众对休闲农产品的直观感受，形成多维度感性认识，带动观光休闲、餐饮等产业的发展。展销基地的发展是西青区现代都市型农业的重点产业，主要有特色农贸市场、花卉市场等形式，一般以乡镇政府、村集体、大型企业为经营主体。其中，某些产品展销基地本身就具有很高的观光旅游价值，如中北镇花卉产业基地、曹庄花卉市场和梨园花卉市场等，都可全年开放供游人观光。

6.休闲度假模式

西青区休闲度假模式主要以休闲农庄为主要表现形式，经营主体以较大规模性集团和公司为代表。杨柳青庄园和水高庄园为西青区规模较大的休闲农庄，以各自的农业特色和资源特色吸引游客，以优美田园风光、农业氛围为依托，以农耕文化及活动为手段，利用优质的生态环境，发展特色娱乐主题版块，建设商务套房、会议室等商务必要设施，在满足游客的休闲农业需求外也同时满足游客的商务需求。

（二）发展机制

近年来西青区将休闲农业放到了优先发展的位置上，在发展过程中，西青区采用了多种发展理念和运作机制,集中力量努力将休闲农业打造成为西青区的优势产业。

1. 规划引导机制

西青区各级政府比较重视对休闲农业产业进行统筹规划,先后进行了西青区农家乐规划、精武镇生态观光农业园区总体规划、郊野公园规划设计等,使当地的休闲农业结合自身的资源禀赋、区位优势,对发展进行了方向模式上的引导。重视对休闲农业的基础研究,多次与科研院所进行合作,鼓励专家学者对西青区休闲农业发展方面进行探索和课题研究,同时聘请国内外与休闲农业相关的知名专家,探索新技术新项目。从规划宏观层面、项目申报进程、技术咨询建设等工作上,协同为休闲农业项目建设和产业发展提供决策建议,引导西青区休闲农业发展有序进行。

2. 政策、资金扶持机制

西青区将国家政策与本地实际进行了紧密结合,在土地流转方面搭建了土地流转信息平台,建立了区、街镇、村三级土地流转服务系统,积极推进承包土地出租、转包、互换等多种流转方式,为优势特色产业规划、建设和发展提供了重要保障。在农业融资贷款担保上,天津市、西青区两级财政注资4000万元,搭建西青区农业融资担保平台,建立反担保机制、担保平台风险补偿机制、风险共担机制、区镇(街)风险防范双管机制。给予休闲农业资金上的扶持,根据休闲农业重点建设工程,从市财政支农资金预算中安排发展休闲农业资金。综上,在外部环境上保证西青区的良性运行,给予休闲农业发展强力支撑助力。

3. 服务保障机制

西青区政府注重对休闲农业的营销策划,在天津市休闲农业网、西青旅游局的网站上对西青区的休闲农业进行旅游推介、景点介绍等。同时,积极策划各种结合当地休闲农业景点的节事主题活动,如大柳滩桃花节带动了大柳滩庄稼院、杨柳青庄园的经营;沙窝萝卜文化旅游节带动辛口镇沙窝萝卜的采摘和销售。举办"百家旅行社媒体看西青"活动,大力推介区内农业休闲旅游点。

在人才引进和培训方面,西青区积极引进本科、高职等大专院校的高素质管理人才,并对休闲农业的从业人员提供培训课程等,努力提升休闲农业企业的管理和服务水平。

4.监督检查机制

西青区政府在鼓励发展的同时,兼顾对休闲农业的监督管理。限制和制约企业利用休闲农业开发名义进行不合理建设及破坏生态环境的行为,促使休闲农业企业依法经营。一方面,制定休闲农业发展的法规体系,从建设标准、项目审批、人员上岗、安全和卫生保障、价格制定、经营管理、接待服务等各方面都按规章办事,以保证休闲农业发展的正确方向和休闲农业资源的可持续利用。另一方面,制定休闲农业发展标准,从资源、环境、市场、服务、交通、效益等多方面进行规范管理。根据规范标准,定期进行评估,根据评估结果,优胜劣汰。

5.产业协作机制

西青区注重休闲农业与旅游业的联系,开展产业协作,政府不同职能部门相互合作,西青区旅游局多次组织、参加旅游推介会,比如京津冀系列旅游推介会、津洽会等,积极推介西青区休闲农业旅游项目,帮助西青区休闲农业"走出去"。

6.行业协会推动机制

天津市休闲农业协会与天津市农委合作进行每年一次的天津市休闲农业示范园区、示范村(点)的认定,帮助天津市休闲农业制定行业标准,进行组织评优,规范产业经营。同时,协会注意进行人才及从业人员的业务培训,扩大对外交流,积极组织活动和会议,促使休闲农业经营者们互相学习、合作,增强了休闲农业企业间的凝聚力。人才培训主要围绕农业实用技术普及性培训和农业职业资格证书培训、新型职业农民培训、农民成人学历教育、农村实用人才带头人培训、农业创业和技术提升专项培训、市农委有关培训(农村实用人才境外培训、农委处室业务培训、人工影响天气业务培训)、农民教育培训体系能力提升工程等方面展开,累计培训人员十余万人次。

7.经营管理机制

西青区休闲农业主要有三种经营方式:一是自主经营,这是西青区休闲农业最主要的经营方式,即由经营主体投资、经营;二是合约经营,即由两个或两个以上的经营主体联合经营,较为常见的模式为"企业+农户"模式;三是租赁经营,即将土地、建筑物和相关设施租赁给有意愿、有经验的个人或企业来进行生产经营。休闲农业的经营和从业人员仍然以农民居多,相关管理经验积累少,并且经营者大多学历偏低,在某些经营管理方向上容易出现偏差。同时,从业人员大多来自农村,参与服务培训不足,52%的员工每年接受培训规模在30人次以下。

在营销方面上,西青区尚未有较为正规的营销体系,休闲农业经营者目前主要的营销方式为宣传推介,所用的宣传形式主要包括户外广告、网络、广播、发放宣传册、公交广告、报纸、杂志等,使用最多的宣传形式为发放宣传册、网络和广播。其中,使用过4种以上宣传形式的休闲农业仅占18%,41.2%的休闲农业经营主体没有用过以上任何一种广告宣传形式,使用过户外广告、网络和发放宣传册等较普遍的宣传方式的休闲农业旅游点分别占了西青休闲农业总数的18%、20%、30%,与附近旅游景点有合作的仅占到41.2%。

(三)主要制约因素

尽管西青区休闲农业成长速度较快,发展情况较好,但在发展过程中仍存在着许多问题,制约了休闲农业的发展,主要集中表现在:都市型休闲农业组织程度低,建设布局缺乏总体规划,扶持监管力度较弱,基础设施不完善,从业人员素质较低、管理服务不规范,休闲项目同类型产品重复,开发缺乏深度,特色不够,客源单一、营销不足。

1.分散经营,组织程度低

休闲农业是一种最大限度的发挥群体效应,优化资源配置,一步一景错位发展的旅游形式。目前,西青区休闲农业分散经营,组织程度低。休闲农业景点与酒店、传统旅游景点以及其他休闲农业景点之间都缺乏有机联系(根据调研数据显示,50%以上的休闲农业景点都没有与周边旅游景点建立起合作关系),导致休闲农业旅游发展很难形成规模与合力。由于缺乏统一的组织引导和清晰的发展定位,休闲农业在开发建设上随意性较大,部分休闲农业存在失去开发深度、市场吸引力不足等问题,易导致休闲农业旅游整体文化气息减弱。加之休闲农业经营户组织程度不高,恶性竞争时常发生,妨碍了西青区休闲农业旅游整体竞争力的提升。

2.规划缺乏总体性、科学性

西青区的休闲农业规划缺乏总体性。其大多是个别园区或者部分经营主体的发展产业规划,对休闲农业发展尚缺总体型、系统性、全局性的上位规划和有效有力的引导,对市场的需求性、规划的科学性和实施的可操作性不是很强,有的休闲农业项目规划档次低,内容空泛,包装粗糙、缺乏文化和内涵,难以形成核心竞争力;有些规划前期整体策划不够详尽,致使部分项目存在不同程度的盲目性和随意性;有些项目缺乏对资源环境进行系统性论证和规划,或缺乏对客源市场的科学分析和需求预测,人工痕迹过于明显,部分休闲农业景点的宾馆、酒店建成高楼大厦,城市化倾向严重,失去了原本属于休闲农业的本质特色——乡村农业气息。另外,个别项目开发起点不高、布局不尽合理、功能不配套,使得资源未能有效利用和开发,难以形成强大的休闲旅游积聚效应和规模效应。同时由于规划大多都各自为政,很多项目的布局设置存在矛盾冲突,造成规划难以落地实施,较难与其他关联产业的规划衔接。

3.政府扶持和监管不到位

西青区休闲农业的扶持政策还有待进一步加强和完善。目前来说,有关休闲农业的具体优惠政策、法律法规方面尚无明确的文件出台,无法给予休闲农业经营者切实的扶持保障。在资金扶持方面,政府支持的覆盖面不够,目前得到过旅游部门支持的休闲农业仅占41.2%,得到过农业部门支持的休闲农业占 50%。政府部门在政策、资金和宣传等方面的支持力度不足,使得休闲农业的发展动力不足,后期缺少支撑保障。休闲农业的发展运行,需要政府从质量监督、生产情况、旅游发展、保障设施以及卫生健康等多方面进行监控。但在实际管理过程中,往往政出多头,项目审批手续过程复杂、烦琐,所以,目前来看西青区对扶持和规范休闲农业还未形成较为健全的协调机制,还存在发展不科学、服务不规范、管理不合理的现象。

4. 基础设施建设有待完善

近年来,西青区的休闲农业有了较大的发展,游客人数不断增加,由此引发的基础设施建设不足问题更加凸现。主要表现在与餐饮、住宿、娱乐相关的基础建设缺乏相应的服务设施和设备投入,在一定程度上制约了整个产业的规模化发展。同时,在环境保护方面,废弃物处理设施短缺,使大量的污水和固体废弃物得不到及时有效的处理,严重影响了休闲农业的健康发展。

为达到产业可持续发展的要求,休闲农业发展中要遵循生态环保的原则。而要提升休闲农业经营的发展水平,必要基础就是要提高环境卫生标准。但是,目前在西青区经营有餐饮业务的休闲农业经营场所中有三分之一的餐饮卫生条件得不到保障,对餐饮和住宿产生的污水和废弃物等还没有统一规范的处理措施,能排放到市政工程相关设施中的经营场所不足 50%,而其他的经营场所主要是进行循环利用、排放到自建的污染物处理设施中或者就近处理。整体来看,休闲农业的环保卫生设施有待进一步完善。

5. 从业人员素质、服务水平较低

目前,西青区休闲农业的经营仍以个体农户为主,这导致了管理者缺乏管理和旅游方面的相应知识和经验,开发和管理都是粗放的方式,从业人员素质普遍较低,缺乏专业度,缺乏服务意识和服务技能,急功近利思想严重,存在欺骗消费者的情况。在客流量过大的情形下,由于管理的不规范,服务水平较差,无法及时科学有效地对客流进行疏导,极易使客流量超过了景点的承载量,导致景点环境呈现"脏、乱、差"现象,致使游客体验差,对景点不满意,影响

游客对景点的综合观感,于是造成重游意愿低的现状,这成为休闲农业档次提升、树立品牌的主要障碍。

6.产品开发缺乏特色、深度

目前西青区大多数休闲农业经营主体在项目开发上依然过分依赖农业资源和农村景观,缺乏深度挖掘地域特色,往往采取相似的经营模式,重模仿、轻创新,同质化现象严重,集中体现在庭院样式、园林风格、室内陈设、菜肴品种、娱乐项目等都比较类似,缺乏个性化色彩。整体上休闲农业项目缺乏开发的深度和广度,一方面受文化思想观念的束缚和局限,未能深入挖掘乡村旅游资源的文化内涵,片面的理解休闲农业为观光农业,另一方面没有针对自身优势深入挖掘发展潜力,缺乏特色产品和服务。特别是在休闲农业旅游方面,主要集中在旅游观光、住宿餐饮服务,对参与性项目的深度挖掘不够,产品单一,游客停留时间较短。受季节影响,淡旺季差别明显,造成了一定程度上的资产闲置和浪费。

从经营业务类型来看,50%以上的休闲农业都包含特色农产品销售、采摘和餐饮这三种业务,而辅助人们休闲娱乐的项目建设则相对欠缺,内容单一。旅游产品没有创建自己的品牌特色,往往只是简单的农产品直接出售,缺少加工与包装。深层次上是休闲农业产业没有形成地方龙头产品,缺乏科技创新含量,没有形成与之相适应的旅游纪念品、农业特产等产品链条。

7.客源单一,营销推介力度不足

从客源来看,49.8%来自西青区,36.8%来自天津其他区,13.4%来自其他省区市。同时大多数休闲农业的经营主体没有明确的营销策略体系,营销理念薄弱,对产品的包装、市场的瞄准、顾客的定位、销售渠道、宣传手段都较为缺失,主动利用媒体手段宣传的意识不足,基本还停留在依靠地政府、旅游主管部门策划活动和普通的公共报道发布自身信息,大多数休闲农业经营主体与旅行社等中间商的沟通联系较少、不够紧密,销售渠道没有打开,使得许多休闲农业景点的知名度和客流量难以快速提升、增长。

四、优化发展模式与机制的政策建议

(一)加强科学规划与引导

按照因地制宜、合理布局、突出特色的原则,协调区域现代农业总体发展情况和休闲农业发展潜力等各方面因素,对西青区休闲农业进行统一规划,做到上位规划和下位规划方向一致,平行各类规划不冲突不矛盾,使关联产业的规划能够与上位规划有效衔接。制定切实可行的规划,并注重规划的落地与成果转化,转变西青区休闲农业发展规模小、分布散、层次不高、同质化严重等不利现状。

(二)升级休闲农业新业态

大力发展观光农业、体验农业、定制农业,实现"村庄变农庄、产区变景区、田园变公园、产品变礼品"。围绕吃、住、行、游、购、娱旅游六要素,建设提升杨柳青镇北生态旅游区、水高庄园、凯润循环农业产业园、张家窝镇枣文化公园、九百禾葡萄庄园、大寺镇王庄子绿生园、中北镇百年花乡等休闲农业项目。培育打造一批休闲农业园区和特色休闲农庄。探索创意农业发展,引入现代科技和人文元素等,推进农业与旅游、教育、文化、康养等产业的深度融合,培育一批"高颜值"农旅结合的特色小镇,提升一批休闲农业示范村(点)的旅游产业功能,发展一批功能齐全、产业集聚的休闲农业精品园区。

(三)实施新型经营主体培育工程

积极培育各类生产型经营主体,支持农民合作社实行统一生产经营,发展服务型农民合作社,鼓励发展农民合作社联合社。吸收农业企业、服务型农民合作社为成员或入股,组建农民合作社销售联合社。积极发展示范型家庭农场。支持家庭农场流转农户土地,不断扩大经营规模,进一步完善农业产业化经营体系。

（四）培育行业协会、企业联盟

积极培育西青本土的休闲农业行业协会、企业联盟，与天津市休闲农业协会或全国休闲农业协会等组织进行对接，开展区域间沟通与交流，联合承办活动项目，加大对西青区休闲农业的宣传，更加自主、自助、自律地对西青区休闲农业行业进行引导、规范、鼓励、服务。建立完善的评价标准体系和认证制度，利用行业协会、企业联盟等对西青区的休闲农业进行标准评定和资格认证，推行休闲农业景点品质认证制度，采用积分、计点的方式，并进行分数分级，进行等级认证。制定行业准入标准和检查标准，实行优胜劣汰，对休闲农业产业进行监督，帮助西青区休闲农业产业发展形成良性循环。

产业升级篇

河西区高质量发展研究

（天津市经济发展研究院　郑宇）

河西区管辖面积48平方公里,2017年常住人口98.92万人,地区生产总值849.82亿元,一般公共预算收入50.7亿元,地区生产总值和一般公共预算收入均居中心六区首位。河西区第三产业比重已超过95%,是以服务业为主体的功能地域,同时承担着天津市重要的政治、文化、科技、国际交往功能,是天津市建设现代化大都市的核心区域。近年来,受国际环境下行趋势的影响,在新常态阶段上如何实现高质量发展,已成为河西区面临的新挑战。本项研究在分析河西区高质量发展存在问题和面临形势的基础上,提出了河西区推进高质量发展的方向和建议措施。

一、河西区高质量发展存在的问题

（一）保持经济平稳较快增长难度较大

河西区的经济发展已步入增长转换期。2016年,河西地区生产总值同比增长8.3%,服务业增加值同比增长8.7%。2017年,河西地区生产总值同比增长1.9%,服务业增加值同比增长2.1%,分别比上年下降6.4个百分点和6.6个百分点。财政收入持续下降,从2016年的89.4亿元,下降为2017年的59.6亿元、2018年的50.7亿元,三年下降了43.2个百分点。金融和房地产等支柱产业受营改增、降成本、房地产调控等宏观政策影响,波动较大。房地产业增加值降幅继续扩大,2017年商品房销售面积增速 -84.4%,较上年同期下降47.1个百分点,保持经济平稳较快增长难度较大。

(二)经济发展质量和效益有待提高

河西区的发展质量和效益与一线城市中心城区相比,差距明显。从中央商务区(CBD)办公楼日均租金看,2015 年河西区中央商务区日均租金为 3 元/平方米·月,远低于北京中央商务区日均租金 12.1 元/平方米·月、深圳福田中央商务区日均租金 8 元/平方米·月、上海虹桥中央商务区日均租金 7 元/平方米·月、杭州武林中央商务区日均租金 5 元/平方米·月、南京河西中央商务区日均租金 4.5 元/平方米·月,也低于东北和中西部沈阳金融中央商务区日均租金 4.7 元/平方米·月、西安长安路中央商务区日均租金 3.6 元/平方米·月、武汉中央商务区日均租金 3.5 元/平方米·月(详见表 1)。中央商务区办公楼日均租金的显著差距,表明河西区的发展水平还没有达到其区位优势和禀赋潜力所规定的发展高度。

表 1 国内主要城市中心商务区(CBD)基本情况

中央商务区 (CBD)	面积 (平方公里)	国内生产 总值总量 (亿元)	总部 企业 数量	世界 500 强企业 数量	纳税额 (亿元)	办公楼租金 (元/平方 米·月)
天津河西 CBD	42.00	755.49	65	38	196.00	3.0
深圳福田 CBD	6.07	2622.00	342	98	1111.00	8.0
广州天河 CBD	20.00	2427.04	101	184	317.03	5.2
北京 CBD	6.90	1110.00	260	160	336.29	12.1
上海静安 CBD	7.62	732.00	–	–	261.00	–
上海虹桥 CBD	–	–	40	2	–	7.0
武汉 CBD	28.29	925.85	–	49	165.19	3.5
杭州武林 CBD	31.46	764.00	–	–	23.50	5.0
大连人民路 CBD	8.40	501.20	35	56	76.10	2.6
重庆解放碑 CBD	3.50	480.00	101	90	–	–
长沙芙蓉 CBD	11.70	389.91	87	21	39.95	–
沈阳金融商贸 CBD	5.90	389.00	–	63	–	4.7

中央商务区 （CBD）	面积 （平方公里）	国内生产 总值总量 （亿元）	总部 企业 数量	世界500 强企业 数量	纳税额 （亿元）	办公楼租金 （元/平方 米·月）
南京河西 CBD	22.00	128.50	–	–	18.54	4.5
郑东新区 CBD	7.10	128.00	–	49	102.00	–
西安长安路 CBD	4.55	65.00	33	38	6.10	3.6

资料来源：根据中国社科院《商务中心蓝皮书：中国商务中心区发展报告（2016—2017）》报告数据整理。

从财政收入来看（表2），来自土地的税收一直占有较高比重，且呈逐年上升趋势。2014年、2015年、2016年、2017年，河西区与土地有关的税收分别为16.9亿元、23.4亿元、29.4亿元、20.9亿元，占同期财政收入的比重分别为24.1%、27.6%、32.9%、35.2%，如果考虑土地转让费的话，土地对财政的实际贡献会更大。2017年，河西区税收前20位的重点企业，有15家是房地产企业；科学研究和技术服务业、批发和零售业、居民服务、租赁和商务服务业分别为2家、1家、1家、1家（详见表3）。15家房地产企业纳税35.31亿元，占到税收前20位重点企业纳税总额的83.26%，可见经济增长的动能结构有待转换。

表2　2014—2017年河西区各年财政收入及土地税收占比

	各年财政收入（万元）				各年占比（%）			
	2014	2015	2016	2017	2014	2015	2016	2017
总　计	700446	850351	894088	595634	100	100	100	100
契税	85565	128323	165733	81700	12.2	15.1	18.5	13.7
房产税	38853	38664	42967	45804	5.5	4.5	4.8	7.7
城镇土地使用税	16522	4635	4573	4093	2.4	0.5	0.5	0.7
土地增值税	27867	62768	81007	77811	4.0	7.4	9.1	13.1
与土地有关的税	168807	234390	294280	209408	24.1	27.6	32.9	35.2

资料来源：根据各年河西区统计年鉴资料整理计算而得。

表3 2017 年河西区年税收前 20 位重点企业分行业纳税情况

行业	企业数（家）	税收额（亿元）	占比（%）
房地产业	15	35.31	83.26
科学研究和技术服务业	2	2.12	5.00
批发和零售业	1	2.27	5.35
居民服务	1	1.79	4.22
租赁和商务服务业	1	0.92	2.17

资料来源：根据河西区发展和改革委员会调研资料整理计算而得。

（三）高质高效发展存在系列结构性制约因素

产业结构相对单一，创新引领能力还比较薄弱，高质量发展的人才保障不足，民营经济比重较低，招商引资困难是制约河西区经济平稳较快增长的关键结构性因素。

产业结构相对单一。2017 年河西区服务业比重达到 96.4%，但服务业内部产业发展不平衡，金融、商业、房地产业等传统服务业居于主体地位，新兴服务业比重较低；金融业一业独大，经济结构相对单一。2017 年，金融、商业和房地产业分别占河西区生产总值的 50.1%、10.2% 和 8.0%（详见表4）。2018 年第一季度，金融业增加值占 GDP 的比重进一步上升为 55%（金融办调研数据），而主要包含新兴服务业的其他行业的比重只有 22.9%。2017 年以来河西区经济增长放缓，主要原因集中在金融业核心支撑指标本外币存贷款余额指标增速偏低，作为支柱产业的拉动作用偏弱。房地产业持续下滑，导致税收收入大幅下降，并直接影响到建筑业中的建安投资。科技服务、信息服务、电子商务等新兴产业体量小，支撑力不强，拉动作用不明显。文化休闲、健康产业、养老服务等中高端消费领域要素整合和有效供给不足，产业高端化进展不快。

表4 2015—2017年河西区地区生产总值

	2015年（年报）		2016年（年报）		2017年（快报）	
	总量（亿元）	比重（%）	总量（亿元）	比重（%）	总量（亿元）	比重（%）
河西区	770.07	100.0	819.85	100.0	849.82	100.0
第二产业	41.61	5.4	28.93	3.5	30.57	3.6
工业	32.69	4.2	17.16	2.1	19.17	2.3
建筑业	8.92	1.2	11.77	1.4	11.40	1.3
第三产业	728.46	94.6	790.92	96.5	819.25	96.4
金融业	399.31	51.9	408.96	49.9	425.81	50.1
批发和零售业	57.39	7.5	82.95	10.1	87.07	10.2
房地产业	48.49	6.3	59.22	7.2	67.66	8.0
交通仓储邮政业	21.85	2.8	24.47	3.0	21.38	2.5
住宿和餐饮业	11.35	1.5	21.09	2.6	22.44	2.6
其他行业	190.07	24.7	194.23	23.7	194.89	22.9

资料来源：根据河西区各年统计年鉴资料整理计算而得。

创新引领能力较弱。河西区的科技创新投入相比先进区县差距较大，创新能力和水平还不能很好地适应经济转型升级的要求，原始性创新成果和"撒手锏"产品较少。规模大的科技领军企业数量不多，实力不强，品牌创造力不足，科技特色产业尚未形成。创新创业生态环境还不够完善，科技创新创业不活跃，成果转化不够充分顺畅，"创业－瞪羚－集群"内生动力尚未形成，区域创新潜力有待进一步挖掘。

人才保障不足。人才总量和人才层级与创新创业和高质高效发展的要求还不相适应。人才结构性矛盾较为突出，高层次人才总量偏低，创新型、领军型、复合型人才紧缺。人才工作合力还未真正形成，大规模吸引高层次人才，让优秀人才引得进、留得下，充分发挥作用的体制机制仍有待完善。结构合理、素质优良、技艺精湛、具有强大竞争力的专业技术人才队伍和高技能人才队伍亟待形成。

民营经济比重较低。2017年民营经济增加值实现271.73亿元，占河西区生产总值比重为 31.98%，比 2015 年仅上升 1.48 个百分点。但民营经济显现了较好的增长活力，2017 年民营经济增加值同比增长 9%，比河西区生产总值增速高出 7.1 个百分点，高出天津生产总值增速 5.4 个百分点。民营经济企业创新转型、融资难等问题尚未得到有效改善，阻碍着民营经济的发展，民营经济推动转型升级的潜力有待进一步释放。

招商引资难度加大。受经济形势的影响，内外资流入规模大幅度下降。国内招商引资额从 2017 年的 154 亿元下调至 2018 年的 100 亿元。"十三五"累计实现国内招商引资额 880 亿元，预计完成 620 亿（2019 年和 2020 年按 5%增速计算）。外资指标从 2017 年的 1.2 亿美元下调到 2018 年的 5000 万美元，与规划 5 年利用外资额 16.8 亿有较大的差距。内外资流入规模缩减，在近期内，以内外资增量推进服务业结构调整和高端化发展面临不小的困难。

区域竞争激烈。中心城区总体上以现代服务业为产业主体，以楼宇经济为产业载体。各区产业发展的重点均是金融、商务服务、文化创意、科技服务等，在城区功能和产业定位上同质化竞争日趋激烈。"十三五"时期，和平区的南京路沿线、河东区及河北区的海河沿线、南开区西区、滨海商务中心区等均有一批商务楼宇陆续竣工并投入使用。在宏观经济下行的趋势和背景下，各区在招商引资、租金价格、政策条件等方面的竞争将更加激烈，保持经济稳定增长、实现产业转型升级和高质高效发展的难度加大。

（四）载体资源总量过剩与区位性、功能性短缺并存

河西区楼宇载体资源利用效率有待提高。2016—2018 年上半年，河西区商务楼宇出租（售）率为 85%，与"十二五"同期相比，整体持平。2018 年下半年至 2019 年，随着新八大里地区双迎里、三诚里、四信里、五福里、六合里、七贤里 6 座共计 48.42 万平方米新建商务楼宇投入使用（占河西区商务楼宇总面积的 13%），且新建成楼宇存在 2~3 的培育招商期，因此河西区商务楼宇整体出租率将有所下降。一般而言，商品房空置率 5%~10% 为合理区，10%~20% 为空置危险区，20% 以上为商品房严重积压区。在"十三五"中后期乃至更长的时期，河西区商务楼宇供求的基本格局是总量过剩。另一方面，由于区

域发展不平衡,小白楼地区和友谊路地区的商务楼宇利用接近饱和,而新八大里、陈塘科技商务区则利用不足。此外,符合现代服务业要求的商务楼宇的更新升级相对缓慢,大部分楼宇项目的楼龄在 10 年以上,公共配套设施老化严重,楼宇的公共服务设施已不能满足企业入驻的需要,对企业的吸引力逐步下降。载体资源的区位性短缺和功能性短缺已经成为招商引资和服务业企业存量稳定的瓶颈与制约。

(五)空间功能区域有待进一步整合

目前,河西区空间开发和功能拓展呈现出中心区域过密、边缘区域发展不足的基本态势。对功能区开发具有重要先导意义的公共服务资源配置也存在着"西强东弱""北密南疏"的不平衡问题。在"一心一轴五片区"的城区空间功能布局中,行政文化商务中心与小白楼商务中心发展水平较高,空间开发和功能承载已近饱和。陈塘自主创新示范区、新八大里商务商业区、解放南路综合商业区尚处于载体开发、功能充实阶段。遵循产业集群的内在经济联系,利用经济手段引导中心区域由于载体资源不足而落地困难的高端服务业向新八大里商务商业区外溢转移;通过功能拓展、互补、整合,促进陈塘自主创新示范区与解放南路综合商业区联动发展,促进资源配置优化、有效利用和均衡发展是"十三五"以至更长时期的重要问题。

(六)民生领域还存在短板与弱项

就业存量压力依然存在,高校毕业生等重点群体就业问题突出。劳动关系协调机制、劳动争议调处机制和劳动保障监察执法机制仍需完善。教育学位紧张且分布不均衡,优质教育资源北密南疏东弱,尚不能满足群众日益增长的优质教育需求。医疗卫生资源和服务存在缺口,看病贵、看病难问题仍有待缓解。人口老龄化加剧,要求医疗保障和医疗卫生服务更加公平可及。环境空气质量仍未达到国家二级标准的要求,重污染天气频发。城市景观水体主要水质指标多处于四类标准边界,人均绿地面积较低,环境应急响应与环境监管能力需要提高。安全生产形势依然严峻,存在企业安全发展理念不深入、责任落实不严格、防范监督不到位、资质和标准管理不规范、安全投入不充分等一系列突出问题。基层安全生产管理力量投入和专业技能与监管对象的数量众多、规模不一、类型繁杂不相适应。美丽社区建设进展不平衡,基础较好的社区都已完成美丽社区创建,剩余社区在硬件和软件上都存在一定的差距。同时,外来流动人口尚未真正融入社区治理和服务创新建设当中。社会综合治理的平台技防设施整合力度不够,还没有完全实现互联互通、联网对接、资源共享。

二、河西区高质量发展面临的宏观形势

(一)天津经济发展实质性地进入新常态调整阶段,发展前景依然广阔,服务业成为稳增长的重要产业支柱

2017 年,天津市地区生产总值同比增长 3.6% ,2017 年第三产业同比增长 6.0% ,比第二产业高出 5 个百分点,对经济运行的支撑效应显著,成为稳增长的重要产业支柱。根据经济发展的一般规律,天津已步入后工业化时期,即中高速增长转型升级阶段,经济主体形态开始从工业型经济转向服务型经济,在较长时期内,服务业将加快发展,比重持续上升,成为推进经济持续发展的新动能。

表5   2010—2017 年天津市及第二、第三产业生产总值指数　　　上年 = 100

年份	2010	2011	2012	2013	2014	2015	2016	2017 年
全市	117.4	116.4	113.8	112.5	110.0	109.3	109.0	103.6
第二产业	120.2	118.3	115.2	112.6	109.9	109.2	108.0	101.0
第三产业	114.2	114.7	112.6	112.7	110.4	109.6	110.0	106.0

资料来源:《2017 天津统计摘要》、《天津现代服务业统计信息月刊》2017 年 9 月。

经济发展本身是有起有落的长远过程,从长期看,天津经济具备向好发展的基础条件和一系列发展机遇,发展潜力仍有待释放。天津是"三北"地区的重要出海口,是"一带一路"上的重要枢纽城市,是全球最具发展潜力的京津冀城市群的重要节点城市和国家中心城市之一,是汇聚和流通国内外人才、资本、技术、商品的双向开放平台。这些自然禀赋和战略优势是长期不变的,是决定天津发展的基本面。无论是从全国范围还是与沿海主要城市服务业综合比较,天津具有在多个领域培育新增长点的基础和潜力。根据沿海主要中心城市第三产业及其内部各行业区位商的比较,2015 年,天津第三产业区位商为1.09,低于北京(1.67)、上海(1.32)、深圳(1.23)、广州(1.40)。但是在第三产业内部,区位商大于 1 行业中,天津最多,拥有 6 个,天津比较优势显著的服务行业有科学研究、技术服务业(2.06),水利、环境和公共设施管理业(1.78),租赁和商务服务业(1.70),居民服务、修理和其他服务业(1.62),金融业(1.22),批发和零售业(1.17)。天津的国民收入结构、居民个人消费水平和消费结构与发达国家的阶段性差距,与北京、上海等主要城市的显著落差,为天津服务业的发展创造了阶段性的上升空间。服务业内外资的大量流入,凸显了天津服务业发展的区位优势,2017 年 1—9 月,服务业实际利用外资额达 54.73 亿美元,同比增长 8.7%,占全部实际利用外资额的68.5%;2017 年 1—7 月,服务业内资到位资金为 2426.11 亿元,同比增长 28.15%,占全部到位资金额的79%。从长期看,随着京津冀协同发展、新一轮对外开放、"一带一路"建设深入推进、自由贸易港建设,天津的港口优势,沟通内外的窗口平台优势,毗邻北京的区位优势,将使天津服务业发展的比较优势进一步强化和显现。

(二)中心城区从规模性增长转向功能性提升,走向一体化发展

1. 中心城区服务业比重已超过 90%,但增速和地位相对下降,从量的扩张转向质的能级提升是中心城区服务业发展的基本趋势

经过十多年的工业东移和"退二进三",中心城区的服务业比重不断上升,从 2006 年的 70%上升为 2016 年的 92.5%,中心城区已经转化为近乎纯粹的服务业功能区。在服务业比重上升的过程中,中心城区多数年份的经济增长

速度都低于其他经济板块。2006 年至 2016 年,中心六区、环城四区、远郊五区、滨海新区服务业增加值分别增长 3.6 倍、7.0 倍、7.8 倍、6.8 倍,外围区域的服务业增长速度远高于中心城区的服务业增长速度。在天津市域经济格局中,中心城区的经济地位呈相对下降的态势。2016 年中心城区 GDP 为 3267.36 亿元,占全市比重的 15.79%,比 2006 年下降了 11.17 个百分点;服务业增加值为 3022.20 亿元,占全市比重的 28.82%,比 2006 年下降了 15.44 个百分点。由于土地资源稀缺,中心城区在吸纳内外资方面的优势并不明显。从内外资的流入情况看,2016 年中心城区实际利用内资 796.20 亿元,实际利用外资 6.81 亿美元,只占到全市内外资利用总额的 17.55% 和 6.74%。

伴随中心城区"退二进三"的城市更新及固定资产投资密集期的结束,以及可用土地和利用空间开发程度总体较高,中心城区服务业主要依靠投资拉动和规模扩张的阶段已经结束。适应城市功能变化和消费升级的需求,经济发展的重点将转向现代高端服务业,以承担其服务经济、管理社会事务的枢纽功能。推动服务业质态转换、功能提升、效益提升,成为中心城区服务业高质量发展的主要趋势。

2. 一体化发展是新阶段中心城区高质高效发展的内在要求

2016 年,市内六区面积为 180.91 平方公里,常住人口规模为 492.53 万人,GDP 为 3267.36 亿元,即中心城区以占全市 1.52% 的面积,承载了全市 31.53% 的人口、15.79% 的 GDP、28.82% 的服务业增加值。天津中心城区人口密度为 27225 人/平方公里,超过了北京首都功能核心区和上海中心六区的人口密度。

中心城区是天津建设社会主义现代化大都市的核心功能地域,是京津冀城市群中具有国家中心性和世界影响力的多功能综合性枢纽,位于京滨发展轴的中间节点位置上,科、教、文、卫、人文旅游资源和专业人才集中,具备现代服务业专业化、高品质发展的综合优势。作为完整的功能地域,进行整体开发是发挥中心城区综合优势,提升中心城区和天津市中心性的基本途径,也是市政府对中心城区发展宏观引导的主要方向。"十三五"中后期及更长的时期,轨道交通的建设将进一步串联和贯通中心城区各功能单元,在提升中心城区区域通达性和便利性的同时,将强化中心城区的广域集聚性和广域中心性,进一步推动中心城区一体化发展和整体功能提升。河西区今后的发展需要在中心城区一体化发展的背景和趋势中,发挥优势,有效承载和实现中心城区的功能定位。

(三)河西区高质高端发展优势显著,市场引导下的结构性优化趋势显现

河西区区位优势显著,在全市空间发展战略中占据小白楼、解放路、友谊路、市文化中心等城市主中心和天钢柳林城市副中心的重要位置,是天津市行政中心、文化中心和对外交流的重要窗口。河西区优质公共服务资源集中,集聚了全市总量近45%的总部级金融机构,拥有天津国际展览中心、天津博物馆、天津大剧院、天津自然博物馆、天津美术馆、天津图书馆、华夏未来艺术中心等多座市标志性文化设施,商务、医疗、教育等配套设施健全。河西区轨道交通网络趋于完善,到2020年,区域内通车里程将达到52公里,空间和社会经济资源优化的网络架构更加完善,对外交通联系将更加便捷。河西区具备创新发展的良好基础,集中了60余家中央、市属科研院所和高等院校,是国家知识产权试点城区;"北方设计之都"建设升至全市战略,建成北方设计联盟展示体验中心,联盟会员单位达40家,获评国家火炬天津陈塘工程设计特色产业基地;激光、智能制造、新能源、新材料等产业正在起步。

在市场机制的运作下,河西区的综合优势逐步推动经济结构优化和高端化发展。陈塘自主创新示范园经济产出已占河西经济总量的20%。2016年至2018年第一季度内资引进项目显示,房地产业项目为40个,资金累计到位额为283.63亿元,占到位资金总额的92.56%;主体为生物科技、光电科技、自动化科技、环保、新能源、软件设计、景观设计、工程设计、工程造价咨询、商务咨询、管理咨询、知识产权服务、人力资源、动画、传媒广告、文化传播、健康、养老等业态的商务服务业(按投资促进局产业分类),引进项目358个,到位资金额为17.80亿元,占到位资金总额的5.8%,位居全市第2位。总体看,在河西

区,商业地产仍占主导地位,但新兴服务业正在逐步发展。

三、河西区高质量发展的方向与措施

（一）量质并重,推动经济平稳高质高效发展

传统优势产业在河西区产业体系中仍将长期居于支柱地位。从规模性增长转向功能性提升,向产业价值链的高端攀升,是依托传统产业的渐变过程和长期过程。坚持远近结合,传统服务业提升和新兴服务业培育并举,在稳定传统产业增长的基础上,拓展发展新空间、培育发展新动能,在保持经济发展的稳定性和一定的增速中,提升经济发展的质量和效益。

1. 稳定传统支柱产业发展

做好金融机构发展的服务和协调,解决金融机构日常经营中遇到的各种问题,营造良好的发展环境,保持金融业稳定向上发展。加快推进陈塘科技商务区 W2 和 W3 号等地块土地出让工作,积极推动"河西体育场"控规调整和规划落地,保持重点投资项目建设接续持久,逐步扭转房地产、建筑(建安投资)等行业下行态势。依托三级领导包联工作机制,推动社会服务、批发零售业等重点支撑产业持续向好。

2. 促进新兴高端产业发展

引进和培育新兴服务业,构建多业支撑的现代服务经济体系,提升服务业发展质量。聚焦新型金融,发展科技金融、普惠金融、股权投资基金等新金融业态;稳妥推进投贷联动试点工作,提升金融对实体经济的输血能力;完善金融监管体系,防范系统性金融风险。加快发展科技服务、商务服务、设计、咨询、人力资源管理、会展旅游、体育娱乐、医疗健康养老、节能环保等现代服务业。推进信息技术与服务业深度融合发展,支持商业模式创新,发展平台经济,扶持建设"双边市场"。深化"研发总部 + 生产基地"模式,加快构建完整产业链条,推进总部型企业聚集发展。推进小白楼航运服务集聚区建设,引进

和培育航运保险、航运咨询、海事仲裁等航运上下游业态。

(二)内外联动,区域创新发展动能培育与高端资源引进并举

充分利用区内区外两种资源、两个市场,深入培育创新发展动能,激发市场主体活力,提升招商引资质量,稳步推进"走出去",加大人才引进力度,在内生发展和开放发展并进中推动产业转型升级和经济平稳高质高效发展。

1.深入培育创新发展动能

推进陈塘自主创新示范区建设,加快园区土地收储、整理和出让。打造"北方设计之都",高标准建设北方国际设计中心、北方创意设计产业园,完善北方设计联盟协作机制和服务平台,拓展联盟企业产业链、价值链。深化南京理工大学北方研究院建设,建立研究院备选产业化项目池,筹建南京理工大学北方研究生院。深化国家知识产权试点城区建设,提高专利申请总量和质量。深化国家科技型中小企业评价工作。深入开展质量提升行动。落实研发费用加计扣除政策,推行科技创新券制度,设立产业引导基金等各类基金,放大财政扶持资金杠杆效应,推动更多企业挂牌上市融资发展。加大财政资金对"北方设计之都"建设、"小白楼航运服务集聚区"建设等服务业集聚区以及各类综合信息服务平台建设的支持力度。鼓励民营企业和中小企业向现代服务业转型升级。

2.激发市场主体活力

深化商事制度改革,推进简政放权,实行统一市场准入制度,按照"非禁即入""非禁即准"原则,进一步放开竞争性经营行业和投资领域,扩大民间固定资产投资。按照"一二三"总体思路,推进国有企业混合所有制改革,稳步实施分类改革,完善现代企业制度,健全公司法人治理结构,逐步退市出清低效、僵尸、空壳企业。营造"亲清"新型政商关系,创新政企互动机制,帮助企业解决实际困难。引导企业创新驱动发展,实施新一轮中小企业创新转型行动,加快培育"专精特新"技术企业。加强银企融资对接服务工作,推介适宜中小企业融资的金融产品,帮助企业熟练掌握各类现代金融融资工具。加强对民营企

业家的培训工作,培养一批精通现代管理,具有全球战略眼光、市场开拓精神、管理创新能力和社会责任感的优秀企业家。

3.促进双向开放

提升招商引资质量。按照构建高质高效多业支撑的现代服务产业体系的要求,借助京津冀协同发展、国家自主创新示范区建设、自贸区政策优势,强化高端集群链条招商,围绕总部型企业、金融创新、研发设计、高端商务、教育、医疗、大数据、云计算、智能制造等产业方向,对接北京创新资源和优质产业,引进世界 500 强、央企国企、上市公司、知名民营企业及分支机构。充分发挥夏季达沃斯论坛、津洽会、亚布力天津论坛、市文化中心城市会客厅等平台功能,定期开展主题招商活动,做好项目促进、客商对接、展览推介等工作。围绕投资和服务贸易便利化,推行权力清单、责任清单制度,规范行政职权和便民服务事项,规范主动服务的工作流程和制度,打造透明高效的政务环境、专业高效的商务环境、竞争有序的市场环境、公平正义的法治环境,吸引高端项目流入。

稳步推进"走出去"。推动小白楼航运服务集聚区建设。支持企业申报天津市外贸综合服务企业。发挥天津优势,鼓励外贸企业拓展"一带一路"沿线国家租赁和服务外包市场。落实"双万双服"工作部署,加大对区内重点外贸企业的服务帮扶力度,落实资金奖励激励政策,促进外贸企业发展。

4.加强人才引进

以更加开放的政策广泛吸纳世界各国优秀人才,完善外国人永久居留服务管理,积极为企业引进海外人才服务。开辟人才服务绿色通道,完善"高层次人才一站式服务",健全人才落户、医疗保障、子女教育等服务体系。落实用人主体自主权,为用人主体松绑,充分释放各类人才创新创造的活力。加大政府财政支持力度,为引进和聘任专业技术人才提供资金政策保障。实施"人才安居工程",保障重点项目、重点人才的居住公寓需求,为人才解决后顾之忧。

(三)产城融合,促进空间布局优化与载体功能提升

适应经济发展新常态,深入贯彻新发展理念,依托轨道交通建设进展,着

眼区域功能整体优化,提升城区空间布局,加快推进重点区域的整体开发建设,完善区域公共服务设施建设,促进城市空间布局、载体功能提升与经济转型升级紧密结合,深度利用区域综合优势,推动区域在更高水平上实现产城融合、整体提升、均衡高质高效发展。

1.促进功能区域重组

顺应轨道交通建设发展、城市布局框架变动、经济社会要素流动走向与产业集聚趋势,以新发展理念,推动"一心一轴五片区"的城市空间结构向"一轴、两片、四核、九区"的城市空间演进,促进功能区域整合,激活区域发展潜力。

"一轴"为海河空间发展轴。由三个段落、七个节点组成。文化体验段包括小白楼航运商务核心、德式风情区、挂甲寺文旅休闲区。休闲娱乐段包括复兴门商业中心。生态创新段包括哪吒主题文化公园、柳林城市副中心、柳林公园。

"两片"为小白楼—文化中心主中心板块与陈塘—柳林科技创新板块。两大中心板块,以轨道站点为引擎,以大沽路、尖山路及轨道线为联系,集聚发展。保留原陈塘智谷,空间上改为沿大沽路发展,对接自创区和新八大里。功能混合,高强度,高密度,城市要素高频率互动,形成河西最具活力的区域。

"四核"为小白楼商业商务核心、文化中心行政文化商务核心、陈塘科技商务核心、柳林城市副中心。依托轨道站点,四核形成河西商务功能的核心载体,承接首都功能疏解的载体。根据周边功能,分别形成各具特色的主导业态方向。小白楼商业商务核心以航运服务、高端中介、航运金融、综合物流等为主,文化中心行政文化商务核心以新金融、咨询服务、艺术传媒等为主,陈塘科技商务核心以科技创新、设计研发等为主,柳林城市副中心以综合商贸等为主。

"九区"为文化中心行政文化商务中心区、小白楼航运商务中心区、陈塘—新八大里科技创新区、小海地科教创新区、解放南路生态宜居社区、东梅江品质宜居社区、体院北健康宜居社区、西梅江国际社区及会展博览区、柳林宜居拓展区。以海河、环线绿带、快速路及交通干道为边界,形成九区,每区 10 ~ 15 万人,形成 2 个中心区,2 个创新区,4 个宜居社区,1 个拓展区。除四核之外,各区形成自身综合中心,促进产城融合。

2. 提升楼宇载体功能

推进载体建设。以新八大里、解放南路以东、陈塘自创区等地区为重点,充分盘活利用好闲置写字楼、老厂房等存量资源,创新开发模式,注入文化内涵,加快推进功能性项目和载体建设。

培育特色楼宇。按照"突出主业、延伸产业"原则,超前规划商务楼宇功能定位,引导楼宇业主"招大引强",走特色化、专业化发展道路。针对性地引导行业集聚发展,重点支持航运物流、大型贸易、文化创意、金融、设计、法律、会计、咨询、高新技术等优质企业入驻商务楼宇,促进楼宇内入驻企业的产业集聚,形成"一楼一行业",培育一批总部经济、文化创意、设计专业、金融服务、现代物流等特色楼宇,实现高端业态集聚。

优化楼宇环境。加快楼宇运行环境建设,制定老旧楼宇改造提升计划,在市、区财政资金投入的基础上,鼓励引导楼宇单位多方筹集资金,改善配套设施,根据入驻企业的需求,逐步改善楼宇相关的配套设施,营造良好的办公环境。推广楼宇智慧停车场建设,合理配置停车资源,解决静态交通压力。结合创文工作,将楼宇周边环境整治建设纳入计划,营造舒适的商业商务环境。

(四)绿色共享,打造宜居宜业的发展环境

持续提升公共服务,完善公共设施,推进公共服务均等化、优质化,提供优质、便利、绿色、共享、满意的生活环境。进一步深化"放管服"改革,提升政府服务效能,创造公平、高效、有序、规范、透明的营商环境、投资环境和创业环境。

教育。推进资源共享联盟发展,深化集团化办学模式,扩大优质教育资源覆盖面,逐步改善河西教育北密南疏东弱的不均衡现状。深化学区化管理,完善学区管理制度及评估标准。完善教师交流轮岗制度,建设高素质教师队伍。

科学推进课程体系建设,实施特色高中建设。高水平建设职业教育育人体系。成立特殊教育资源中心。

健康。深化医药卫生体制改革,有效降低公立医院药占比,探索按病种付费试点。推进紧密型医联体建设,吸引三级医院医师到基层医疗卫生机构多点执业。推进医疗卫生养老综合服务设施建设。推广基层中医药适宜技术。加强社会办医机构管理。继续创建慢性病综合防控示范区。

就业与社会保障。提供创业就业政策支持和服务,推动创业带动就业。搭建就业平台,发挥青年就业见习基地的作用,促进高校毕业生就业。帮扶解决零就业家庭、单亲家庭等困难人群的就业。深入开展职业技能培训,充分发挥民办培训机构的作用。落实好灵活就业补贴和吸纳就业企业各项补贴政策。落实住房保障政策,做好"三种补贴""三种住房"分配发放,最大限度地改善住房困难家庭的居住条件。持续扩大社会保险的覆盖面,实现居民参保全覆盖。加强低保和社会救助。完善困难残疾人生活补贴和重度残疾人护理补贴制度,覆盖所有符合条件的残疾人。发展慈善事业,加强政府救助和社会帮扶的有机结合,形成扶贫助困合力。提升养老服务水平,加快建设多层次养老服务体系,开展国办养老院建设,引导社会力量参与建设和运营养老服务设施,鼓励民营资本进入养老行业,对新移交的养老服务设施,全部采取公建民营的方式,由企业或社会组织负责运营。利用互联网外卖平台和线下社会组织(日间照料中心、养老院、社区食堂等),进一步开展老年人助餐服务,并设立居家养老助餐服务补贴。高标准做好军队退役人员工作,退役军人权益保障历史遗留问题实现清零。

社区建设。推进美丽社区全覆盖,持续推进社区治理和服务规范化、标准化、精细化、品质化建设。有序推进精品小区建设,按照规划,继续高标准做好精品小区建设和长效管理工作,逐年打造一定数量的特色突出、整体统一的高品质小区。实施社区微修复、微提升、微改造工程,更好满足居民生活需要。加大社区资金投入和指导扶持力度,逐步提升旧楼区环境宜居水平。采取政府购买服务的方式,聘请第三方对全区旧楼区长效管理情况进行验收考核,依据考核成绩核发区级财政补贴资金,确保旧楼区改造扎实推进,取得实效。围绕全国社区治理和服务创新实验区创建工作目标,深入推进社区减负增效和社区公共服务综合信息平台全覆盖,实现居民公共服务事项在河西区"一号申请、一窗受理、一网通办"的"一门式"服务模式,让"数据多跑路,群众少跑腿",为居民提供更加高效便捷的服务。

公共文化服务。持续提升国家公共文化服务体系示范区,天津市现代公共文化体系建设水平。启动"文明河西•魅力街区"三年行动,打造首批魅力街区,推进文明城区建设常态化。用足用好文化产业扶持资金,打造文化创意街区。完善"10分钟公共文化服务圈",改造提升街道综合文化服务中心和社区文体活动室。高水平开展"文化365•快乐在河西"主题文化惠民活动。推广全民阅读,推动游泳馆、体育馆、体育场建设,更新提升老旧设施,广泛开展假日体育、广场体育、公园体育等全民健身特色活动。推进志愿服务制度化建设,做大做强社区睦邻文化品牌,在全社会形成崇德向善、见贤思齐、德行天下的浓厚氛围。

安全河西。形成"党委领导、政府负责、社会协同、公众参与"的社会治理格局。深化平安河西、平安社区建设,推进区、街、社区三级综治中心建设,实施全区公共安全视频监控系统建设联网,持续开展缉枪治爆、扫黄禁赌和打击"盗抢骗"专项行动。进一步强化网格协调运作、信息共享传递等联动功能,健全点线面结合、网上网下结合、人防物防技防结合、打防管控结合的立体化治安防控体系。落实企业主体责任,落实部门监管责任,深化食品、药品、人员密集场所、危险化学品和烟花爆竹、工贸企业、建筑施工和城镇燃气、道路运输、消防、特种设备等重点领域安全专项整治。打造集防汛应急指挥、市政设施应急处置等功能于一体的现代化大市政管理平台,实现紧急突发事件快速响应、高效处理。

加强生态环境保护。深入推进"四清一绿"行动,落实政府环境质量属地责任、部门监管责任、企业治污主体责任。持续开展大气污染综合治理,以"控煤、控尘、控车、控污、控新"为工作重点,加强联防联控,确保组颗粒物(PM$_{2.5}$)平均浓度下降至58微克/立方米的阶段性目标。强化水污染防治工作的组织领导,全面推行河长制,以辖区内一、二级河道及湖泊达到"无杂物漂浮、无违章建筑、无护岸坍塌、无污水直排、无污泥淤积"的"五无"标准,立足区情水情,构建责任明确、协调有序、监管严格、保护有力的河湖管理保护机制。加快地下油罐更新改造工作进度。继续推动"一核六区八带八景"建设,重点建设城市公园和规模绿地,实施"一园一品"工程,完善道路绿化网络,创建绿色精品社区,建设生态保育廊道,推进植树绿化、立体绿化和垂直绿化工程。

营商环境。推动商事制度改革向深度广度拓展,重点抓好"多证合一"、电子营业执照、企业登记全程电子化等审批制度改革;全面实行企业名称自主申报,提高登记效率;推行个体工商户简易注册登记、简易注销制度,进一步降低个体经营的准入门槛;提供"24小时预约登记""上门服务无缝对接""重大项目绿色通道"服务,支持重点项目尽早落地;坚持放管结合,完善"容缺后补"机制,推进"容缺后补"标准化、规范化。探索包容审慎审批模式,支持企业家创业,鼓励小微市场主体创新,推动新业态、新产业发展。打击扰乱市场秩序的行为,完善诚信计量示范建设制度,深化医疗卫生机构和餐饮酒店行业实现诚信计量自我承诺公示工作;强化合同广告行为指导,推广合同示范文本,引导企业规范使用,强化虚假违法广告治理,督促各类广告企业自觉遵纪守法,履行社会责任。推动"双随机一公开"全覆盖,提高市场监管效能;做好会展市场监管,规范网络交易行为;打击市场垄断经营行为,维护市场公平竞争秩序。丰富消费维权体系内容,打造放心满意的消费环境;实施调解全程监控制度,畅通消费者诉求渠道,强化服务质量管理与业绩考核;推进消费环节经营者首问和赔偿先付工作,试行消费者投诉信息公示工作,实现大型商场、超市消费维权服务站全覆盖。启动三年"质量提升行动",强化政府质量考核的督促作用,协同各相关部门全面提升产品、服务和工程质量,促进区域质量水平提高;推进质量认证工作,开展"万家企业质量管理体系升级行动",拓展质量认证覆盖面,引导更多企业获得质量认证。提升企业品牌意识,贯彻落实商标战略;开展"知名品牌示范区""商标战略实施示范区"创建活动;鼓励企业申请注册商标,指导科技型企业等重点企业建立商标品牌发展保护体系。发挥标准化工作的服务引领作用,开展标准提升行动,鼓励企业参与国际标准、国家标准、行业标准、地方标准的制定与修订工作。

（五）区域联动，在中心城区一体化发展进程中提质增效

中心城区发展的趋势是成为国家中心性和全球影响力的、以现代服务业为主的多功能枢纽地域，助推京津冀城市群的历史性崛起。这一趋势要求市内六区的产业发展或产业定位，在遵循高端服务业空间集散规律的前提下，应结合各区的资源禀赋、产业基础，协力打造中心城区现代金融、高端商务、商贸流通、科技服务、文化旅游、创意设计构成的现代服务业体系，共同落实中心城区在国家战略和天津发展目标中的任务。

从区位优势、产业基础、公共资源看，和平和河西将共同承担中心城区在京津冀、东北亚以至全球金融中心和商业中心的职能。和平区和河西区也是天津城市形象和历史文脉传承的主要区域，承担着天津的窗口的区域功能。总体上，和平、河西的产业发展方向和定位，均是在商业地产的基础上，实行"金融＋商业＋商务＋文旅"模式。河西区将在设计和智能制造研发转化为主的科技服务业发展上发挥更大的作用。

河西区和和平区规模体量相近、发展条件相似、发展阶段同阶、发展问题类同、发展趋势一致，而且产业发展方向均符合中心城区在国家战略和天津发展目标中的定位，有必要作为一个相对完整的功能地域，共同争取产业发展方面的扶持和优惠政策。从长期看，两区域应作为一个功能整体展开协作。

河东区科技产业发展现状及路径研究

（天津市经济发展研究院　辛宇　王泽敏）

科技产业是推动高质量发展的支撑力量,当前,新一轮科技革命和产业变革正在萌发,河东区认真落实天津市智能科技产业发展总体行动计划和十大专项行动计划,始终把科技产业作为推动高质量发展的重要抓手,大力发展科技企业,打造创新产业集群,积极建设科技载体,切实提高了全区经济发展的质量和效益。

一、河东区科技产业发展现状

（一）科技产业规模不断壮大

1. 科技创新主体培育加速

2018 年,河东区新增科技型企业 166 家,超额完成全年 165 家的任务指标;145 家企业完成国家科技企业评价任务,19 家企业获得国家级高新技术。截至 2018 年上半年,32 家企业通过市级高企专家评审,1 家科技企业完成股份制改造,引进科技型企业 89 家,科技带动投资效应显著。

2. 创新平台集聚效应加强

近年来,河东区持续加快科技产业集聚步伐。依托院所资源及产业集群优势,已建成国家级众创空间——中国能源建设集团河东区智能电气众创空间,形成一批区级众创孵化基地,如嘉晟天创孵化基地、特基屋文化戏剧中心、景德镇艺术中心等。嘉晟天创的创新平台建设和天传电控的人才自主培养项目入选天津市"人才开发培养重点项目"。

3.高新技术企业认定管理高效

河东区致力于培育一批市级高新技术企业,广泛宣传高新技术企业政策,定期深入拟培育企业走访服务,2018 年,有 33 家企业在市级高企认定网上提交材料,经专家评审,天津海能电力建设有限公司等 32 家企业通过市级高企专家评审。同时,区内企业积极申报工业科技开发专项资金项目。天津电气科学研究院有限公司申报的工商业用大功率储能变流系统开发与应用项目被批准为"2018 年天津市工业科技开发专项资金项目",中国能源建设集团天津电力设计院有限公司申报天津市企业技术中心得到市有关部门的认可。

4.科技企业领军人才增多

截至 2018 年,河东区共有 17 名"新型企业家"培养对象,企业家所在企业涉及新能源、电子商务、智能制造等多个领域,落实第六批天津市"新型企业家培养工程"培养对象奖励资金共 8 万元。企业家视野不断拓宽,对新政策和新形势的分析能力不断提高。天津天传电控配电有限公司的自主培养人才项目入选"人才开发培养重点项目"。天津地热勘查开发设计院有 8 人入选河东区"第四届专业技术突出贡献人才"。积极举荐符合条件人才申报市、区有关资金资助,申报各类人才项目,为易商阜极股份有限公司申请"千企万人"企业引育人才资助 5 万元。

(二)科技产业与其他产业融合创新

1.智能文化创意产业加快发展

智能文化创意产业是河东区结合本区产业特色,贯彻落实"十三五"规划中"产业结构持续优化,科技服务、文化创意等主导产业对区域经济的支撑作用显著提高"这一发展目标的必要条件和突破口。为助推全区智能文化产业快速发展,河东区制定实施了《河东区新兴文化和创意产业发展规划及扶持政策》《关于设立河东区文化发展专项资金的实施意见》《河东区创建企业研发中心的实施办法》等多项措施办法,扶持智能文化产业发展。近年来,河东区打造了天津音乐街、棉三创意街区、先之科技园、庞氏通达广场、爱琴海文创街区等文化产业载体,积极培育和壮大市场主体。

河东区共有棉三创意街区服务平台、第五印刷厂"老站文化创意园服务平台"两个天津市智能文化创意产业重点项目。目前,棉三创意街区服务平台项目已基本完成,第五印刷厂"老站文化创意园服务平台"虽已启动,但尚处于立项阶段。

随着棉三创意街区服务平台项目的完成,依托棉三文化创意产业园的硬件载体功能,打造出新媒体产业孵化基地和新媒体产业公共技术服务平台。新媒体产业公共技术服务平台,建设包括内容生产服务平台、内容管理服务平台、交易和发行服务平台、服务及系统管理平台、共性技术研究与应用模式探索、平台推广及产业交流等功能于一体的国内最先进的新媒体内容和业务公共服务平台。

2. 智能医疗与健康产业体系日益丰富

河东区积极探索信息技术与医疗行业的融合发展。一是加强以电子病例为核心的医院信息化建设。河东中医医院以电子病历为核心的信息化建设工作是对现有医院 HIS 系统进行升级改造,达到市卫计委关于医院信息化建设功能规范测评标准中的二级医院测评标准。二是加强分级诊疗—区域双向转诊平台建设。分级诊疗—区域双向转诊平台将区域内各基层医疗机构(一、二级)与河东区域内三级医疗机构连接起来,组成区域双向转诊的网络,能够实现即时双向转诊、检查检验结果共享、医疗诊疗信息互通等功能。目前,软件开发及部署工作基本完成。三是加强远程会诊系统建设。为更好地解决困难家庭、残疾人家庭看病不方便与看病难等问题,目前,河东区已经完成区域内12 家委属医疗机构的远程会诊系统软件、硬件安装部署,以及线路测试和视频测试等工作,远程会诊功能初步实现。四是逐步改善医疗服务,积极组织开展"金医宝"手机应用项目建设工作。全区已有12 家社区卫生服务中心实现"金医宝"手机应用上线,居民可通过"金医宝"手机应用进行操作,完成预约挂号、排队叫号、就医缴费等就医流程,极大地简化了居民看病就医的流程,切实提高了居民的就医体验。河东区智慧医疗与健康服务的方式和内容日趋完善和丰富。

(三)产业发展支撑环境不断提升

1. 招商引资政策更加积极

河东区积极通过津洽会、世界智能大会等多场活动,有针对性地推介优势资源。区级领导带队重点走访企业 80 余家,着力对接中国核工业集团、中国大唐集团公司等优势企业和项目,接待来访企业 120 余批次,对于意向投资企业开展"一对一""点对点"跟踪洽谈服务。对意向企业加大服务协调力度,形成"洽谈、协调、签约、落地"的良性闭环。坚持重点项目协调、推进、服务工作机制。认真落实"天津八条""河东九条",纳入服务平台的企业已全部走访,问题按时办结率 100% 。

2. 人才服务工作加快推进

河东区组织联审部门沟通对接,从人员安排、办理环节、岗位责任等环节周密部署,提出"一处受理、信息共享、并联审批、限时办结"的工作思路,确保新政落地落实。深化贯彻"海河英才"新政,向落户人才提供"一窗式"服务。截至 2018 年,累计受理海河英才申请 18034 人,发放准迁证 5388 人,4763 人通过"海河英才"计划落户河东。开通智能科技产业人才资助申报绿色通道,人才专员全程指导,申报材料网上预审,让人才最多跑一次,全面提升申报便捷度。实施优质落户服务,为成建制落户企业开通绿色通道,提供保姆式上门服务,为已落户"海河英才"组织以"聚集海河英才,激发就业活力"为主题的专场招聘会,全方位提供精准化服务。搭建企事业单位与海河英才引智交流平台,首次全面实现"线上配对,线下面试"的互动模式,简历处理率达 86% 。做实人才引育配套,推动人才开发培养重点资助项目落地,出台《关于"河东区百名博士引进计划"的补充规定》,2018 年从天津大学、南开大学等院校引进近 20 名博士、硕士来区挂职和实践锻炼、项目合作、创新创业,并给予配套支持及相应的补贴。推动首批人才开发培养重点资助项目落地,对评选出的 7

个项目进行表彰并兑现资助资金。建设规模化产业孵化基地,设立河东人才公寓,打造服务高层次人才创新创业的有效载体。加强专项资金监管评估,对有欺诈行为或截留、挪用专项资助等情况的用人单位,一经查实,追缴已发放资助,情节严重的,追究单位和有关人员的责任,取消其申请市、区各项人才专项资助的资格。确保资金用在刀刃上,切实助力智能科技产业发展。

3.楼宇经济资源整合加强

河东区认真梳理了区内楼宇、园区、土地等重点载体资源,对海河东岸沿线招商方向进行规划。盘活空置楼宇,借助亿元楼宇资金支持政策,重新修订《河东区鼓励楼宇经济发展扶持办法》,加大对楼宇、企业的扶持和奖励力度,推进商务楼宇健康发展,提高税收贡献率。提升楼宇品质,建立完善的综合服务平台,引导楼宇企业规划好业态,引导楼宇产业更新,突出上下游企业和同类企业的集聚,引进企业及其产业链,做到楼宇有定位、招商有方向、产业能集聚。实施精准招商,坚持量质并举、资税并重的思路,招商部门联动,拓宽以企引企的广度和深度。加强服务管理,加强政府与企业交流,为符合区域发展要求的优质企业做好全方位服务。对楼宇企业实行动态管理,对亿元楼宇坚持定期走访调查,个性化打造亿元楼宇党群服务中心,以党建促发展。

4.“一制三化”改革进程加快

河东区研究制定了《河东区承诺制标准化智能化便利化审批制度改革实施细则》,优化审批服务,提高审批效率。推行审批事项、要件、环节、证照、时限“五减”改革。“减事项”17项,减少了16.5%,“减要件”297件,减少了61.8%,“减环节”30个,“减证照”31个,“减时限”由法定办理时限平均20.1个工作日压缩至承诺办理时限平均4.2个工作日,其中涉企证照事项实现“一企一照一章一票一备案”不超过一天办结。启动公共场所卫生事项“许可信用承诺审批试点”,编制《公共场所卫生行政许可信用承诺制一次性告知书》等文件,将法律法规、行政主体、许可条件、办理程序、递交材料、审批时限、法律依据等统一表格化,申请要件从16件减少为2件,审批时限由法定的5个工作日缩短为1小时内立等可取,试行一个月办件量由平均每月10件左右增加到 366 件,大大提升了审批效率,减低了企业成本。

5.网络信息保障全面推进

河东区政府和公共数据资源聚集、共享、开放的进程加快,数据资源整理、数据目录整理、数据资源汇聚开放和基础数据库等工作全面推进。完成全区与市级政务信息资源整合共享平台的接入,逐步建设部署河东区数据资源共享平台,建立政府数据收集、整理、交换和开放共享机制,促进数据资源在平台聚集,深入推进数据资源开发利用,积极运用大数据提升政府服务能力,推动部门间数据互联互通、共享共用,逐步建立"用数据说话、用数据决策、用数据管理、用数据服务"的管理机制。

二、河东区科技产业发展存在的不足

(一)总体发展水平与先进地区差距较大

近些年河东区科技产业发展虽取得重大突破,但总体发展水平与南开区、河西区等市内先进区及北京、上海等先发地区仍有较大的差距。河东区科教资源相对不足,创新研发能力相对薄弱,科技主导产业和科技领军企业的引领优势还不够明显,产业聚集效应尚未显现。

(二)科技投入力度和服务力度有待加强

尽管河东区在科技产业发展环境上不断提升,但与市内其他区相比,在对科技企业的研发支持力度以及对科技领军人才的服务力度上仍需加强。以南开区为例,2018 年,该区支持立项 37 项科技重点项目、13 项贷款贴息项目,开展首届创新创业载体项目征集并支持立项项目 38 个,项目带动企业创新的作用明显;推荐 13 家区级众创空间进行市级众创空间备案,推荐 20 家区内中介服务企业获得市初创企业服务资格,高端创业孵化服务平台扩容增量;携手加拿大、芬兰、韩国等国际机构通过智汇论坛等方式实现技术、人才、市场对接洽谈。河东区在科技投入、人才服务上仍需更有特色、更加主动的作为。

（三）科技企业融资渠道有待拓宽

科技企业普遍具有高投入、高风险的特点，银行对此比较慎重，特别是中小型科技企业的贷款难度更大，多数企业都面临银行信贷和社会其他资金筹集的渠道不畅的问题。河东区对科技的财政投入有待加大，区级信用贷款风险补偿机制尚未完善，各类商业性创业投资基金入驻不多，市场化方式吸引各类投资机构参股科技企业的引导措施不够。

三、先发地区科技产业发展经验

（一）北京市

北京市充分发挥在人工智能领域的资源优势，积极构建以企业为主体、市场为导向、产学研深度融合的人工智能技术创新体系，统筹推进人工智能研发攻关、产品应用和产业培育，建立了中关村国家自主创新示范区。2017 年 12 月，北京市制定了《北京市加快科技创新培育人工智能产业的指导意见》，提出了四项主要任务及发展目标：一是建立人工智能创新体系，强化新一代人工智能基础理论研究，攻克新一代人工智能前沿核心技术，搭建人工智能创新平台；二是打造人工智能产业集群，培育人工智能新兴产业，优化人工智能产业布局；三是加快人工智能融合应用，推进传统产业智能化升级，构建智能宜居社会；四是夯实人工智能产业发展基础，推动智能化信息基础设施建设。力争到 2020 年，新一代人工智能总体技术和应用达到世界先进水平，部分关键技术达到世界领先水平，形成若干重大原创基础理论和前沿技术标志性成果；培育一批具有国际影响力的人工智能领军人才和创新团队，涌现一批特色创新型企业，创新生态体系基本建立，初步成为具有全球影响力的人工智能创新中心。

（二）上海市

上海市发挥数据资源丰富、应用领域广泛、产业门类齐全的优势,全面实施"智能上海(AI@SH)"行动,形成应用驱动、科技引领、产业协同、生态培育、人才集聚的发展体系,推动人工智能成为上海建设"四个中心"和具有全球影响力的科技创新中心的新引擎,为上海建设卓越的全球城市注入新动能。2017 年 10 月,上海市印发了《关于本市推动新一代人工智能发展的实施意见》,明确了四大任务:一是拓展人工智能融合应用场景,围绕智慧城市建设和上海超大型城市有序治理需求,加快人工智能在经济发展、城市治理和公共服务重点领域的深度应用,提升全员劳动生产率、公共服务能力和市民获得感。二是加强人工智能科研前瞻布局,推进产学研用深度合作,加强前沿基础研究、关键共性技术攻关、功能型平台建设,抢占关键领域人工智能技术制高点。三是推动人工智能产业集聚发展,坚持人工智能装备、产品与核心部件、系统协同发展,积极培育以智能驾驶、智能机器人、智能硬件为重点的人工智能新兴产业,着力提高以智能传感器、智能芯片、智能软件为重点的产业核心基础能力。四是营造人工智能多元创新生态,大力培育开放、包容、多元的创新创业生态,充分激发市场主体的创新活力,着力打造各方资源汇聚融合的人工智能创新生态圈,促进人工智能持续健康发展。到 2020 年,实现人工智能对上海创新驱动发展、经济转型升级和社会精细化治理的引领带动效应显著提升,基本建成国家人工智能发展高地,成为全国领先的人工智能创新策源地、应用示范地、产业集聚地和人才高地,局部领域达到全球先进水平。

（三）广东省

作为国内制造大省和全球重要制造基地,广东省雄厚的电子信息产业基础和较为完善的工业体系为智能科技产业与制造业的发展融合提供了良好的产业支撑和市场空间。为进一步推动智能科技产业发展,全面提升智能制造创新能力,推进制造过程智能化升级改造,广东省印发了《广东省智能制造发展规划(2015—2025 年)》,提出六项主要任务:一是构建智能制造自主创新体系。二是发展智能装备与系统。三是实施"互联网＋制造业"行动计划。四是推进制造业智能化改造。五是提升工业产品智能化水平。六是完善智能制造服务支撑体系。到 2025 年，全省制造业综合实力、可持续发展能力显著增强，在全球产业链、价值链中的地位明显提升，全省建成全国智能制造发展示范引领区和具有国际竞争力的智能制造产业集聚区。

（四）浙江省

2017 年 7 月 9 日，浙江省在人工智能人才发展论坛上发布了首个人工智能人才专项政策《人工智能人才新政 12 条》，通过打造平台、拓展渠道、撬动资本等方式全方位、大力度支持吸引人才，为人工智能科技发展提供了强有力的人才保障。同时，浙江省制定了《浙江省新一代人工智能发展规划》，按照市场主导、紧盯前沿、应用引领、优化机制的原则，明确了六项主要任务：一是重点突破核心基础理论和技术瓶颈，鼓励浙江省科研院校和龙头企业聚焦优势、超前部署、集中攻关，在人工智能基础理论、核心关键共性技术、软硬件支撑体系三个层面开展研究工作；二是加快推进人工智能产业化，加快人工智能与优势产业领域融合发展，推动浙江省智能安防、智能家居、智能汽车、智能机器人等优势产业领域的产品创新，提高生产生活的智能化服务水平；三是优化人工智能产业布局，以杭州城西科创大走廊、国家和省级高新园区、高新技术特色小镇等为载体，加快人工智能专业园区的战略性、全局性布局，形成以杭州、宁波为核心，各地特色化发展的格局，构筑全球人工智能创新创业高地；四是推动人工智能示范应用，在人工智能基础较好、发展潜力较大的市、县（市、区）、高新园区和高新技术特色小镇，组织开展人工智能创新试验和应用试点，形成可复制、可推广的经验，引领带动智能经济和智能社会发展。鼓励并支持有条件的市县争取国家人工智能创新应用试点示范。争取到 2022 年，浙江在技术创新、产业发展、推广应用和人才集聚等方面取得重要进展，开放协同的科技创新体系初步建立。

（五）先发地区科技产业发展经验对河东区的启示

先发地区均立足本地产业特点，出台相应的培育科技产业发展的支持文件，总体来看，这些地区对科技产业与传统产业深度融合和高端人才引育的结合尤为重视。北京市鼓励建立实验室专注于智能科技研发，培养产业高端人才，加快两化融合；上海市利用其人才、资本、市场、产业、环境的优势，以智能汽车为核心，打造智能科技高地，对尖端人工智能领域人才形成巨大的虹吸效应；苏州市建立了世界级人工智能产业园区，发展仿真机器人、生产型机器人等顶级智能产业，加快智能科技与优势产业领域融合发展，围绕园区合理布局产业结构，并面向全球延揽人才；广东省结合本省产业结构特色，注重智能科技产业与制造业的融合发展，着力打造全国智能制造发展示范引领区。

对比来看，河东区在科技产业人才吸引、招商引资政策等方面亟待完善。鉴于河东区企业关键支撑技术和核心基础部件掌握不足，科技产业与相关产业融合度不够，科技产业链、科技产业聚集带仍需规范建立，全区科技产业的创新提升、做大做强仍然任重道远。下一步，河东区应在吸引培育科技产业高端人才等方面加大力度，进一步优化产业布局，深化科技与优势产业深度融合，迅速提升发展水平，力争早日迈入国际先进行列。

四、新时代河东区科技产业发展重点

（一）科技服务

科技服务是河东区"十三五"规划中重点发展的产业目标之一。下一步，应围绕战略性新兴产业重点领域和核心关键技术鼓励企业开展研发。鼓励各类企业集团在河东区设立研发中心，扶持中小企业发展细分领域专业化研发服务，形成龙头企业和科技型企业共同活跃的研发体系。加快发展分析测试、检验认证、计量溯源等技术服务，扩大和提升第三方认证服务，建设全国检验检测基地。大力发展节能环保服务业，推进科技成果转化平台建设。加快建设技术创新服务平台体系,建立技术成果对接网络,提供科技资源配送服务。加快科技服务业发展载体建设,重点建设一批科技创业孵化和科技服务示范基地,着力打造几个科技服务业特色聚集区。

(二)文化创意

河东区具有较好的文化创意产业园区优势基础,科技产业与文化创意产业融合创新发展是发展特色科技产业的方向之一。下一步,河东区可以依托棉三创意街区,打造集创意设计、艺术展示、文化休闲、人才培育为一体的新型创意街区,有效融合工业遗产保护与开发利用,彰显工业元素,同时满足服务业发展需求;依托工业大学膜天科技、先之科技园二期等众创空间建设,充分利用区域内优势资源,加快发展影视传媒、广告、动漫、软件等行业;依托二宫地区资源优势,完善公共服务设施,着力打造非物质文化遗产展示会展中心,以会展业带动服务业发展;深入挖掘天津之根——大直沽历史文化底蕴和人文资源,结合漕运文化、妈祖文化等历史文化积淀,促进旅游和文化创意的融合发展。

五、河东区科技产业发展路径

按照天津市进一步提升智能科技产业发展水平,建设"大智能"产业集聚区,培育"大智能"创新体系,构建全国一流的智能科技创新生态的"天津智港"建设思路,河东区应全面提升创新能力、综合实力和核心竞争力,促进产学研用结合,加快发展科技产业。

(一)加快新兴科技产业培育

加快智能关键技术转化应用,促进技术集成与商业模式创新,打造具有国际竞争力的科技产业创新中心和产业集群。推动重点产业智能化升级。推动科技产业与各产业领域深度融合,促进智能制造、智能金融、智能文化创意、智能医疗与健康协调同步发展,以智能化推动传统产业向高端化发展,强化智能科技产业与特色领域深度融合。

（二）培育壮大科技产业主体

深入贯彻落实《中共天津市委、天津市人民政府关于营造企业家创业发展良好环境的规定》，大力弘扬优秀企业家精神，吸引科技领军人才和企业落户河东，对新落户的智能科技企业，按实缴注册资本给予相应的落户奖励。培育一批科技创业企业，壮大一批科技领军企业，发展一批智能服务型企业，智能化升级一批传统企业。支持企业做大做强，对被认定为智能制造单项冠军的企业，智能科技领军企业和领军培育企业，成功并购海外或市外智能科技企业的，并购重组国内外智能科技领域的上市公司并将其迁回河东区的企业，给予相应奖励。对符合条件的智能科技企业、科研院所申报的产业化项目产生销售收入后，根据销售收入实施后补贴。发挥好政府引导作用和市场主导作用，推动人才、技术、资本等创新要素加速集聚，打造各方资源汇聚融合的科技创新生态。

（三）提升研发创新能力

充分利用京津两地的研发优势，完善配套政策，建设科技创新高地，搭建科技创新平台，加强科技原始创新供给，加速构建先发优势，系统提升持续创新能力。一是吸引科研院所落户。对落户河东区的国家级、省部级科研院所大力给予资金支持。对被认定为国家级和市级企业技术中心、工程实验室的，给予一定的金额补助。二是支持创新成果转化。企业引进重点领域领军人才，在实现智能科技创新成果产业化方面，取得显著经济效益和社会效益，并具有示范带动作用的，给予专项资助。企业转化或应用天津市科技创新成果，对成果交易受让方、技术平台转移机构和技术经纪人给予一定的资金补贴。对科技成果研发做出重要贡献的骨干人员，按成果转化收益给予一定的奖励。进一步鼓励科技创新成果转化应用于专项领域，加强两化融合。三是进一步打造河东区科技产业园区。促进科技成果转化，加快科技产业提高步伐，明确更优惠的支持政策，吸引、支持各类科技企业到科技产业园区发展。

（四）增加对科技产业化的投入

建立多元化的科技投融资体系,进一步完善以政策资金为引导,企业投放为主体,银行信贷为支撑,社会资金为补充的投融资格局,加大对科技产业的资金支持力度,集中资金支持 2 ~ 3 项重大科技产业化项目,形成河东区经济发展的重要引擎。

东丽区高技术产业发展研究

（天津市经济发展研究院　王子会）

21 世纪,世界经济的发展主要依赖于科技和创新。科技水平的提高和创新活动的繁盛又要依托于高技术产业。高技术产业作为一种朝阳产业,具有其他传统产业不能比拟的优点与特色,是提高国家竞争力、振兴经济繁荣的主要提升路径。目前,在传统产业增长日渐乏力的情况下,高技术产业以其附加值高、对自然资源依赖程度小以及污染较低等特点,成为各地区实施转型升级战略的突破口,更为重要的是,高技术产业具有明显的正外部性。电子及通信设备制造业等行业的发展,不仅能够对经济增长产生直接的推动作用,而且能优化和提升传统产业,从而全方位提升产业竞争力。因此,高技术产业的发展水平能在很大程度上影响经济社会的持续健康发展。

一、高技术产业发展背景

中国高技术产业迈入了快速发展的新的"黄金时代"。当前,中国经济发展正处在新旧动能持续转换的创新时期、经济转型升级的关键时期,大力发展高技术产业是创新驱动发展战略的核心抓手,将促进我国制造业从中低端向中高端转变,也会释放出多重积极效应。

根据国家统计局发布的数据,2016 年我国高技术产业增加值比上年增长10.8%,与制造业增长6.8%相比,超出 4 个百分点。在经济增长率进一步下行的情况下,高技术产业增长率比 2015 年的 10.2% 超出 0.6 个百分点。一批中国本土高技术企业迅速成长。从世界五百强企业中的高技术产业企业名单来看,到2016 年,中国共有 11 家高技术企业入围,超过了日本的 6 家,与美国

19家的相对差距明显缩小。

我国高技术产业迅速发展具有明显的外部性、外溢性、创新性,展现了促进经济增长效应、优化经济结构效应、促进贸易发展效应、技术溢出效应四大效应。

从经济增长效应看,2000—2016年,高技术产业对经济增长直接贡献率达到5.05%,使高技术产业不仅迅速成长为我国国民经济发展的先导产业,更成为一个新的、重要的经济增长引擎。从结构优化效应看,2016年,我国高技术产业增加值占GDP比重达到了5.08%,首次超过5%,高技术产业真正成为我国重要支柱性产业。从贸易发展效应看,高技术产业出口占工业制成品出口的比重,从2000年的18.98%增长到2014年的25.37%,迅速提高了我国制成品出口的出口质量。同时,高技术产业对于制成品出口的贡献,2000—2014年为26.08%,高于其对于制造业增长的贡献,表明高技术产品出口迅速带动了制成品的出口。从技术溢出效应看,以高技术产业为纽带,带动了一大批包括制造业与服务业在内的知识与密集型产业的迅速发展以及信息和通信技术产业的迅速发展。

当前,中国经济发展正处在新旧动能持续转换的创新时期、经济转型升级的关键时期,为此,大力发展高技术产业成为创新驱动发展战略的核心抓手。高技术产业增加值占制造业增加值比重已经从1999年的6.23%增加到2016年的16.52%,提高了10.29个百分点,反映了高技术产业正经历前所未有的"上升期"。

二、东丽区高技术产业发展现状

天津市东丽区地处津滨发展主轴,东接滨海新区核心区,西连中心城区,总面积477.34平方公里。东丽区海、陆、空交通便利,拥有滨海国际机场和军粮城货运码头,京山、北环铁路横穿东西,海河贯穿全境,津滨轻轨、多条公路构成经纬。东丽开发区、华明—东丽湖地区是天津自主创新示范区"一区二十一园"区县分园,享受自创区政策。东丽区政府制定了《东丽区关于落实进一步加快建设全国先进制造研发基地实施意见的实施方案》,全力打造国内一流的高端装备产业基地、生物医药创新和研发中心、新能源新材料创新研发基地,促进东丽区高技术产业发展,带动当地经济转型升级。

(一)高端装备制造业不断发展

近年来,东丽区加快了发展高端装备制造业的步伐,2017 年前三季度,东丽区新材料产业、高端装备制造业和节能环保产业完成产值 167.7 亿元,同比增长 31.8%,重点企业钢管制造、永昌焊丝、一重重工、精达里亚、北车轨道装备 5 家高端装备制造企业同比净增额超过亿元,累计完成产值 132.9 亿元,同比增长 43.8%,为全区规上工业产值增长贡献 36.9 个百分点。

实施新一轮创新转型,助推产业发展。东丽区实施创新转型和载体升级,稳步实现结构优化、产业升级、动能转换、提质增效、保持就业和节约资源的发展目标。截至 2017 年,东丽区已有 229 家企业完成了创新转型,共有市级企业技术中心 32 家,国家级企业技术中心 5 家。同时,通过在企业中打造一批行业"单项冠军""配套专家"和"科技小巨人",实现大中小带动、协作、配套发展的实施路径,不断提升企业核心竞争力,助推产业高端发展。2017 年,东丽区已经有 32 家企业成功申报,成为专精特新产品(技术)企业,另外有 50 多家企业还在培育当中。

依托高端院所推进科技创新。东丽区依托清华大学天津高端装备研究院促进高端装备、高端制造多领域的科技成果转化,目前已涵盖高端装备、高端制造多领域的 30 个研究所、6 个研究室、与企业共建成立的 6 个联合研究中心,并已孵化 9 家科技成果转化公司。以天津智能网联汽车产业研究院为重要的招商引资和产业孵化基地,不断聚集汽车、智能交通、互联网等领域的优质项目,目前,已有汽车工程学会、万安科技、清华大学全球产业 4.5 研究院等多家行业组织、上市公司、科研机构加入研究院,成功孵化一批明星企业,不仅有清华智能网联汽车明星企业清智科技、清云智控,还有哈工大机器人集团等重量级科技国企。这些均为东丽区未来建成智能网联驾驶和智慧交通示范园区,打造国际领先的智能网联汽车产业集群奠定了基础。

（二）智能科技产业布局进程加快

东丽区着重打造以东丽开发区、华明高新区、东丽湖为核心的智能科技产业集聚区。其中，东丽开发区重点发展智能汽车、汽车电子等产业领域，打造汽车及人工智能产业集聚区，目前已聚集以中国汽车技术研究中心、丰田合成为代表的汽车行业企业40余家。华明高新区重点发展智能网联、智能机器人、智能制造、智慧城市等产业领域，大力建设华明智能制造小镇，目前已聚集天津智能网联汽车产业研究院等10余家共建单位以及中科院电工所、中国汽车技术研究中心等企业，着力打造智能网联汽车产业，形成智能网联汽车全产业链格局。东丽湖重点发展智能金融、人工智能、智慧健康、智慧农业等产业领域，大力发展人工智能产业研发集群，打造东丽湖金融小镇，通过金融助力科技创新、科技推进产业转型升级，实现产城结合、产城融合式发展，目前已集聚清华大学天津高端装备研究院、中科院自动化所等20家大院大所。

东丽区还依托世界智能大会，积极谋划智能科技产业战略布局，进一步提升开发区、华明、东丽湖三地产业定位，围绕智能网联汽车、汽车电子、石墨烯新材料、医疗器械等战略性新兴产业，整合聚集智能科技资源，加快推动新产业新业态的发展壮大。积极落实世界智能大会成果，充分发挥"东丽湖论坛"的引领作用，围绕智能汽车、汽车电子、智能制造、智慧城市、人工智能、智能健康大数据等领域，举办智能科技产业专题论坛，邀请国内外知名院士、学者、专家、企业家做主题演讲和成果交流，营造智能科技的浓厚氛围，较大程度地提升了东丽区在智能科技领域的特色品牌效应。

（三）生物医药产业集聚初步形成

东丽区按照"科技引领，创新驱动"的发展思路，走高新技术产业的发展道路，医疗器械产业成为重点发展方向之一。东丽区瞄准医疗数据分析、基因检测、远程互联医疗、健康产品、医药物流、精准医疗、智能穿戴、康复养老、精密医疗器械等细分产业，借助中国医师协会、中国医疗器械行业协会等渠道积极对接项目，促进大健康产业集聚发展。

东丽区积极打造东丽国际医疗器械产业园和东丽湖健康产业园,面向生物医药和康体理疗领域,打造集生物医药研发、中试、产业化于一体的专业化载体、综合公共服务平台。目前已相继引进瑞普生物、哈娜好、博奥赛斯、国医华科、伊瑞雅生物技术等 20 余家生物医药企业,中科院苏州医工所、今日天鸿、迈迪速能、康普森、中科院过程所、东丰科林、恩泽生、东颖等项目已经签约入驻。同时,东丽区政府、发改委等部门组建了"医疗器械创新发展基金",基金规模将达到 2.5 亿,为园区企业提供资金保障。同时,东丽区积极发挥开发区医疗器械园、东丽湖健康产业园的载体优势,对接了一批优质产业项目,完善产业链条,促进产业集聚,建立现代大医药产业体系。

建立智能医疗与健康服务体系,建立健康信息化基础设施体系。推进区内医疗卫生机构在运行和拟新建系统迁移至东丽华为云平台。目前卫生计生系统所有单位全部通过联通专线连接到东丽护卫运输局中心,完成公共卫生前置服务器、医保二次报销服务器和系统复制、迁移。推进智慧医疗建设项目,东丽医院建成 HIS 医疗信息管理系统、PACS/RIS 影像报告管理系统、LIS 实验室管理系统、EMR 电子病历系统等十大主业务系统。开展智能健康服务,实现健康监测数据在居民电子健康档案连续记录,实现居民个体化个性化健康管理。完成"一站式"结算服务网络搭建和系统建设,患者低保及残疾证信息核实已完成。拓展专业心理卫生服务技术支撑平台,规范"心理守门人"应用软件运行。

(四)航空航天产业不断壮大

东丽区成立航空产业区,引进了中航服务保障基地、航天精工、空客 A330、庞巴迪维修、中昌毛绒及中天航空等 10 余个项目,与已入驻的空客 A320、西飞机翼、古德里奇、中航物流等企业形成了初具规模的产业聚集区,累计利用内外资超过 100 亿元。同时,还储备了华彬航空、康纳直升机项目等一批项目。此外,庞巴迪维修项目、空客 A330 项目已竣工投产,天津航空地面保障基地项目正加快供地前期工作。

航空产业区充分发挥民航大学、中德应用技术大学、东丽第一职业学校等公共教育资源,培育产业创新人才和产业技术人才,积极对接已建成的中国民航大学航空器维修执照考管中心、飞行签派员培训中心、工程技术训练中心等国际和国内授权培训及考试机构,对接海特公司大型飞行员模拟培训中心和中德应用技术大学,开展园区产业定位、布局等领域合作和促其承担民航机务、空管、飞行、机场、乘务等岗位资格培训。此外,为应对蓬勃发展的直升机、无人机产业的人才需求,利用东丽第一职业学校,已开设无人机专业,并与三爻等无人机实体企业实现互动,大力培育航空航天产业实用型适用技术人才。

截至 2017 年,在航空商务区共注册航空物流、航空服务、航空研发类企业 31 家,注册资本 1.13 亿元。同时,引进了航佳科技、三爻航空、航大天元、中天航投等项目,项目均已入驻并实现运营,年税收可达 200 万元以上。此外,天津航空、环天航空、亚联公务机等航空服务类企业入驻园区办公,为园区民航产业的发展增添了活力,企业的带动效应也在不断增强。

(五)为大数据产业发展营造环境

开展政务云大数据应用。建成的华为云数据中心,作为华为云全国 30 个省级节点之一,华为云数据中心是天津市唯一的节点数据中心,目前已正式启用,采购 200 机柜作为前期支撑过渡机房,基础层已搭建完毕,政务部门综治办、科委、安监局、教育局等部门网站已迁移至东丽基地的华为云上,为实现安全、稳定的政务云服务提供了保障。

做好大数据产业规划。成立了东丽区云计算大数据工作领导小组,由分管副区长任组长,成员由区政府办、工信委等相关部门负责同志组成。领导小组负责统筹全区云计算大数据相关工作,制定了《东丽区加快云计算大数据发展实施方案》。规划建设东丽湖大数据产业基地,东丽湖华明片区为主导的大数据产业聚集区逐渐形成,将在近几年内形成规模效应。

(六)产业创新动力不断提高

推动"大众创业,万众创新"。2017 年东丽区签约引进中恒动力研究院、天大数控创新研究院等 22 家科研机构,院所总产值达 661706 万元,引进孵化企业 324 家。发展专业化众创空间,2017 年新建众创空间 6 家,累计 35 家,通过国家级、市级认定的众创空间 7 家,其中国家级 4 家、市级 3 家,全区众创空间种子引导基金达 4110 万元,创业投资 8670.24 万元,总面积达 56259 平方米,为创业者提供工位 1986 个,拥有创业导师 407 人,开展辅导活动 979 次,服务创新创业 3946 人,服务创业团队 587 个,培育小微企业 344 家,申请专利264 件,解决就业人员 1415 人。

建设战略性新兴产业策源地。2017 年国家自主创新示范区东丽分园注册企业 5396 家,同比增长 24.5%,其中科技型中小企业 1628 家,同比增长15.8%;小巨人企业 90 家,同比增长 8.4%;高新技术企业 102 家,同比增长45.7%。2017 年前三季度园区营业收入 485.9 亿元,同比增长 22.4%;园区企业总收入 488 亿元,同比增长 21%;园区企业上缴税金总额 19.9 亿元,同比增长 9.9%。市级以上创新平台累计达到 86 个,园区科技服务平台 109 个。2017 年新建科技企业孵化器 3 家,累计 57 家,其中国家级 3 家、市级 4 家,孵化器注册资金已达 20551 万,在孵企业达 1668 家,科技型中小企 1062 家,年总产值 37409.52 万,利润 5253.92 万,纳税达 2549 万。

着力提升企业创新能力。东丽区相继制定并出台《东丽区打造科技小巨人升级版行动方案(2016—2020)》《东丽区创建自主创新示范区政策措施》《东丽区"千家企业转型升级"实施方案》等政策措施,整合项目招商、人才引进、技术改造、品牌建设等方面的支持政策,充分利用各种媒体渠道、政策宣讲会,吸引了一批科技型企业来东丽开展创新创业活动。

三、东丽区高技术产业发展不足

(一)高技术领域缺乏领军企业和核心技术

东丽区高技术产业依托于少数高端院所或企业形成了初始规模的产业集聚,但总体来看,领军企业数量还比较少,相比滨海新区还有一定的差距。此外,高技术领域的核心技术也较为缺乏,以航空产业为例,入驻航空产业区的空客等航空公司目前主要以航空零部件加工为主,基本没有涉及核心研发的项目,没有形成完整的产业链。

(二)智能科技产业项目较少,项目落地率不高

目前东丽区落地、重点推进、在谈的 5000 万以上的智能科技项目较少。智能大会后推进的 119 个项目,达成初步合作意向的和近期走访的均未达到50%,部分项目初步合作意向还不够高。

(三)生物医药产业链有待扩展

东丽区生物医药产业虽已形成产业集聚,但产业链仍有待扩展,目前东丽区生物医药产业主要集中于医药制造,医疗产业融合发展程度较低,且与支撑产业互动不足,没有形成完整的产业链。适度拓宽产业链,以生物医药产业为基础,形成完整的大健康产业是东丽区未来发展的重要方向。

四、对策建议

(一)推动自主创新示范区建设

东丽区把国家自主创新示范区东丽分园作为创新驱动发展的重要载体,进一步推动主导产业集群、创新资源集聚、创新创业生态形成。积极支持华明东丽湖片区打造高端装备、机器人、生物医药、科技金融等特色产业集群。积极支持东丽开发区片区打造医疗器械、新能源汽车、新材料等特色产业集群。支持创新创业环境优化。鼓励示范区深化"放管服"改革,在人才引进、产业扶持、知识产权保护、科技成果转化方面先行先试积极探索。支持有条件片区建设科研院所聚集区、科技金融人才试验区和科技成果转化示范基地等。

(二)推进云计算大数据产业发展

建设东丽湖大数据产业基地,建设以云河数据科技园为载体的产业基地,

加强大数据产业集群招商,打造精准科技招商体系。构建大数据产业链,以海尔、华为等项目为龙头,带动形成高端智能制造、现代金融业服务、现代服务业支撑、信息消费四大产业中心。建设云计算大数据应用平台,推动区内数据资源汇聚、共享、交易,建立和完善大数据产业公共服务支撑体系。实施民生大数据协同应用工程,推动大数据在民生服务领域的应用,通过优化公共资源配置,开发便民应用,提升公共服务水平,完善便捷高效的民生服务体系。实施社会治理大数据应用示范工程。集成运用大数据、云计算、物联网、移动互联网技术,建立宏观经济、市场监管、风险预警等社会治理大数据支撑体系,推进城市治理精细化。推动"大数据＋产业"创新应用工程,充分发挥大数据在工业化与信息化深度融合中的关键作用,抓住世界智能大会的有利契机,研究智能科技产业发展方案,加快推动东丽区人工智能产业发展,推动产业升级。利用华为公司在核心大数据安全技术企业的优势,培育壮大数据安全产业集群。

(三)加强先进制造研发基地建设

进一步发挥科技创新对先进制造研发的支撑作用,加强载体建设、攻克关键技术、培育领军企业,进一步推动先进制造业创新发展、集群发展。支持共性技术研发平台建设,进一步推动清华高端装备技术研究院、中科院光电院天津产业基地等新型研发机构的发展。支持科技型企业建立研发中心,积极整合东丽区先进制造研发优势资源,采取共建或加盟的方式,引入合同科研等创新运营模式,建设企业先进制造中心,为科技型企业实现技术创新提供支撑。进一步壮大科技型企业的总体规模,支持核心关键技术和核心产品攻关,支持新一代信息技术、高档数控机床、传感器、新材料和机器人等重点领域的技术攻关,推动传统产业改造升级。

(四)深化科技创新体制机制改革

推进知识产权综合管理改革,借鉴全国改革试点先进地区的经验,开展知识产权综合管理改革规划设计,并出台实施方案,进一步优化知识产权对供给侧结构性改革的制度供给和技术供给。继续完善知识产权服务体系,依托华明高新区知识产权的示范作用,与北京科技大学合作,以磁敏产业为核心,实现磁敏专利产业在华明园区的集聚,推进知识产权服务业集聚发展试验区建设。推进科技成果转化服务体系改革,建设"科技成果转化服务系统",完善科技创新服务体系,构建科技中介服务体系,健全科技政策支撑体系和设立科技成果转化基金。

(五)完善科技创新创业服务体系

继续开展"东丽湖论坛"活动,做好世界智能大会及相关论坛的筹备工作,抢抓科技产业发展的重大战略机遇,重点引进智能化审计项目、工业互联网项目,以及服务平台、智能制造新模式相关新兴产业项目等。提高"1＋N"科技创新服务体系平台线上服务的针对性、互动性、时效性,各平台强化自身服务能力和自身造血功能,完善专利服务平台二期升级建设,拓宽专利服务对象范围和服务形式,推进企业专利技术产业化。依靠大院大所优势,发展专业众创空间,促进众创空间的成果转化为实体经济,加大专业型众创空间的建设力度。落实科技人才激励政策,发挥人才在创新驱动发展中的引领作用,加大"两院"院士的引进力度和院士专家工作站的政策宣传力度,计划新建院士专家工作站2家,柔性引进院士2位,多角度为院士提供服务和保障。同时,做好市级各项人才政策的推荐申报工作,加强人才后期跟踪监管,完善申报审核,保证资助资金使用到位,避免区人才经费的流失。

(六)创新科技服务业发展方式

推动先进制造与科技服务协同发展,拓展专业化技术服务,支持检验检测等技术产品的研发与推广,依托行业龙头做强检验检测、医药外包等专业服务。做大云计算服务,依托华为云数据中心,在大数据服务、智慧工厂、人工智能、云计算等领域打造一批龙头企业,进一步强化信息产业链的建设。做优综合科技服务,支持科技服务企业围绕先进制造发展的需要,依托海尔的COSMA平台,为制造类企业提供"互联网＋工业制造"整体解决方案,以及战略咨询、信用风险评估等综合服务。加快引导各院所向智能科技产业方向发展,培育

121

在工程技术开发、技术商品化、科技成果转化和企业衍生孵化等方面具有鲜明优势与特色的智能科技领域新兴研发机构,同时积极引进国家级、省部级科研机构来我区组建科研团队、开展智能科技研发工作。

(七)提升京津冀科技协同创新水平

东丽区把推动京津冀科技协同创新作为重要工作,以清华校地合作基地、中科院北京分院天津创新产业园区建设为抓手,大力引进北京的优质科技资源。以智能制造、人工智能、电子信息、新材料等产业领域为重点方向,支持新型研发机构和重大创新成果落地转化。注重引进优质科技型企业,着力引进和培育一批具有"撒手锏"产品的高科技公司。推进中航石墨烯基地、中电四十六所激光基地等项目快速发展,做好科研院所全程服务,同时做好科研机构落地后的发展动态跟踪,完善对院所的绩效评价考核机制。

(八)加快智能科技项目落地建设

积极开展技术对接、人才对接、产业链对接服务,帮扶指导企业通过合纵联合、兼并重组、产学研合作,实现抱团发展、共拓市场、共御风险,做强做大重点产业。做好市级扶持企业政策的宣讲、策划包装、组织申报、审核报批、拨付兑现工作,引领和带动企业加快实施新一轮的智能化改造。推动京东亚洲一号自贸综合配套基地及贸易结算中心、盈康智能小镇、华为云数据中心等智能科技重点项目建设,聚焦和解决项目建设中遇到的具体问题,推进东丽区智能科技产业尽快成规模、见效益。

(九)积极推进智能科技协同发展

为企业创新发展提供更好的服务环境,加快智能科技企业汇聚,增强核心竞争力,做好智能科技领域高端智库和服务平台引进、建设,完善智能科技产业链发展,使高质量、有影响力的项目、企业更多落地。统筹实施重大工程和试点示范,有序推进智能科技产业持续健康发展,实现率先突破。

静海区产业结构转型升级对策研究

（天津市经济发展研究院　涂峰达）

当前，天津市正处于经济转型过程中，产业结构面临调整，经济动能面临转换，发展思路也要更新换代，在这一新常态下，静海区也在不断探索高质量发展之路。党的十九大报告指出："我国经济已由高速增长阶段转向高质量发展阶段。"未来几年是加快实现天津市对静海区战略定位、全面实现转型发展的关键时期。在静海区的产业结构中，钢铁产业比重过大，全区不足 1500 平方公里，却集聚了全市 1/3 的金属制品加工业。制定合理的产业转型升级方案，对于抓住用好重大历史机遇，实现静海区高质量发展，具有重要意义。

一、发展现状和存在问题

静海区地理位置优越，交通发达便利，经过改革开放以来四十余年的发展，静海区已经形成了包括钢铁、金属制品、机械、有色金属、化工、轻工、食品等多产业协同发展的态势。

（一）发展现状

1. 产业门类较齐全，发展基础好

目前，全区规模以上企业达 500 余家，从业人员共计 10 万余人，形成了以钢铁（轧钢）、金属制品（焊管与冷弯、线材制品）两大主体产业，以及机械、有色、化工、轻工、食品、循环利用等产业格局，是全国最大的金属制品生产基地。

2.产业分工布局初步形成

静海区积极促进现代产业布局分工,形成了以金属制品、钢铁、轻工制造、先进装备制造、循环经济(资源再生)为支柱的产业系统,这些支柱产业成为拉动全区经济发展的重要产业。

静海区的工业产业主要集中在大邱庄(占 48.96%)、开发区(占 16.74%)、蔡公庄(占 6.25%)、双塘镇(占 5.99%)、静海镇(占 5.56%),其中大邱庄占静海区工业产业的半壁江山。

钢铁产业主要集中在大邱庄(67.99%)、静海镇(12.71%)、双塘镇(12.43%)、西翟庄(2.75%),主要企业有天津轧三钢铁、天丰钢铁、兆博实业、仁通钢铁、鑫丰包装、海钢板材等企业,钢铁联合企业产能 450 万吨,热轧产能窄带钢与型钢产能 460 万吨,其他产能为冷轧板带钢产能。金属制品主要集中在大邱庄、蔡公庄、双塘镇、开发区。

3.形成了几个有特色的专业化园区

静海区的工业布局形成了"两区六园"的主体架构。

天津子牙经济技术开发区:是经国务院批准的全国唯一一家以循环经济为主导产业的国家级经济技术开发区。规划面积 135 平方公里,已开发面积 30 平方公里。现有规上企业 40 余家,形成了废旧机电产品拆解加工、废弃电器电子产品拆解、报废汽车拆解加工、废橡塑再生利用、新能源、节能环保六大生态产业链,引进了格力、格林美等龙头企业。天津子牙经济技术开发区被国家发展改革委等国家部委作为循环经济发展的典范案例向全国推广。

天津静海经济开发区:规划面积 39.1 平方公里,已开发面积 26.5 平方公里,现已形成以汽车零部件、自行车(电动车)及零部件、现代生物医药、高档金属深加工、新能源新材料为重点的产业链条,引入了以爱玛、建大、富士达、龙创为代表的龙头企业。

天津大邱庄工业园:2009 年天津市政府批准设立的省级工业园区。规划面积 14.3 平方公里,已开发面积 7.5 平方公里。现已形成以钢管制造与研发转化、钢材制造与研发转化、金属制品制造与研发为主导的产业布局,构建了包括烧结、炼铁、炼钢、轧钢、焊管、金属制品在内的完整产业链,建成了以焊管产业为主要支撑的产业格局。天津大邱庄工业园成为全国最大的焊管生产基地和天津市首批新型工业化产业示范基地。拥有天津友发钢管集团、天津联众钢管有限公司、天津乾丰防腐保温工程有限公司、天津市源泰工贸有限公司等一批在国内具有重要影响力的钢管生产企业。

天津唐官屯加工物流园:2009 年天津市政府批准设立的省级工业园。规划面积 10 平方公里,已开发面积 3 平方公里。初步形成了以能源物流和钢材物流为特色,集仓储、运输、加工、销售为一体的大型物流园区。拥有三和众诚石油仓储、中化国际石油、金塔钢结构等一批重点项目。

天津静海国际商贸物流园:天津市政府批准设立的省级工业园区。规划面积 18 平方公里,已开发面积 8.24 平方公里。初步搭建起绿色农产品加工贸易和现代生活型物流产业体系。

天津滨港铸造工业园:位于中旺镇,规划面积 10 平方公里,已开发面积 1.37平方公里。形成了从高新铸锻造到精深机械加工,再到表面处理直至废渣废料就地回收加工、循环利用的完整产业链条,实现了园区内部产业的有效互动、相互提升。重点发展以航空、航天电镀零部件为主导产业基地。

双塘高档五金制品产业园:是静海区镀锌铁丝与 PC 制品的生产基地。

蔡公庄乐器工业园:以金属制品、乐器生产为主。

4.区域位置好

静海城区距天津市中心 30 公里,距京沪高铁天津南站仅 15 分钟车程,距天津新港 80 公里,距天津滨海国际机场 60 公里,距北京 120 公里,距雄安新区 80 公里。作为天津西南门户,静海是津雄走廊产业转化的关键节点,是天津全面对接服务雄安新区的排头兵、桥头堡。

5.发展空间大

静海区产业用地资源比较丰富。全区可供开发用地 6360 公顷,其中子牙经济技术开发区 4100 公顷,大邱庄工业区 780 公顷,唐官屯加工物流区 700 公顷,天津静海国际商贸物流园 780 公顷。

(二)存在问题

1. 主导产业规模"小""散",同质化现象明显

静海工业企业数量多、分散广,多数企业规模较小,龙头和领军企业少,企业间缺乏协作、各自为战,从购进原料到市场销售等各个环节竞相压价,且人才短缺、管理水平一般,制约了发展空间。

2. 落后产能占一定比例

多数行业的总体装备水平一般。天丰钢铁主体设备、独立热轧窄带钢为国家产业调整目录的限制与淘汰类设备,如镀锌窄带钢、涉酸企业的槽式酸洗设施,金属制品厂的滑轮式拉丝机生产效率低、产品质量差、环保难以治理。

3. 产品附加值偏低,科技创新能力偏弱

2017 年静海区规模以上企业的销售利润率仅为 1.81%,低于当年国内整个工业 6.1% 的销售利润率水平,远低于钢铁行业 15% 左右的销售利润率。这些产品虽然近期仍有市场需求,但从中长期发展看,随着消费升级的变化,这类产品适应市场需求的能力减弱。

全社会研究和发展(R&D)投入强度为 2.2%,新经济增加值占比为 4%。静海偏离京津科创主轴,人才、科技、资金等资源要素被虹吸,产业导入不畅,近年来吸引北京企业的数量、质量远低于武清、宝坻等地。

4. 新旧动能转换迟缓

静海的产业体系仍以资源型消耗型产业为主导。2017 年规上工业企业产业能耗 253 万吨标准煤,耗电量居全市第 2 位,经济结构与资源、能源、环境的矛盾突出。2017 年全区装备制造业销售收入 72.6 亿元,占全区销售收入的 5.1%,低于天津市平均水平 4.4 个百分点。

5. 园区示范引领作用有待强化

子牙循环经济产业园作为全国唯一的循环经济开发区,深加工、再制造等

高端行业占比不到20%,产业技术含量不高,创新能力不足。同时,子牙循环经济产业园在破解国内废旧商品回收体系建设、再制造产业发展等关键难题上,未形成可借鉴、可复制、可推广的循环经济发展模式。

二、深圳产业转型升级做法与经验

深圳作为最早面临转型压力、率先进行转型发展的先行地区,其很多经验和做法值得借鉴。目前,深圳转型发展呈现出政府政策推动、企业创新实验、资本深度融合、科研有力支持的积极态势,其中一些典型做法和案例值得深入研究。

(一)深圳转型升级做法

1. 积极进行体制机制创新实验

前海是深圳市政府多年来谋划的转型发展突破口和新增长极。2012年6月《国务院关于支持深圳前海深港现代服务业合作区开发开放有关政策的批复》,明确支持深圳前海深港现代服务业合作区实行比经济特区更加特殊的先行先试政策,打造现代服务业体制机制创新区、现代服务业发展集聚区、香港与内地紧密合作的先导区、珠三角地区产业升级的引领区。

深圳以前海为载体,推动深港现代服务业共同发展。前海深入落实中央政府与香港、澳门特区政府签订的《关于建立更紧密经贸关系的安排》,加大现代服务业开放力度,创新体制机制,构建与国际接轨的商事法律环境和更加开放的产业发展政策体系。按照深港合作、高端引领、服务广东、面向全球的战略取向,前海重点发展金融、现代物流、信息服务、科技及专业服务等现代服务业。

2. 华为、中兴从模仿创新到引领创新,沿着产业链升级

深圳作为我国最早的加工贸易基地,其创新从模仿起步。近年深圳为了增强企业发展后劲,把创新发展作为城市的主导战略,加大基础研发投入,推

动大企业向集成创新和引领创新转变。华为公司一年的研发经费达到 180 亿元,成为全球领先的电信企业,也是新一代移动通信的领军企业,连续 5 年居于全球企业国际专利申请前五强之列,目前累计申请专利超过 46000 件,成为全球前 3 位的 LTE(长期演进项目,从 3G 向 4G 演进的主流技术)基础专利拥有者,并加入了全球 123 个行业标准组织。中兴通讯 PCT 国际专利申请量从全球企业第 38 位上升至第 1 位仅用了 4 年时间,其丰富的专利库已全面覆盖 3G、4G 核心技术,并在以 LTE、云计算等为主的新技术领域取得领先优势。

3. 新型研究机构快速发展,有望培育出新的产业

深圳近年来积极引进具有国际水平的创新创业项目团队,大力培育新型研发机构,努力在科技前沿领域实现突破。华大基因自 1999 年成立以来,先后完成了国际人类基因组计划"中国部分"(1%)、国际人类单体型图计划(10%)、水稻基因组计划、抗 SARS 研究、"炎黄一号"(100%)等多项具有国际先进水平的基因组科研工作,奠定了中国基因组科学在国际上的领先地位。同时,华大基因建立了大规模测序、生物信息、克隆、健康、农业基因组等技术平台,其测序能力及生物信息分析能力世界领先。光启理工研究院已经具备实用亿级超材料的设计能力,成功研制出世界第一款"超材料电磁薄膜",目前已经提交 PCT 国际专利申请超过 1000 件,成为全球超材料领域的引领者。

以华大基因和光启理工研究院为代表的新型研发机构具有直接切入国际最前沿科技领域、体制机制灵活、产学研资紧密结合的显著特点,这些新型研发机构正逐步成为发展战略性新兴产业的重要载体。

4. 发展高端消费性服务业,提升城市生活品质

华侨城集团一直是我国主题公园的领军企业,多年来创造了成功的商业模式。东部华侨城是由华侨城集团投资建设的世界级度假旅游目的地,是由国家环境保护部和国家旅游局联合授予的首个"国家生态旅游示范区",是集休闲度假、观光旅游、户外运动、科普教育、生态探险等于一体的综合旅游度假区。自 2007 年投入运营以来,东部华侨城不断创造经营佳绩。大梅沙国际游艇俱乐部,规划建设成集国际邮轮码头、游艇博览馆、世界海港博览主题公园、

帆船赛事博览会、基因健康检测中心、海上七星级酒店等于一体的高端旅游综合体,将其打造成国际邮轮母港和国际性游艇基地。

东部华侨城、大鹏半岛下沙休闲度假旅游区、大梅沙国际游艇俱乐部、蛇口太子港国际邮轮母港等将为整个深圳转向现代化创新城市提供高端的生活性服务业配套,为留住高端人才和高端消费打下基础。

(二)启示

近年来深圳转型发展取得了初步成绩,并呈现出积极态势,其成功经验值得认真总结,其面临的困境值得深入思考、谋划破题。

1.经济持续增长的动力在于创新

深圳转型升级、创新驱动与经济增长的关系表明,经济增长一方面依赖于劳动力、资金、技术等生产要素配置效率的提高,另一方面依赖于具有更高平均增长率的新兴产业的出现。反过来,经济增长会促进收入提高并诱发新的市场需求,而经济增长和新的市场需求又会促进技术水平的提高和进一步的技术创新,技术创新则会通过提高社会劳动生产率和生产要素的边际生产率,带动产业结构优化和新兴产业的形成,直接或间接地促进经济增长。

2.完备的产业配套体系是创新的基础

深圳的产业体系比较完备,产业面比较广,丰富度比较高。按照产业演进的一般规律,随着收入水平的不断提高,第三产业占 GDP 的比重也会不断提高,但并不是第三产业比重越高越好,过高的第三产业比重往往意味着产业空心化。而且第三产业劳动生产率提升的空间较小,速度较慢,创新很难。深圳的制造业和服务业都很发达,在历史上其第二产业和第三产业交替成为主导产业,相互推动发展。深圳既有高新技术产业又有传统产业的高端化发展,产业的跨界融合非常活跃,制造的服务化、服务的网络化,催生很多新的业态,产业链条不断延伸。

3.新型研发机构是创新活动的载体

深圳之所以能够走上创新驱动的发展道路,离不开国际一流的创新投入,较强的创新能力,丰硕的创新成果,更离不开综合创新生态体系的作用。深圳鼓励和支持企业自主创新,创新发展了诸如华大基因、光启高等理工研究院、中科院深圳先进院等新型科研机构。同时,从人才、资金、政策、土地、知识产权服务等方面搭建了创新支撑体系。在科技创新的基础上,深圳将金融创新、产业创新、商业模式创新、企业创新、文化创新、观念创新等融合在一起,打好创新的"组合拳"。另外,深圳还鼓励开展创新的深港合作、国际合作,成立科技创新成果转化中心,打通从创新到产业化的中间环节,加速创新成果转化。

4. 开放包容的文化是创新的土壤

深圳是全国最大的移民城市,吸引了来自四面八方、带着不同梦想的人。深圳的开放、包容让不同的文化实现交融。在深圳,无论是大企业还是小企业,无论是国有企业还是民营企业,都能找到自己的发展空间。例如,2013 年深圳规模以上工业企业中,大企业和中小企业各占 50%,内资企业和外资企业各占 50%,国有企业仅占内资企业的 0.1%。无论是农民工,还是大学生,无论是本土人才,还是海归人才,都可以获得实现梦想的机会。正当其他城市被人口老龄化困扰时,深圳却享用着平均年龄 35 岁的人口红利。

5. 适度有为的政府是创新的催化剂

深圳是一个市场化程度比较高的城市,政府为新技术、新企业、新业态的产生提供了良好的环境。深圳政府营造有利于产业发展的生态环境,做有为的政府。政府通过改革积极主动谋求放权,既要管好政府该管的事,实现政府与市场的完美契合,又要做遵循市场规律、遵循产业发展规律的智慧政府,做好产业发展的顶层设计,适时谋求产业结构转型,科学预测产业发展方向。政府通过产业政策规划,对新技术、新企业、新业态发展的政策、资金、发展空间等方面给予支持,鼓励创业创新。政府积极提高公共服务的质量和水平,降低居住成本,打造宜居城市,吸引人才并留住人才,为产业发展提供强有力的人才保障和智力支撑。

三、转型升级总体思路与目标

（一）总体思路

牢固树立创新、协调、绿色、开放、共享的发展理念，坚持"集群化、绿色化、特色化、链条化"发展方向，加快推进产业转型升级，逐步退出"污染重、规模小、能耗高、质量差"的工业企业，不断调整优化产品结构，大力延伸产业链条，着力培育增长新动力，巩固提升静海区产业的综合竞争力，优先发展大健康、装配式建筑、节能环保等战略新兴产业，努力把静海区打造成为在全国有重要影响力、环境优美、布局合理的产业基地。

（二）目标体系

1.战略定位

将静海区打造成为"四基地"，即国内一流的金属制品生产基地，天津市装配式建筑制造基地，天津市装备制造业基地，天津市战略新产业培育发展基地。

2.产业发展的质量和效益明显提高

科技创新平台数量不断增加，企业科技投入强度加大，企业营业成本不断下降，重大科技成果集成、转化能力大幅度提高，发明专利质量、数量和技术标准水平大幅度提升。

3.空间布局与产业集中度不断优化

进一步强化园区的专业化与核心带动作用，做大做强支柱产业。加快构建以产业链为纽带，上下游联动，辐射周边的产业网络，形成新的园区工业发展格局。

4.绿色发展方式初步成型

规模以上工业增加值能耗大幅度下降，工业固体废弃物综合利用率不断提高,单位工业增加值取水量不断降低,主要耗能行业单位产品能耗持续下降,重点行业清洁生产水平明显提升。安全生产保障能力显著增强。

四、构建现代产业体系

(一)优先发展战略新兴产业

突破瓶颈制约,瞄准重点战略新兴产业,拉动工业转型升级,提升静海区产业的市场竞争力与可持续发展能力。

1.大健康产业

(1)构建以医院服务、疗养机构、养老机构为主体的医疗卫生产业

构建以健康科学研究和技术、健康教育、体育健身、健康咨询等为主体的健康管理与促进产业。构建以医疗药品、健康设备、"互联网+健康云"为主体的健康保障产业。

(2)加强研发创新,促进研发成果产业化

加大高端人才引进,统筹京津两地产业优势、研发技术等资源,建立生物医药创新服务平台、创新研发实验室,加大生物医药领域领军人才创业项目的支持政策,在研发资金、办公场所、引进人才安家费等方面给予支持和补贴。

(3)运用新技术,推动医疗器械高端化

引进国内外知名企业,鼓励本土企业通过合资合作的方式与大型企业共同拓展业务,研发创新"互联网+"、物联网技术在医疗器械领域的智能化、专业化、网络化发展,重点突破3D打印的人体手术植入辅助支架、医用高分子材料、手术用医疗耗材等。

2.装配式建筑

(1)发展高端装配式建筑,全方位服务产业集群

建立高端装配式建筑研发服务中心,营造高端装配式产业发展的软环境,

为高端装配式建筑产业发展提供全方位服务。一是提供高端装配式建筑模块研发服务。二是提供高端装配式部品部件、工程质量认证以及室内环境检测等服务。三是提供产品标准、技术研发等相关咨询服务。

（2）打造高端装配式建筑产品制造产业集群

综合考虑区域原材料资源、建设体量、部品部件运输半径以及用地情况等多方面因素，结合静海区各产业园区的资源禀赋、产业基础与工业用地情况等因素，布局多个各具特色的装配式产业发展板块，错位发展，优势互补。

（3）发展高端装配式建筑工程建设产业

创新业态模式，引导预制混凝土部件、钢结构部件等行业骨干企业，从提供单一产品向提供研发设计、采购物流、安装施工等一体化服务转变。

3. 节能环保

（1）引进龙头企业，促产业爆发式增长

抓住京津冀产业协同发展和京津冀及周边地区大气污染联合防治的机遇，积极做好行业发展的趋势研判和龙头企业的跟踪研究，重点引进行业龙头企业，实现节能环保产业的爆发式增长。

（2）推进节能产品示范应用

鼓励和引导高耗能、高排放企业加大节能减排技术的改造，推动节能环保产品应用试点示范。积极推进半导体照明等节能产品的示范应用，拓展产品市场，做大产品规模。

（3）促进产业链向相关配套和节能环保装备延伸

将节能环保产业发展与现有产业的转型紧密结合起来，积极发展高效节能环保技术设备，促进现有产业低碳绿色发展。同时，充分发挥现有产业优势，着力培育相关配套企业，促进产业链条式发展。

4. 循环经济

（1）加快传统产业转型升级，实现再生资源产业向"四个方向"转换

健全再生资源回收体系，实现再生资源回收由国外国内资源并举向国内资源为主方向转变。控制再生资源企业总量，实现再生资源利用由规模

扩张向质量提升方向转变。加快技术改造和模式创新,实现再生资源产业由低品质向高效益方向转变。做好转型和质量提升,实现再生资源产业由材料供应向产品供应转变。

（2）打造再生资源总部基地,实现从成本中心向利润中心转换

发挥天津子牙经济技术开发区的产业优势,建立再生资源产业高端商务集聚区。搭建再生资源电子交易平台,打造特色的中国再生资源集中交易、价值评估、信息发布、金融服务和风险担保的实物交割平台与电子商务信息平台。

（3）建立文化创新产业体系,实现循环经济理念全方位普及

依托子牙国家循环经济教育示范基地的优势,规划建设循环经济展览馆,以数字技术和循环经济理念,推动文化创意与创新设计与循环经济产业高度融合。

（二）重点培育产业

1. 新材料

抓住京津冀产业协同发展的良好契机,以工业绿色转型发展为契机,以市场需求为导向,充分利用一切有利条件,加快形成新材料产业与其他产业配套协调发展的良好格局。

（1）借力提升产业创新水平

充分利用京津乃至全国科研院所的研发资源,鼓励和引导骨干和科技创新型企业加强与中国科学院、清华大学、天津大学、东华大学等高校科研院所的合作,以新能源汽车、电动自行车、装备、建筑等领域为重点,加快技术研发和成果产业化。

（2）促进新材料的推广应用

以需求为导向,充分挖掘市场需求,加大新材料在装备、能源、建筑、轻工等领域的推广应用,在做大新材料产业的同时,促进上下游相关产业的转型升级,实现新材料产业与其他产业的协同发展。

（3）招商引资与本地培育并重

依托钢铁、装备、再生资源产业发展基础,招商引资和本地培育相结合,重点打造一批充分发挥现有产业优势的新材料企业,促进新材料产业的特色化发展。

2.高端装备制造

高端装备制造主要包括智能设备和装备制造。针对智能设备,建议探索实施企业与互联网企业、内容提供商、服务商合作,提高产业链的整合能力。针对装备制造,建议探索以数控技术、智能技术提升传统装备的发展水平,促进装备制造业向智能化、高端化升级,建设竞争力强的高端装备制造基地。

（1）加快制造过程智能化

鼓励重点企业瞄准智能化提升所需的分布式控制技术、集散控制系统、制造执行系统、运动控制等关键技术,开展技术攻关,尽快突破制约智能化制造水平提升的技术瓶颈。支持骨干企业通过购置新的智能制造装备、生产线改造和信息化集成,提升现有企业生产线的自动化和智能化水平。开展企业建设数字化生产线和数字化车间试点,提高装备制造企业整体生产加工的智能化水平。

（2）高端装备整机配套与集群化

围绕新能源汽车、轨道交通、海工装备等整机和成套装备产业,大力吸引投资规模大、带动性好、关联度强、集聚效应强的项目以及知名配套企业,鼓励本地零部件生产企业提升配套服务能力,加快由单一产品制造向产品系统集成供应商和解决方案提供商发展,逐步延伸产业链,尽快形成若干装备制造产业集群。

3.现代物流

（1）资源整合与产业融合助推物流产业转型升级

围绕装备制造、钢材加工等传统产业的改造提升,鼓励物流企业向供应链上下游延伸服务,构建供应链管理平台,发展精益物流、智能物流等高端制造业物流服务。

（2）完善公共物流服务平台，发展"互联网＋"的公共物流服务平台

以重点物流企业为依托，构建物流信息共享平台。大力发展"互联网＋"的新型物流业态，加快互联网、移动互联网、物联网和车联网的四网融合，推动物流业跨界融合，鼓励发展基于互联网的"物流＋商贸"等新业态。

（3）加大引进力度，培育物流总部企业

加大招商引资力度，积极引进国内外知名的快递企业、货运企业、专业物流服务企业在静海组建总部平台型公司。积极承接大型企业的物流板块和背景物流企业外迁，吸引一批知名物流企业在静海设立地区总部、运营中心、结算中心等，加快高端物流总部企业聚集，提升影响力。

（三）改造提升传统优势产业

1.钢铁

（1）依法依规退出钢铁产能

依据天津市钢铁产业规划，静海区逐步退出天津轧三与天丰钢铁长流程企业。按照国家产业发展指导目录和国家钢铁产业"十三五"规划要求，静海区规划退出热轧窄带钢企业和独立轧钢型钢企业。

（2）推动技术改造和兼并重组

推动冷轧板带钢企业的优化升级与兼并重组，优化资源配置，努力开发新产品。实施技术改造与兼并重组，发展冷轧宽带钢逐步替代普通冷轧窄带钢，发展冷轧板带深加工，提升附加值，提高生产效率与竞争能力，形成 3～5 家冷轧板带企业集团。独立冷轧镀锌带钢企业逐步向产业酸洗与镀锌聚居区集聚发展，提高产业集中度与环保治理水平。

2.金属制品

静海金属制品主要有焊管与冷弯型钢、线材制品、钢结构、镀层制品四个细分行业。

（1）淘汰落后工艺，提升装备水平

合理淘汰区域内自动化水平较低、厂区生产线布局紧凑、存在安全隐患的

生产线,引进高精度、智能化的生产装备,为生产中高端产品提供配套装备。

(2)兼并与重组,实现专业化生产

一方面,对于布局较为紧凑的区域,如西翟庄镇安庄子产区,要利用位置优势,逐步实现企业兼并与重组。另一方面,从焊管、冷弯企业布局来看,在企业分布数量多的乡镇重点布点,如大邱庄镇和蔡公庄镇,将企业资源优势集中起来,形成专业化大型生产企业和产业集群,形成规模优势,提高市场占有率。

(3)优化品种,拓展品牌市场

逐步淘汰镀锌带管产品,提升直缝焊管原料质量,降低窄带钢的用量,提高Q345、管线钢等钢种的占比,增加防腐管、涂塑管等高附加值管材的产量。在良好的工业基础上,不断开发中高端产品,整体提升静海区焊管产业的品牌价值。

(4)协调推进,提升环保水平

静海区逐步推进兼并与重组、装备升级的同时,需配套升级企业环保设备,提高环保装备及污染物治理水平。通过企业兼并与重组形成规模化,并扩大环保装备的处理能力。

3.机械制造

(1)兼并重组,实现专业化生产

静海区机械行业企业有一半分散在各乡镇,布局不够集中,应当鼓励企业结合自身产品的生产实际进行合理兼并与重组,如铸造企业之间、冲压件制造企业之间可通过兼并与重组实施资源的有效整合,从而改变区域环境内同质化产品压价竞争的现象。

(2)优化品种,拓展品牌市场

汽车行业的相关企业应瞄准汽车行业轻量化、新能源市场进行品种开发。机械设备从业企业应瞄准定制化、高信息集成化进行高端产品开发,提高产品附加值、塑造产品独特性。模具行业企业应积极尝试走高端路线,研发标准化高质量产品,由客户少量定制向标准产品大量输出化转型。电缆行业企业的产品开发应向高附加值布局,增加特种电缆产品的占比。通过优化品种,积极拓展市场,提高企业产品的业内话语权。

(3)淘汰落后工艺,提升装备水平

瞄准 4 代工厂、智能制造的新标准,推进工厂硬件升级改造。建议以天海同步科技有限公司为模板,结合各企业的生产实际情况,推进生产单位信息化建设。

(4)统筹规划,科学引导产业合理布局

围绕汽车产业、电缆机械制造业、基础机械生产设备、模具制造业四大主体形成集中度较高的区位化布局,将开发区外的相关企业统一协调迁入园区。同时引入产业链中的缺项企业,实现企业间上下游协作,产品统一模块化出口的目标,提高产品附加值,提升行业企业的综合竞争力。

做优做强天津津南小站稻品牌的对策研究

（天津市经济发展研究院　庞英姿）

本文从津南小站稻品牌的历史渊源入手，结合当前的形势，提出了振兴小站稻品牌的重要意义，在此基础上分析了津南小站稻品牌的发展现状和问题，最后提出了对策建议。

一、天津津南小站稻品牌的历史渊源与独特优势

津南区作为小站稻的发源地，文化底蕴丰富。津南区拥有一千多年悠久的稻耕文化历史，早在宋代就有人开发津南稻田。明代万历四十一年（1613），徐光启先后四次来到津南区小站附近。清朝雍正年间，怡亲王允祥、大学士朱轼在津南区海河南岸大搞屯田种稻。到咸丰年间，又有钦差大臣督兵大沽海口，在津南咸水沽、葛沽一带挑沟建闸，引海河水灌溉种植水稻。直至光绪元年（1875），周盛传任津沽屯田事务、天津镇总兵，率部在天津小站地区练兵。他率兵屯田、修路、开挖马厂减河，引南运河水（南运河水夹带着漳河从黄土高原卷来的泥沙及氮、磷、钾等有机肥料）注入小站的土地，垦荒种稻，以甜刷咸，化碱成腴，屯垦成功，形成了小站稻独特的风味，才有"小站稻"的称谓。日本侵华时将小站稻奉为高级军粮，禁稻农食用。新中国成立以后，津南区小站稻曾以特二级优质米销往日本、古巴等国家和地区，20 世纪五六十年代，全国 20多个省区市引调小站稻良种，年调籽种达数万公斤。各地远来学技，津南区还派出很多种稻能手带着稻种，支援山东、宁夏等省区，多地开展优质小站稻种植，这些对全国水稻的种植贡献很大。

津南区具有打造小站稻品牌的独特优势。一是种质资源优势。北方粳稻

的蛋白质含量较高，米质优异，"一家煮饭，四邻飘香""白里透青、油光发亮、黏香适口、回味甘醇"，且小站稻曾是清朝贡米，声名显赫。二是地理环境优势。津南区无霜期长、日照时数长，稻田地多是由退海的盐碱湿地改造而成，退海地的镁离子含量较高。正是基于这些，津南区当之无愧是小站稻的发源地和原产地。

二、做优做强天津津南小站稻品牌的重要意义

（一）落实国家乡村振兴战略的重要抓手

党的十九大报告指出："农业农村农民问题是关系国计民生的根本性问题，必须始终把解决好'三农'问题作为全党工作重中之重。"以习近平同志为核心的党中央，提出坚持农业农村优先发展，实施乡村振兴战略。《中共中央、国务院关于实施乡村振兴战略的意见》指出，乡村振兴产业兴旺是重点，必须坚持质量兴农，绿色兴农，品牌强农。2018 年 7 月，由中共中央、国务院印发实施了《乡村振兴战略规划（2018—2022 年）》。品牌强农成为乡村振兴，特别是产业振兴的重要抓手，加快推进品牌强农，有利于推动农业由增产导向向提质导向转变，推进农业供给侧结构性改革，使农业供需关系在更高水平上实现新的平衡。2018 年 4 月 12 日，习近平总书记在考察海南三亚国家南繁科研育种基地时，对天津"小站稻"品牌给予了关注。为此，天津市委、市政府分别做出批示，专题研究部署保持和做大这一传统优秀农产品品牌。天津市农委编制完成《天津小站稻振兴规划方案》，在宝坻、宁河、津南等地广泛种植小站稻，到2022 年，小站稻面积将达到 100 万亩，将小站稻打造成"中国名牌"大米。津南区委、区政府高度重视小站稻品牌的建设工作，强调从"源、魂、种"三个方面做好小站稻品牌的建设工作。津南区作为小站稻的发源地，在振兴小站稻品牌上责无旁贷。

（二）实现天津农村经济高质量发展的重要要求

品牌强农是实现农业农村经济高质量发展的必由之路。2009 年,小站稻被国家工商总局认定为中国驰名商标,并核准津南区农业技术推广服务中心为法定持有人,小站稻成为全国第一个粮食作物地理标志证明商标。做优做强小站稻品牌,不仅是津南区的任务,还是天津"全市人民都能吃上小站稻"的要求,更是在京津冀协同发展中满足京津冀人民的吃饭、吃好、吃得放心,满足个性化、多样化消费需求的要求,也是推进天津乡村振兴,实现农业增效、农民增收、农村繁荣的重要要求。

（三）建设津南城市大花园的重要途径

天津市第十一次党代会明确提出:"滨海新区与中心城区要严格中间地带规划管控,形成绿色森林屏障。"津南全区面积的85%被划入绿色生态屏障,其中,一级管控区面积占到全区总面积的53%。津南区将以绿色高质量发展为主线,严格落实《双城中间规划管控和实施方案》,坚持"宜林则林、宜湿则湿、宜田则田"原则,打造"一核、三片区、七廊道、九节点"的空间布局,建设"大绿大水、成林成片"景观的城市大花园。高标准农田和稻田符合绿色生态屏障建设的要求,为打造中心城区的后花园与津南区城市大花园的目标奠定了基础。

三、津南小站稻品牌的发展现状

近年来,津南小站稻在种植规模、品质提升、新型经营主体、业态融合创新方面都取得了重大的进展。

（一）种植规模呈现恢复性增长态势

津南区作为小站稻的发源地,水源充裕时水稻种植面积曾经达到15 万亩。1968 年后,马厂减河、独流减河和南运河的连接处被拦腰截断,南运河水不再流到小站镇,没有了丰沛、有营养的运河水浇灌,小站稻失去了生命的根基,种植面积开始减少。后来虽然采用海河水浇灌小站稻,但是种植面积依然在萎缩。再后来,津南区又开始实施水稻改旱稻种植,但是种植面积还是在下滑。到 20 世纪 80 年代,由于严重缺水,小站稻的种植面积大幅度萎缩。20 世纪 90 年代以后,津南区小站稻种植面积最少时仅 3000～5000 亩。因为境内缺水严重,很多小站稻田逐渐变成了玉米田、棉花田、小麦田。近三年以来,由于水情条件的持续改善,机械化的普及,优质高产品种及简化栽培技术的推广,种植面积呈恢复性增长,形成了"金稻919""金稻777""天隆优619""津川1号""津原 E28"等优良品种。2017 年津南小站稻种植面积达到 2.8 万亩,全区除了双港镇的 7 个镇均有种植小站稻,其中,北闸口、小站、八里台 3 个镇小站稻种植面积占全区的 85% 左右。

(二)绿色生态种植方式提升了稻米品质

小站稻核心种植区开展保护性种植,全部采用有机肥改良土壤,禁止使用化学农药,筛选优良稻种,通过水稻基质育秧、耕前机械化配方施肥、绿色防控、智慧农业等一大批绿色节能种养技术,引进青蛙防虫,沟渠及稻田内放养鱼、虾、蟹,探索立体养殖综合模式。通过一系列的保护措施,恢复了传统小站稻的优良品质,助力示范稻田优质高产。2018 年,小站镇东花园村 100 亩稻蟹种养一体化试验取得显著的经济效益和生态效益。按有机标准,开展"金稻919""金稻777"水稻优质新品种及稻蟹种养一体化示范种植。小站稻平均亩产 450 公斤,收获河蟹 3500 公斤,每亩纯收益 1500 余元,比单独种植小站稻每亩增收 1000 余元,并且大幅度降低了化肥、农药的使用,契合了国家化肥、农药零增长行动,促进了小站稻品质的提高。

(三)龙头企业带动了品牌知名度提高

作为农业产业化市级重点龙头企业、农业高新技术十强企业,天津市优质小站稻开发公司开发生产了"日思"品牌,该品牌定位在中高端,其小站稻免淘米各项理化指标均高于国标一级标准,"日思"牌被中国绿色食品发展中心授予"绿色食品"标志使用权。该公司采用"公司+农户"的产业化经营模式,发展订单生产,已带动全市3600余户稻农进行小站稻的种植,营造了良好的企业形象和品牌优势。2018年津南区还整合粮贸公司、小站稻开发公司、绿航公司等12家国企组建天津金谷农业发展集团有限公司,专业研究小站稻精加工与市场营销。目前该集团已成立区域农产品电商服务中心,在天猫开设旗舰店、专营店,在工商银行融易购、建行善融平台、邮乐网等线上平台开设网店。2018年10月,金谷集团在小站稻推介会上与中石化集团、荣程钢铁集团签署战略协议,共同实施"小站稻"品牌的宣传推广、文化旅游,提高品牌知名度等。

(四)业态多元化丰富了品牌文化的内涵

小站稻的"兵米+文化""稻米+旅游"产业模式不断创新,以农促游、农游合一,把水稻生产与生态观光、休闲旅游、农事体验和文化传承紧密结合,打造了三次产业融合发展模式。发源地小站镇素有"近代中国看天津、百年天津看小站"的文化旅游品牌,结合国家3A级旅游景区、爱国主义教育基地——小站练兵园,以优质小站稻为核心,大力发展小站稻耕文化旅游观光,积极整合"八个一"要素,即一田、一标、一网、一馆、一街、一园、一水、一祠,全力打造稻耕文化特色小镇和文化产业基地。小站稻作展览馆已于2018年10月对外开放,是集稻作历史文化、水稻种植、民俗风情、科普体验为一体的多元化综合型特色展示馆。展览馆建筑面积4583.7平方米,展区近3000平方米,采用声光电效果,通过图片、文字和影片,实物展示、现场体验等多种形式全方位讲述了小站稻的发展历史,传承了小站稻作文化,带给观众不一样的稻作文化之旅。同时,配合周边的钻石公园、练兵场、古街、米立方等设施,投资新建稻米侠主题乐园,将"兵米"文化展示给观众,体现稻耕文化悠久的历史进程。

四、津南区小站稻品牌打造存在的问题

(一)水源与土地问题限制了种植规模的进一步扩大

天津地区小站稻年平均销售量在 20 万吨左右,产地主要是宝坻区、宁河区,而津南区作为小站稻的原产地和发祥地,根本没有呈现上万亩稻田连片种植的盛况。因津南区小站稻种植面积锐减,市场上已经很难见到津南区种植的小站稻,市民买到的大都是其他地方生产的小站稻和东北稻米。导致津南小站稻规模减产的原因主要是水源和土地问题。一是水源不足问题。全区水稻种植用水水源均来自海河,由于全市对海河下游取水有严格控制,加之地面"控沉"工作严格控制地下水压采,导致部分水稻在插秧环节用水紧张。二是用地政策瓶颈。小站镇位于天津市双城间绿色生态屏障地区规划管控核心区域,11 个未整合村均被列入一级管控区,可供种植面积受限,集中连片的土地更是稀缺,农业生产配套设施建设存在制约,而且特色小镇开发中一些全域旅游项目(田间绿道、稻田迷宫等)由于土地性质限制无法实施建设。

(二)品牌与文化价值尚需进一步挖掘

随着消费需求趋于个性化和多元化,全国各地涌现出许多优质稻米品牌,小站稻虽然历史悠久,但其品牌价值和市场开发方面较五常大米和盘锦大米还有一定的差距,天津小站稻的品牌优势需要巩固和加强。再者,天津打造品牌的意识不强,不仅缺乏对品牌内涵的认识,也缺乏对品牌形象的塑造和对文化的挖掘。只关心农产品收成和销路问题,不深入思考增加农产品附加值的问题。品牌推广策略单一,未能实现全媒体运营模式,传播策略比较单一。随着"互联网 +"时代涌入各行各业,应该将传统宣传方式和新媒体运营方式相结合,例如线下实体店铺和线上营销共同运营。

（三）科技与研发水平尚需提升

农业技术研发上已具备一定的基础，比如育种的天津"金稻919"和"津川1号"可以媲美国际公认优质米品种"越光"和日本优质米新科状元"一誉"。随着生活条件的改善，不同消费者对稻米的外观、味道、黏度与硬度有不同的偏好，小站稻的品种需要更加多元化，需要不断提升其育种水平，需要开发不同类型、不同档次、不同品质的稻米满足广大消费者的不同爱好和需求。津南区在新产品育种开发上还需加大力度，栽培技术、试验条件和科研成果转化能力等方面还需要进一步提升水平。除此之外，小站稻研发、种植、加工所需要的专业技术人才紧缺，需要引进与培养。

（四）标准体系尚需要统一

目前天津市已颁布的水稻产业各个环节的标准，大多数已超过10年，小站稻标准体系建设滞后是面临的主要问题。津南区作为小站稻品牌的持有者，亟须在全市牵头统一制定"小站稻"地方标准体系，对小站稻适宜区域和定义重新规定。小站稻米产业链条各环节需要标准化，比如水稻种植环境质量要求、种子繁育技术规程、种植技术规程、种植投入品通用要求、储存技术规程、加工技术规程、质量技术要求、溯源管理规程等标准需要统一，只有这样才能引导农民按照不同标准种植优质水稻，努力打造优质、绿色、高端稻米生态种植基地，为百姓餐桌上的"小站稻"提供高品质原料，将小站稻打造成为国内高端品牌和国际级品牌。

五、做优做强天津津南小站稻品牌的对策建议

落实国家乡村振兴战略产业兴旺的要求，加快推进农业供给侧结构性改革，围绕稻耕特色，促进多业态融合，融入科技与智慧，搭建信息化平台，走出一条以提升质量和效益为主的品牌强农发展道路，更好地满足京津冀个性化、

多样化、高品质的消费需求,带动乡村的全面振兴。津南区要依托小站稻的产业基础、品牌影响力、文化底蕴等优势,坚持生态优先,立足质量为本,强化科技支撑,注重文化提升,利用和共享京津冀区域内科技、人才等要素资源,全面做优做强小站稻品牌,重塑往日辉煌。

(一)加快制定稻耕产业发展规划

进一步挖掘津南小站稻发源地的独特优势,将做强津南小站稻品牌工作纳入全市乡村振兴战略规划的重点工作和任务。在天津市委、市政府和市农委指导下,成立做优做强津南区小站稻品牌工作领导小组,由津南区区长作为主要负责人,领导小组办公室设在津南区农委。聘请专业人才与规划专家,加快制定做优做强天津津南小站稻品牌与稻耕产业中长期发展规划,确定阶段性目标和行动方案,分步实施,扎实推进。推动小站稻集中化、规模化、规范化种植、发展。要综合设计,统筹谋划,实现设计、研发、生产、营销等环节的相互协同,详细策划和谋划津南区小站稻的种植、销售、文化、旅游开发及全产业链的发展,深入挖掘稻耕文化底蕴,使小站稻品牌真正立足津门,走向全国,扬名世界。

(二)加大市区两级政策扶持力度

在资金、水源、用地、研发、农田设施、品牌推广等方面,争取天津市委、市政府的政策倾斜,加强与市规划与自然资源管理局、农业农村局、水务局等各职能部门的衔接。利用市级支持政策与资金,结合区里情况,整合涉农资金,集中力量支持小站稻品牌建设的重点区域和关键环节。发挥财政资金的引导作用,撬动社会资本参与小站稻品牌建设。限于津南区有限的土地资源,可以考虑"飞地"形式在宁河、宝坻拓展小站稻种植区,利润分成。建议市政府协调市水务部门,放宽对海河下游农业用水的限制,科学调度农业生产关键时节的水源供应。

（三）健全全市小站稻品牌标准体系

津南区牵头组织成立小站稻行业协会，整合全市小站稻各种资源，集水稻种植、加工、营销等为一体，以金谷集团等企业为龙头，形成全市共同做优做强小站稻品牌的强大合力。建立健全"三确、一检、一码"为要素的小站稻生产加工质量标准体系，组建全市小站稻地方标准制定工作组，主要负责对小站稻定义、种植区域划定、良种繁育标准、栽培技术规程、产品加工质量标准等进行制定和修订。构建农产品质量安全实时监测与信息化服务平台，保障市民"舌尖"上的安全。

（四）推动绿色高效高品质发展

津南区区域的85%纳入双城管控规划，绿色高质量发展是全区发展的主题。小站稻及稻耕产业也要突出绿色、高品质、高标准、高技术的特性，增强绿色"动力"，筑牢绿色"屏障"，提升绿色"颜值"。品质是品牌发展的第一要义，小站稻的种植与生产加工要加大农业供给侧结构性改革力度，坚持市场导向、消费者至上，坚持质量第一、以质取胜，形成"区域品牌、企业品牌、产品品牌"小站稻品牌体系，提升稻耕产业发展水平和品牌溢价增收能力，打造我国北方高端米业品牌。推广水稻基质育秧先进适用技术，开展绿色统防统治，有效防治病虫害，深入开展农业面源污染治理，实施水稻病虫害统防统治，残留农膜和农药容器回收，严格投入品管理，实现化肥农药使用量零增长，以增施有机肥为技术抓手，保证小站稻种植的质量安全，品质提升。

（五）打造小站稻耕田园综合体

2017年，《中共中央、国务院关于深入推进农业供给侧结构性改革，加快培育农业农村发展新功能的若干意见》首次提出田园综合体概念，支持"建成以农民合作社为主要载体，让农民充分参与和受益，集循环农业、创意农业、农事体验于一体的田园综合体"。田园综合体可以作为天津乡村振兴和打造小站稻品牌的一个强有力载体,把乡村优美环境、人文风俗、历史文化、特色资源等在空间上进行聚集,吸引京津冀城市资源要素的流入,承接城市消费的外溢,推动特色产业发展,打造承载产业与人口的特色小镇。可以借鉴黑龙江省富锦市"稻海田园综合体"经验,使游客既能体验水车、走植物迷宫、看稻草人王国等丰富多彩的稻田文化艺术,又能够看到鸭稻、鱼稻、蟹稻等循环农业以及有机水稻种植的全过程,还能体验丰收时收割水稻的乐趣。同时,再结合现有的小站稻文化符号——小站稻作展览馆、稻米侠主题乐园,加快产业融合发展的载体建设,发挥一二三产业的乘法效应,展示稻耕田园产业的美好未来。

(六)探索灵活的土地政策改革

2018 年《中共中央、国务院关于实施乡村振兴战略的意见》专门强调了农村新产业新业态用地方面,其中提出,要完善新增建设用地的保障机制,将年度新增建设用地计划指标确定一定比例,用于支持农村新产业新业态的发展;允许通过村庄整治、宅基地整理等节约的建设用地,通过入股、联营等方式,重点支持乡村休闲旅游养老等产业和农村三产融合的发展。文件也明确规定,这些村庄整治、宅基地整理节约出来的建设用地,严禁违规违法开发房地产或建私人会所。结合津南区未整合村的实际情况,将农民较为分散的宅基地、集体建设用地统筹安排用于小站稻种植及研发、文化、旅游等相关产业的发展,实现指标占补平衡。支持村集体通过引导土地流转、土地入股和土地托管等多种形式发展适度规模经营,引导农民把土地承包经营权向村集体经济组织、龙头企业、农民专业合作社流转,确保土地经营权规范有序流转。

(七)壮大新型经营主体实力

实施新型经营主体培育工程,使之成为建设现代都市型农业的骨干力量,推进家庭经营、集体经营、合作经营、企业经营等共同发展的农业经营方式创新,构建"园区 + 企业 + 合作社 + 农户"或"园区 + 合作社 + 农户"的产业化组织模式,强化农民合作社和家庭农场的基础作用,培育发展家庭农场,提升农民合作社规范化水平,积极发展生产、供销、信用"三位一体"综合合作体系。推进农业产业化经营体系全覆盖。鼓励稻米加工企业直接流转农户土地,开展水稻规模化种植,提升稻米加工产品品质,实行全产业链经营。

(八)培养与引进水稻技术人才

加大对小站稻研发人才的扶持力度,与市区农业机构、农业院校及科研院所密切协作,协调市农科院等科研单位在津南设立小站稻研究院,提高科技研发水平,实施育种提升工程计划,通过现代信息手段,确保小站稻从种到收全程可追溯。培育新型职业农民,完善新型职业农民教育培训、认定管理、政策扶持"三位一体"培育制度,充分利用涉农高校与科研院所资源,围绕主导产业发展需要,建立现代都市型农业实训基地,采取集中培训、参观考察、现场实践等多种手段,通过各种渠道与多种形式,开展农民实用技术培训,培养一批善经营、懂技术、会管理的农村实用人才队伍。全面提高新型职业农民的综合素质,形成一支具备新知识、新视野、新技能、新理念的新型职业农民队伍。坚持人才的自主培养与引进并举。加强农业青年科技优秀人才、科技创新创业人才、农业领域创新团队的培育和引进。以各镇成人文化技术学校为平台,辐射带动村民学校、社区学校和企业开展各项培训,为农村劳动力转移、农民学历教育提供教育资源上的支撑。围绕现代都市型农业建设对技术和人才的需求,有针对性地聘请农业专家、学者、工程技术人员作为科技和产业发展顾问,经常性开展技术经济咨询辅导与交流,为农村发展注入强劲的人才动力。

(九)拓展新业态与新模式

利用小站稻文化,丰富乡村旅游业态和产品,打造小站稻主题旅游目的地和精品旅游线路,促进小站稻一二三产业的深度融合发展。挖掘农业品牌的历史文化内涵,在讲出农业好故事中标注出"好吃、好看、好玩、好感觉"的新高度。积极创建和发挥重要农业文化遗产功能,注重产品包装设计,大力发展创意农业。充分利用农业展会、产销对接会、产品发布会等营销促销平台,借助大数据、云计算、移动互联等现代信息技术,拓宽品牌流通渠道。加快建立农业大数据平台,推动"物联网 + 农业""互联网 + 农业""分享经济 + 农业""大数据 + 农业"等现代信息技术和新兴经济模式应用,提高农业生产精准化、智能化、订制化水平,全面提高农业的竞争力。

现代农业篇

加快建立蓟州区现代农业产业体系调研

（天津市经济发展研究院　姚晓东）

党的十九大报告明确提出实施乡村振兴战略,并把"构建现代农业产业体系、生产体系、经营体系"作为乡村振兴战略的主要措施之一。实施乡村振兴战略,实现农业农村现代化,首要就是建立现代农业产业体系。加快形成布局科学合理、产业特色明显、科技水平先进、管理高效集约、综合效益突出、功能丰富多元的现代农业体系,是蓟州区推进农业供给侧结构性改革,实施乡村振兴战略,实现农业高质量发展和绿色发展的必由之路。

一、现代农业产业体系的概念和内涵

现代农业产业体系是集食物保障、原料供给、资源开发、生态保护、经济发展、文化传承、市场服务等于一体的综合系统,是多层次、复合型的产业体系,包括农产品产业体系、农业多功能体系、一二三产融合发展体系、现代农业支撑产业体系,能够实现经济、社会和生态环境的可持续发展。现代农业产业体系要具备优质、高效、生态、安全的要求。

优质是现代农业产业体系的内在要求。随着经济发展水平的提高,人们对农产品质量的要求越来越高,农产品由数量增长转向质量提升是必然方向。农产品品质受到种质、收储、加工等多环节影响,因此要在农业科研和技术推广中重视优质良种选育,同时建立健全农产品市场体系。

高效是现代农业产业体系提高效益的必然选择。传统农业产业体系向现代农业产业体系的转变就是提高农业的经济效益,主要途径包括:农业产业结构不断优化,出产品加工转化效率提升,农业投入持续增加,农业劳动者素质不断提高。

生态是现代农业产业体系发展的未来方向。生态是指现代农业产业体系要以维护生态、提高地力为基础,强调农业可持续发展,提倡洁净生产,满足人类对农业产品和环境量与质的需求。在建立现代农业产业体系的过程中,要将农业发展与生态环境保护结合起来,走可持续发展的现代农业产业之路。

安全是建立现代农业产业体系的必备保障。安全农产品是指在特定生产环境下生产,达到一定卫生标准,经过专门机构认证,具备相应产品标志的无污染、安全、优质的农产品。安全农产品包括:无公害农产品、绿色农产品和有机农产品。消费者对安全农产品需求的提升,要求在现代农业产业体系建设中将安全放在重要位置。

二、蓟州建立现代农业产业体系的基础

积极推进农业供给侧结构性改革。大力发展高效农业,30 万亩"一减三增"调减任务全面完成,新增蓝莓、食用菌等经济作物 8.6 万亩,形成了东部生态高效经济作物区、南部蔬菜区、西部苗木花卉区、北部休闲农业区的产业布局。农产品质量安全水平进一步提升,主要农产品定期检测全部合格。农产品产销衔接持续优化,80 吨高品质盘山磨盘柿成功出口加拿大,"蓟州农品"正式打入国际市场。蓟州农业美誉度得到新宣传,成功举办天津市首届"中国农民丰收节",出头岭镇成为天津首个全国农业产业强镇。推进农业科技创新示范深入推进,"优质春小麦沈太二号配套技术示范与生产基地建设"项目、"蓟县金银花病虫害生态防控技术示范"项目、"设施蔬菜根结线虫防治综合配套技术集成与示范推广"3 个科技示范推广项目全部通过验收。农业生态服务价值持续提升,完成 100 家规模化畜禽养殖场粪污治理,水肥一体化应用达到 1000 亩,回收地膜 197 吨,秸秆综合利用率达到 98%。

加快推进"两低"农业提升工程。实施"两低"农业提升专项行动,南部平原地区和北部山区的农民种植效益不断提高。南部平原新发展高效经济作物 4.67 万亩,启动实施麦稻、麦豆轮作试点示范项目,启动油用牡丹基地建设项

目,启动马伸桥苹果、罗庄子红梨、孙各庄核桃、穿芳峪阳丰甜柿、出头岭大桃精品园建设,昱顺苑家庭农场、田园牧歌生态休闲示范农场和青甸洼生态莲藕观光园等一批农业重点项目已全部开工建设。北部山区完成了 50 万株果树劣改优嫁接工作,造老化池塘 2080 亩、深松土地 5100 亩、激光平地 2100 亩、测土配方施肥 80 万亩,节水灌溉 1.46 万亩,新发展绿色食品基地面积 3130 亩,完成绿色食品标志认证 3 个。

农业"十百千万"工程取得新进展。新发展天津市知名农产品品牌 3 个,累计达 14 个,拥有绿色有机标志产品 139 个。新建成 6 个现代农业园区基地,总数达 46 个。新型农业经营主体不断壮大,新培育国家示范社 4 家,总数达 9 家;新认定市级示范社 8 家,总数达 95 家;新发展农民合作社 84 家,总数达 870 家;新培育市级重点龙头企业 2 家,总数达 19 家;新培育示范家庭农场 16 家,总数达 42 家;新认定产业化联合体 1 家。不断加大新型职业农民培训,累计培训新型职业农民达 4797 人,开展农业实用技术普及性培训 15500人次。

休闲观光农业呈现出勃勃生机。蓟州区是全国首批休闲农业与乡村旅游示范区,建成一批景区化旅游精品村。蓟州区拥有全国休闲农业与乡村旅游示范点共 6 个,中国美丽田园 2 个,中国最美休闲乡村 3 个,市级旅游特色村点 104 个。2017 年京津冀 198 个区县旅游魅力指数排名中蓟州区位列第三。蓟州区有乡村旅游经营户 2583 户,床位 7 万张,直接从业人员 1.2 万人,间接从业人员 6 万人。2017 年,全区休闲农业与乡村旅游接待游客 588 万人次,实现旅游收入 7.4 亿元,蓟州区形成特色产业、观光采摘、农家乐和民俗旅游等休闲农业产业发展类型,这些产业发展类型成为促进农业结构调整,增加农民收入,建设新农村的有效途径。

农业产业帮扶取得新突破。建立了"区级统筹产业发展项目、资金和对困难村帮扶效益返还"新模式,细化"区负总责五统筹"工作落实,采取"1 + 1 + N"产业发展模式。确定了东部出头岭镇双河湾食用菌产业园和马伸桥镇草莓产业园建设项目、西部桑梓镇精品西瓜产业园建设项目、南部杨津庄镇东梁庄绿色食品蔬菜基地和下窝头镇稻蛙立体种养及优质水稻加工项目、中部东赵各庄镇果蔬产业园区建设项目等 6 个区级统筹产业发展项目,困难村进行 1 万元的保底分红,困难村村集体收入全部破零。官庄镇梁后庄村、出头岭镇中峪村、出头岭镇李家仓村、别山镇西史各庄村 4 个村被认定为"全国一村一品示范村"。

三、蓟州区建立现代农业产业体系面临的机遇和形势

京津冀协同发展为蓟州建立现代农业产业体系拓展了发展空间。京津冀协同发展战略的深入实施,使蓟州区统筹利用市场资源进行农业发展的空间更加广阔。京津都市圈人口超过 4000 万人,为高端绿色农产品和乡村休闲观光旅游提供了巨大的市场需求。京津冀三地农业合作日益紧密,农业项目投资合作、农业科技合作、质量安全监管合作等都已经在如火如荼地展开。这些既为蓟州建立现代农业产业体系提出了挑战也指明了未来发展空间。

蓟州优越的地理位置和农业资源为蓟州建立现代农业产业体系奠定了发展基础。蓟州地处京、津、唐、承四市之腹心,是天津市唯一的半山区县,也是天津市的"后花园",被列为全国生态示范区、全国首家绿色食品示范区、第一批国家新型城镇化综合试点地区。蓟州区农业资源丰富,山、水、河、湖、湿地齐全,各类现代农业园区和自然保护区拥有丰富的生态花木、水库山水等景观,是全国休闲农业和乡村旅游示范区,郭家沟、常州被农业部认定为中国最美休闲乡村,团山子梨园、白庄子湿地等景观被农业部评为中国美丽田园。

以"互联网 +"为代表的现代技术将加速蓟州建立现代农业产业体系的步伐。互联网与各领域的融合发展具有广阔的前景和无限的潜力,也将重塑农业发展形态。"互联网 +"将提升现代农业流通体系,加速农产品、农资、土地等要素流动。在农产品流通方面,将衍生出直供直销、会员制等营销新模式。在农业品牌建设方面,"互联网 +"催生农产品标准化、规模化、品牌化转型。借助社会化新的网络媒体平台,农产品品牌价值能够得到快速提升。

四、蓟州区建立现代农业产业体系的总体思路

（一）总体思路

以习近平新时代中国特色社会主义思想为指导，以深化农业供给侧结构性改革为主线，以高质高效发展为目标，紧紧围绕"创新、协调、绿色、开放、共享"的发展理念，强化现代农业生产、生态、生活、示范等多重功能，坚持农业品质提升与农业科技创新相结合，休闲农业与乡村旅游相结合，农业产业结构调整与农业生态服务价值提升相结合，借助乡村振兴战略实施，立足蓟州区农业特色资源和优势产业，服务京津高端需求，大力发展产出高效、业态丰富、资源节约、环境友好、功能多元的现代农业，构建与蓟州功能定位相一致，与二、三产业发展相融合，与京津冀协同发展相衔接的现代农业产业体系，引领蓟州农业产业发展。

（二）发展路径

一是推动农业结构调整升级。优化种植结构，持续推进"一减三增"工作，强化东部生态经济作物、南部蔬菜、西部苗木花卉、北部休闲农业的产业布局，因地制宜引导和鼓励农民发展蔬菜、水果、花卉等高效经济作物和经济林木，优化养殖结构，培育壮大地方特色和地理标志农产品，提高农产品附加值。

二是推动农业功能升级。充分发挥蓟州的区位优势和农业资源，发展包括生态保护、休闲观光、文化传承、生物能源等密切相关的循环农业、特色产业、生物能源产业、乡村旅游业等，充分发挥农业生产价值、生态价值、休闲价值、文化价值，增进经济社会效益。

三是推动一、二、三产业融合发展。大力发展农业新产业、新业态、新模式，加快构筑农业全产业链，让农民分享全产业链的增值收益。进一步提高农产品附加值，加快发展农产品精深加工，打造一批知名优质农产品品牌。利用"旅游＋""生态＋"等模式，推进农业、林业与旅游、教育、文化、康养等产业的

深度融合。

四是推动农业全产业链信息化升级。加快"物联网＋农业""互联网＋农业"等现代信息技术和新兴经济模式应用,大力发展订单直销、连锁配送、电子商务等现代流通方式,提高农业生产精准化、智能化、订制化水平,全面提高农业的竞争力。

(三) 发展原则

坚持绿色发展。强化农业的生态功能,发挥农业正外部性,减少农业负外部性。重点发展节水农业、生态农业和循环农业,推进节水、节肥、节药等资源节约型、环境友好型农业发展,强化农业面源污染防治,促进农业废弃物资源化利用和农业节能减排。

坚持高端发展。立足京津冀的区位优势和市场需求,做优做精休闲观光农业、设施农业、农产品流通服务业等重点产业,瞄准市场更加多元、更高层次的需求,打造都市现代农业高精尖产业和安全农产品品牌,为京津居民提供高品质、多元化的农业产品有效供给。

坚持开放发展。坚持开放发展理念,拓展农业发展空间,与京冀和我市其他区形成多层次、开放互补型的域内外产业结构。充分利用京津冀广阔的发展空间,推进产业、市场、科技、生态协同发展和生产要素高效利用。

坚持市场导向。着力调整优化农业结构,重点解决供需脱节、资源错配问题。结构调整须以满足市场需求为导向,提高农业供给体系的质量效益。加快调整产业布局,做大做强高品质农业、休闲农业和农业高新技术产业,加快智慧农业发展。

五、蓟州区建立现代农业产业体系的举措

(一)提升菜篮子产品的有效供给能力

保持农产品供给稳定。在划定永久基本农田的基础上,推进粮食生产功

能区建设,保障粮食综合生产能力。深入开展高产创建,广泛推广优质高产新品种、新技术,培育适度规模经营和社会化服务,提高种粮效益。粮食作物基本实现耕种收全程机械化,确保基本农田数量不减、质量提高。继续实行主要农产品最低保有量制度,保障蔬菜、生猪、家禽、鲜蛋和淡水养殖生产能力,优化产品结构。

提高菜篮子产品的生产能力。在符合国家和天津市农业结构调整政策的基础上,发展肉、蛋、菜、奶、鱼、果六大类菜篮子产品生产,保障菜篮子产品供给,保持蔬菜播种面积、产量以及肉类产量的持续稳定,切实提高鲜活农产品的日常供应能力、应急保障能力和市场竞争能力。

提高菜篮子产品的市场流通能力。科学合理规划菜篮子产品批发市场布局,纳入城市建设规划。加强菜篮子产品批发市场功能建设和管理,完善交易厅(棚)、冷藏保鲜、质量安全监测等基础设施配套,组织开展质量安全检测。开展菜篮子产品批发市场公益性建设,充分发挥批发市场在市场流通中的集散和调控作用。开展社区菜篮子产品零售网点建设。

提高菜篮子产品的调控保障能力。完善菜篮子工程建设各类调控政策,支持菜篮子产品生产基础设施建设、技术推广、新型职业农民培育、政策性保险、生产者补贴等生产扶持政策。采用多种措施稳定鲜菜、畜肉、水产品、蛋、鲜果等菜篮子产品价格。健全菜篮子产品储备制度。开展菜篮子产品信息监测预警体系建设,构建蔬菜、水果、肉、蛋、奶、水产品等主要产品信息监测指标体系。

(二)着力发展高档高质农业

加快农业产业结构调整。加紧转方式、调结构,全面提高农业劳动生产率和农产品附加值,走技术先进、产品安全、规模适度、资源节约的现代农业发展之路。调整种植结构,突出发展中草药、甘薯、大豆、粮食良种等高效作物,进一步优化种植结构和茬口安排,推进麦稻麦豆轮作模式。充分借助储备林项目,大力发展油用牡丹产业。充分发挥果品产业优势,进一步优化果品品种结构,建成一批果品精品园。

加快培育有机、绿色、品牌农业。做优做强特色果品、苗木花卉、蔬菜等特色农业,严格把关产品质量,推广品牌、生产、销售一体化的有机农业模式,建立完善的产销链条。完善农产品生产标准化体系,实施农产品品牌工程,大力发展无公害、绿色、有机和地理标志的农产品,重点打造"蓟州农品"品牌,唱响"好山、好水、好农品"的宣传口号,支持蓝莓、核桃、食用菌等地方特色和地理标志农产品走出去,以新、特、优农产品占领京津高端农产品消费市场。

加快推动农业规模化、产业化经营。通过"公司＋农户""合作社＋农户"方式发展规模经营,完善财税、信贷保险、用地用电、项目支持等政策,撬动规模化经营主体增加生产性投入。充分发挥多种形式的适度规模经营在农业机械和科技成果应用、绿色发展、市场开拓等方面的引领功能。推动"龙头企业＋专业合作组织＋农户"的产业化发展模式,鼓励龙头企业与农户建立稳定的利益统一体,提高龙头企业的整体带动水平。

推进农产品现代流通业稳步发展。大力发展农产品储藏业、运输业、销售业,利用商业流通资源和"互联网＋"服务于农产品市场开拓,发展农产品超市经营、连锁配送等现代流通业。创新农产品流通模式,发展直供直销、会员制等农产品营销新模式,加强蓟州区生产基地与京津市场的对接,推进蔬菜、畜禽、水产等菜篮子产品的产销合作。扶持农产品电子商务发展,实现专业大户、家庭农场、农民合作社、农业产业化龙头企业等新型农业生产经营主体产品资源与电商、渠道商等新型互联网企业销售订单的实时对接,降低流通成本,实现农产品优质优价。开展展会、展销等各类对接活动,强化产销信息对接服务,建立农产品展示体验点。

加强农产品质量安全。完善地产农产品标准化生产体系,提升农产品标准化生产水平,从源头上提升农产品质量安全。继续实施"放心菜""放心鸡肉""放心猪肉"工程,提高农产品品质。拓展绿色食品种植面积,提高绿色食品标志产品的申报数量。全面治理畜禽规模化养殖场,争取实现规模化养殖场粪污治理全覆盖,标准化规模养殖场畜禽粪便实现零排放。强化农产品质量安全监管,持续开展农产品质量安全专项行动,加强农业投入品和农产品质量安全追溯体系建设。坚守农产品质量安全底线。

（三）拓展农业多功能发展形态

做精科普教育型特色农业。依托特色休闲观光园区和农业生产基地,展示现代农业新技术、新品种、新成果,使游客在休闲过程中开阔眼界,增长知识。重点打造京津国色天香牡丹园、青甸洼生态莲藕现代都市观光区、中以农业科技合作示范园、罗庄子红香酥梨旅游生态观光园、邦均苗木花卉基地、西龙和出头岭食用菌基地、马伸桥蓝莓基地、白涧辛西月季花基地等一批科普教育型农业新亮点。

做优观光采摘参与型农业。观光采摘是将成熟的果园、莱园、花圃、鱼塘等对游客开放,让游客体验农业生产的过程。通过积极制定观光采摘果园建设标准,建设一批观光采摘示范园,重点打造上仓南孙各庄休闲采摘园、下营苦梨峪休闲观光采摘园、马伸桥育英洼休闲农业精品示范园、侯家营桃源仙居精品休闲农业示范园、穿芳峪涩柿树嫁接阳丰甜柿基地等一批观光采摘园区、基地。在保障生产优质果品的基础上,进一步提升果园的园林美化景观效果,充分体现科普、休闲、娱乐和特色等功能。

做广农家乐型农业。重点在北部山区和库区周边乡镇发展精品农家乐,以开展生态农业观光、餐饮、娱乐、休闲、住宿等休闲活动为内容,突出引导农家乐的"一村一品"和"一家一艺",逐步规范和提升"农家乐"的接待服务水平。

做特民俗旅游型农业。利用特有的文化或风俗作为活动内容,积极挖掘民俗古迹、地方人文历史和风俗习惯,开发休闲项目。重点打造上仓程家庄北方江南景区、穿芳峪小穿芳峪乡野公园、渔阳桃花寺露营基地、孙各庄满族乡蜜蜂产业园等一批民俗特色景点、基地。通过规范提升,拓展旅游空间,丰富旅游内容,不断提高其知名度,使资源优势变成经济优势。

积极发展绿色低碳农业。推进低碳和循环农业发展,减少不可再生资源的投入,实现资源节约、集约、永续利用。深入推进农业环境保护,推进化肥、农药使用量零增长行动,实施化肥、农药减量化,大力推广使用有机肥等保护性耕作技术,减少和治理农业面源污染。研究秸秆综合利用的有效途径,优化秸秆综合利用"五化"结构,探索秸秆利用新途径,实现秸秆全量化利用。

(四)全面提升农业服务支撑能力

全面提高农业物质装备水平。着力提升节水农业、生态农业、菜篮子生产农机装备水平,加快推进全程、全面机械化,实现主要农作物耕种收全程机械化。推进设施菜田、标准化果园、标准化畜牧养殖场、标准化水产养殖场建设,设施农业、畜牧业、渔业、农产品初加工机械化全面发展。培育扶持规范化农机合作组织,大力推进农机农艺融合、农机化信息化融合,推进农机社会化服务、技术推广服务一体化发展。

加快推进农田水利建设。重点围绕粮食生产功能区、设施菜地、设施果园等建设,实施农村水环境治理、田间水利配套等工程,切实提升灌溉和排涝能力。实施工程设施节水,大力推广微灌、喷灌等节水技术,推进农业用水计量管理。实施畜禽养殖场高效集雨工程,对养殖场屋面、路面和养殖场圈舍雨水收集再利用,做到雨污分离。水产养殖全面推广基于节水的工厂化改造、循环温室改造、标准化池塘改造。大力推广水资源循环利用技术,不断提高节水农业的发展水平。

强化农业科技支撑能力。发挥区位优势,积极引进北京的农业科技资源、人才资源、信息资源、成果资源,构建现代农业技术体系。聚焦农业技术、低碳循环农业、农业信息化、农产品加工等农业科技创新工程,推进现代技术在农业生产、经营中的应用。大力发展现代种业,培育国家级育繁推一体化种业企业,推进本区繁种基地建设。加强农业科技创新平台建设,参与农技推广服务,促进科技成果的转化和示范应用。

建立社会化多元服务体系。坚持主体多元化、服务专业化、运行市场化,加快构建公益性服务与经营性服务相结合的新型农业社会化服务体系。紧密与大专院校、科研院所合作,创建农技服务平台,不断提升农业技术推广、农产品质量监管等公共服务能力。大力培育各类农业经营性服务组织,扩大和活跃农村市场。鼓励农业龙头企业围绕产前、产中、产后各环节,为农户开展农资供应、技术指导、疫病防治、产品营销等各类服务。

高质量发展背景下北辰区都市农业产业发展研究

（天津市经济发展研究院　朱鹏）

　　都市农业是指地处都市及其延伸地带,紧密依托城市的科技、人才、资金、市场优势,进行集约化农业生产,为城市居民提供名、特、优、新农副产品和良好的生态环境,并具有休闲娱乐、旅游观光、教育和创新功能的现代农业。简言之,都市农业是将农业的生产、生活、生态"三生"功能结合于一体的产业。北辰区区位优势明显,是京津黄金走廊和京滨综合发展轴的重要节点,其农业发展基础雄厚,种源农业、设施农业、观光农业等发展优势明显。北辰区对都市农业发展比较重视,全区坚持"精一强二扩三"的发展思路,推进产业转型升级,农业发展质量和效益不断提升,为农业农村发展奠定了坚实的基础。高质量发展背景下对北辰区都市农业产业方面进行研究,具有一定的理论意义和现实意义。

一、北辰区都市农业发展现状及存在问题

（一）发展现状

1. 农业发展指标

　　到 2017 年底,农业总产值完成 23.9 亿元,其中:种植业产值 10.8 亿元,林业产值 1613 万元,畜牧业产值 11.7 亿元,渔业产值 1.3 亿元。

　　粮食总产量 57418 吨,蔬菜产量 267299 吨,肉类总产量 14919 吨,果品产量 18177 吨,水产品产量 9174 吨,牛奶产量 117562 吨,生猪全年出栏

191501 头。

2.主要产业领域发展情况

(1)种源农业

全区现有种源企业 5 家,其中蔬菜企业 2 家,畜牧企业 2 家,水产企业 1 家。冬冠科技、耕耘种业、梦得奶牛、名特优水产、美农种猪等种苗种畜企业不断发展壮大,积极开展蔬菜、葡萄、奶牛、生猪、淡水鱼等名特优品种的育种攻关。其中,梦得集团的奶牛生物育种达到国际水平,天津冬冠农业科技有限公司的黄瓜研发、育种规模居国内同行业领先水平,耕耘种业有限公司的菜花、大白菜、芹菜育种处于全市领先水平。

(2)休闲旅游农业

截至 2017 年底,北辰区拥有国家 3A 级旅游景点、全国休闲农业与乡村旅游 5 星级企业等农业休闲旅游观光景点 9 处,年接待游客突破 120 万人,旅游收入 1 亿多元。万源龙顺度假庄园为国家 3A 级旅游景点、全国休闲农业与乡村旅游 5 星级企业,双街现代农业科技园、青水源有机农业生态园为全国休闲农业与乡村旅游 4 星级企业,郊野公园都市渔业产业园为 3 星级企业、农业部"全国休闲渔业示范基地"。另外,红光鹿苑特色旅游科普教育基地、春田花花柚子园休闲农庄为市级乡村特色点。双街、韩家墅村分别在 2015、2016 年被中国生态文化协会授予"全国生态文化村"称号。

(3)绿色生态农业

2018 年,北辰区完成造林 1.61 万亩,农作物秸秆综合利用率达 99%,农机化综合作业率达 98.5% 以上,农产品质量安全、农业投入品监管系统逐步完备,绿色防控能力进一步提升。在积极规划部署农村人居环境整治和全域清洁化工程的同时,通过推动畜禽粪污治理、泔水猪治理、环外清洁能源替代、农业资源养护等一系列工作,持续推动农业废弃物资源化利用,农业生态环境得到进一步治理和保护。

3.农业布局情况

北辰区现代都市型农业发展格局初步形成,农业经济发展态势良好,实现了服务都市、农业增效、农民增收和生态改善,形成了以都市渔业产业园、益多利水产品为代表的东部生态水产养殖区,以双街现代农业科技园、龙顺庄园、清水园为依托的中部精品农业休闲观光区,以岔房子山药、中草药特色种植、后丁庄无花果种植、下河头食用菌、梦德良种奶牛为代表的西部特色农业区。

4.农业产业化经营情况

农业规模化、产业化经营水平和科技支撑能力进一步提高。截至2017年底,新建和提升农业龙头企业15家,市级农民专业合作社示范社22家。农业龙头企业和农民专业合作社快速发展,累计引进农业生产新技术20项,引进蔬菜、果品、农作物等新品种100多个。双街等农业实践实训基地。以龙顺生态观光园、梦得奶牛科技园区、喜逢台农业科技园区等为龙头,加强产、学、研合作,引导扶持涉农企业与大专院校、科研院所积极开展农业科技合作交流,并取得了多项科研成果。

(二)存在问题

1.农业发展空间受限

随着经济的迅速发展和新型城镇化进程的快速推进,北辰区现代农业发展空间所需的土地资源的刚性约束日益显现。一方面,土地资源数量有限,后备资源不足。随着城市化、工业化进程的加快,北辰农业用地面积逐年减少,再加上农业用地大部分是基本农田,发展高标准设施农业,特别是休闲旅游农业、农产品加工业存在用地瓶颈;另一方面,由于农民对土地期望值越来越高,即使不种地也不愿放弃土地承包经营权,使得土地流转受限,规模经营空间不足。

2.农业资金投入相对不足

农业农村经济基础普遍薄弱,农民自有资金不足,加之农业生产融资难,农业资金投入相对不足,发展现代农业困难大。具体表现为:一是财政支持力度小。政府对农业的基础设施、公共产品与服务体系投入不足,农业多元化投入机制尚不健全。二是金融投资不足,融资难问题突出。农业设施、土地承包经营权抵押融资贷款不能有效释放,农民难以筹集足够的资金进行农业生产经营,金融创新试点还没有取得突破性进展。

3.农业社会服务支撑能力偏低

面对农产品电子商务、农超对接等新型流通业态,农村新型集体经济组织发育不充分的问题还比较突出,农业科技、金融保险、农资配送、农机租赁等社会化服务能力较弱,农业全产业链发展过程中社会的参与和分享程度还不高,"生产全托管、服务大包干"的全程社会化服务体系还有待建立和完善。

4.农业产业化经营水平有待提升

农业产业化经营市级龙头企业偏少,对农业发展的带动作用有待增强。截至 2018 年底,北辰区的市级重点龙头企业仅有 4 家,占全市龙头企业总数不到 3%(详见表 1)。在 2017 年度认定的 83 个天津市知名农产品品牌中,北辰仅有 3 个农产品品牌获得认证。

表 1　天津市前九批农业产业化经营市级重点龙头企业名单

各　区	龙头企业数
东丽	2
西青	9
津南	7
北辰	4
蓟州	14
宝坻	26
武清	14
宁河	18
静海	11
滨海新区	21

二、国外先进国家都市农业产业构成分析及对北辰的启示

（一）国外相关案例总结

相比较而言,发达国家发展都市农业起步更早,时间更长,在理论和实践方面拥有许多值得借鉴的经验,这些经验与启示对北辰都市农业未来发展大有裨益。

1.欧洲

欧洲工业化和城市化进程较早,但在城市快速发展的过程中,各国农业不同程度地经历了衰落期。一直到20世纪,一系列的城市问题和环境问题才迫使欧洲重新审视农村和城市的发展关系。目前,都市农业发展已经成为欧洲许多国家协调城乡发展、多功能利用土地的一个重要议题。

（1）荷兰

荷兰国土面积狭小且人口密度较大,其农业紧靠大中城市,特别是其园艺业和奶牛业位于大中城市的"都市圈内",为此,荷兰的都市农业呈现出国际化、专业化、优质化和高新技术等特征。荷兰在总人口和人均耕地有限的情况下,平均每个农民的年出口额却将近百万元人民币,平均每公顷土地净出口额超过10万元,遥遥领先于世界各国。由此,荷兰目前已成为世界第三大商品和农产品出口国。早在20世纪初,荷兰及时地放开粮食市场,调整农业结构,发展特色农业,其中花卉园艺和畜牧业发展得最快。时至今日,园艺业已成为荷兰的主导产业,其中温室产业具有高度工业化的特征。因摆脱了土地约束和天气影响,温室园艺产品可实现规模化、工业化生产与管理。这大大提高了生产效率,以及包装、销售的进度,实现了产销一体化。在提高农民教育水平方面,荷兰实施了"绿色证书"工程,建立国家农业科技推广体系,全面推进都市农业的长远发展。

（2）法国

法国是欧盟最大的农业生产国,也是世界主要农副产品出口国。法国的

粮食产量占全欧洲粮食产量的 1/3,其农产品出口居世界第二位。在高度城市化的背景下,法国的都市农业也非常发达,其组织形式以中型家庭农场为主。法国充分利用欧共体的农业结构调整政策,扶持和发展了各种农业协会组织,鼓励农场间的土地合作,扩大土地作业规模。法国还通过立法向农民长期出租土地,通过提供一系列补助和减息贷款来扶持中等农场的发展,从而促进都市农业的规模化经营。为了解决部分农村土地面积较小和土地分散问题,法国鼓励农民集体生产,形成了以土地合作为主的"农业土地组合"和"农业共同经营组合"等农村合作组织。法国都市农业采用现代信息技术手段,以达到信息了解和传播同步进行。法国政府十分注意农业生态环境的问题,制定并实施了保护农业环境的政策,限制城市向农村排放未经处理的废料和垃圾;对于农业自身对环境的污染,还专门实施了一套政策,用经济鼓励的办法来达到控制污染的目标。由此,法国大力推进"绿色旅游"的整体发展。据统计,目前法国有 1.6 万户农家建立了家庭旅馆,3000 多户农民还组成了一个名为"欢迎您到农庄来"的联合经营组织。

(3)德国

德国都市农业开展于 19 世纪初,最早是以市民农园为生产组织形式。时至 19 世纪后半叶,德国正式建立了"市民农园"体制,让住在狭窄公寓里的都市居民能够得到充足的营养。近年来,市民农园转向为市民提供体验农家生活的机会,使市民享受田园之乐。其中,市民农园的土地一部分来源于县镇政府提供的公有土地,每一位市民大约有 2 公顷的市民农园。租赁者需要与政府签订 25～30 年的使用合同,便可随自身意愿种花、栽树、种菜等,但这些产品不能出售。如果租赁人不愿继续经营,可提出转让。目前,德国市民农园发展迅速,其产品总产值占到全国农业总产值的 1/3。全国所有的农民都参加了各种类型的合作社,并在区域范围内成立联社,建立全国机构。这些农业合作社代表农民在经济、法律、税收政策等方面的利益,负责设立合作组织基金,保持与政府及国内外农民合作组织的联系,正是这种合作社保障了分散的市民农园在产、供、销和技术方面紧密地联系在一起。

2.亚洲

以日本、新加坡为代表的亚洲发展各项产业兼顾的产业体系模式,运用先进的农业耕作技术和设施装备,将农业生产过程寓于城市生态环境建设之中,从而为城市居民提供一定数量的优质农产品和公共产品,并促进了地区生态环境的优化。

(1)日本

日本的都市农业是伴随着日本经济的迅速增长和城市化的过快发展而产生的,同时也是经济政策和税制制度的必然结果,是资本主义竞争经济的产物。日本通过运用先进的农业耕作技术和设施装备,将农业生产过程寓于城市生态环境建设之中,不仅为城市居民提供了一定数量的优质农产品和公共产品,又促进了地区生态环境的优化。

注重流通服务保障。日本充分运用科技发展农业,从农作物播种到农产品包装、上市全过程基本实现了机械化操作。日本在全国范围内从水陆空领域开展基础设施建设,包括高速公路网、新干线铁路运输网、沿海港湾设施、航空枢纽港等。目前农产品批发市场与全国、全世界主要农产品批发市场进行联网,基本实现了非实物的电子虚拟农产品物流信息交流。

注重政府管理支持。日本政府在城乡规划协调发展的前提下,从土地所有权和使用权入手,鼓励发展都市农业。日本政府出资设立农业培训学校,无偿为学生提供条件良好的食宿以及学习环境。政府鼓励人们从事都市农业,对初次从事都市农业的人员提供无息贷款、自主学习相关农业技术和经营方法等。

(2)新加坡

新加坡都市农业的主要特色是集约经营的现代农业科技园,其发展以追求高科技和高产值为目标。新加坡的都市农业发展经验主要体现在以下方面:

一是坚持集约化。新加坡都市农业的发展以追求高科技和高附加值为目标,以建设现代化的农业科技园为载体,最大限度地提高农业生产力。农业科技园的基本建设由国家投资,然后通过招标方式租给商人或公司经营,租期为10年。新加坡农业科技园由农业与兽医管理局(AVA)开发与管理。根据

AVA2014—2015 年度报告,新加坡现有 6 个农业科技园,总面积 1465 公顷,占国土面积的 2.3%。新加坡的高科技农业园具有较强的观赏休闲和出口创汇的功能,形成了完整的都市农业体系,并取得了良好的经济效益和社会效益。

二是定位高科技。新加坡在农业技术方面的创新弥补了土地方面的不足。新加坡农业科技研究的主体包括科研院所、商业部门和各类区域组织,各方扮演着互补的角色。如肯特岗科技园内建立了食品技术中心、技术示范中心、分子生物细胞研究所等一大批从事基础科学研究和高新技术开发的专业商业研发机构,有力地促进了农业科技生产力的发展。目前,新加坡逐渐成为东南亚地区热带海洋养殖业的技术研发中心,在水产研究方面培育了广受欢迎的海洋鳍鱼新品种,开发孵卵技术以及海洋中的深海网箱渔业体系,而新加坡的农业发展正逐步向高空发展,其垂直农业在全球享有盛誉。

三是注重观光旅游和科技教育。新加坡的农业科技园在做好畜禽、鱼类、果树、蔬菜、兰花及其他观赏植物种养的同时,还具有强大的农业旅游和农业科技教育功能,每年到新加坡农业科技园参观的游客在 600 万人次以上。近年来,新加坡还在城市核心地段打造了一批以农产品加工体验、农业采摘、农产品销售、农业亲子活动为核心的农业体验综合体,并配备影院、餐饮、KTV 等娱乐设施,增强对大众的吸引力。

四是全球布局。新加坡的农业产业投资在全球声誉显著,除定位产业高端外,另外一个重要的特色是战略性生产存储:利用自身在食品安全和农业技术上的优势,在全球农业大国进行农业战略投资,并将相关农产品运输至国内,缓解农产品短缺压力。

(二)经验借鉴

根据都市现代农业发展的战略价值和农业科技发展的重要趋势,以及借鉴国外发展经验,北辰都市农业发展可以借鉴以下经验和启示。

1.以市场为导向,发展多种形式的都市农业

强化一、二、三产融合,发展新兴态,拓展多功能。实现一产延伸、二产拉

动、三产牵引,提升都市农业综合效益。发展都市型观光旅游、休闲康养、教育科普、农耕体验式等多功能农业。充分利用非传统耕地资源,开发植物工厂式立体栽培、屋顶阳台式楼宇农业。在不竞争耕地资源的前提下,建设城市生态廊道,维护城市生态基质。因地制宜发展城郊农业主题公园、田园农业综合体和具有实质性内涵的特色产业小镇。

2. 加大科技创新,保障科技人才支撑

目前,北辰都市农业发展的科技水平仍然较为薄弱,需要相关科技的突破创新。要加强针对都市农业的专门性科技研发及投入,在生物技术和都市农业机械技术等领域进行集中攻关。完善高等院校都市农业专业化人才的培养与高素质劳动者的培训,定期培训城市农民专业知识、技能,培育新型城市农民,实现向社会输送都市农业专业人才,为现代都市农业发展提供智力支撑。

3. 建立多层次现代都市农业市场流通体系

要逐步建立起多层次完善的都市农业市场与流通体系,如大、中、小各种类型的农产品批发交易市场,产业要素市场,农产品超市等,既要有"大基地和大市场连接的大流通渠道",又要有"小产地和小市场连接的小流通渠道",逐步构筑起符合北辰都市农业发展特点的多层次市场与流通体系。另外,围绕产销体系优化,推进都市农业电子商务技术和物流技术的系统集成。

4. 增强政府的扶持力度,不断完善配套政策

从国外的发展经验来看,政府的重视程度是影响都市农业发展进程的决定性因素,无论规划协同、部门协调、法规建设等都要政府的介入和支持。首先,北辰区都市农业的发展须加大资金的支持力度,逐步构建多元投入格局,加强基础设施建设。其次,完善法律法规体系,逐步建立完善推行支持都市农业发展的政策体系,"有法可依"才能切实保障都市农业发展的合法性和规范性。最后,加强都市农业的宣传力度。通过报纸、电视等多种途径,提高市民对都市农业的认可度,激发市民参与都市农业的积极性,营造更和谐的都市农业社会氛围。

5. 注重质量安全

围绕农产品质量安全,推进都市农业生境控制技术和信息追溯技术的广

泛引用。农产品质量安全是重大民生问题,突出的表现在都市农产品的供应体系中,对于都市庞大而复杂的农产品供应体系而言,如何有效保障质量安全的确是一个巨大的工程,源头安全和过程透明是两大关键支柱。目前生境控制和信息追溯已有比较成熟的技术,关键问题在于如何能够在庞大而复杂的供应体系中普遍推广这两项技术。

三、基于高质量发展北辰都市农业产业体系构建

(一)总体构建思路

以习近平新时代中国特色社会主义经济思想为指导,面向城市居民日益增长的物质需求和精神需求,以农业供给侧结构性改革为主线,全面推进农业瘦身健体、提质增效、转型升级。以高效、科技、绿色、休闲农业为核心,以新兴农业业态为引领,以特色农业园区为载体,以科技创新和示范推广为支撑,全面推进产业化经营、区域化布局、园区化建设、标准化管理和组织化服务,构建特色突出、功能多样、环境友好的现代农业产业体系,促进都市型现代农业转型升级,推动北辰都市农业实现高质量发展。

(二)重点产业领域选择

都市农业产业主体中重点产业领域选择主要考虑以下原则:一是资源禀赋原则,充分挖掘和利用北辰农业资源的独特优势,体现北辰特色。二是城市居民需求导向原则,要适应城市居民需求结构和趋势变化,选择相应的产业领域。三是高附加值原则,产业应当具有科技附加值、绿色附加值、服务附加值、文化附加值等相关属性,具有较高的投入产出比,经济效益较好。四是可持续发展原则,选择重点产业要注重资源环境的开发和保护。基于以上原则,选择部分重点产业领域如图 1 所示。

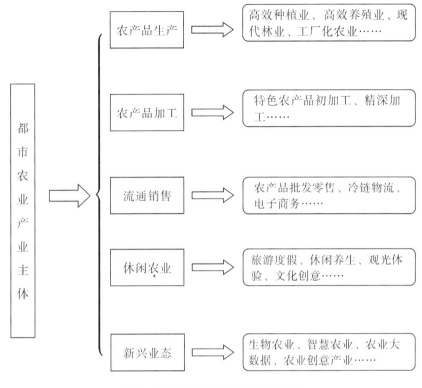

图1 都市农业重点产业领域示意图

四、产业发展保障支撑体系

根据当前北辰区都市农业的发展现状和存在问题,借鉴国外发展国家的相关经验,基于支撑构建都市农业产业体系的需要,充分发挥市场"看不见的手"和政府"看得见的手"两只手的积极作用,建立北辰都市农业生产经营体系、社会服务体系、质量监管体系、科技支撑体系、区域合作体系五大保障支撑体系,推动北辰区现代都市农业高质量发展。

(一)都市农业生产经营体系

一是大力推进农业产业化,实现生产、加工、销售等全产业链的深度融合。

调整农业产业结构,提高农产品附加值,延伸农业产业链条,向二、三产业融合拓展。二是充分利用"两个市场两种资源",培育壮大一批农业龙头企业,积极扶持现代种业、生物农业、农业物联网产业等农业高新技术集团,以龙头企业带动相关产业整合创新发展。积极引导社会资本,特别是引导国内外知名的大型企业在生产、加工、销售、服务、科技创新等各领域广泛参与现代都市型农业发展。三是加快引导农民合作社拓宽服务领域和规范发展,支持成立专业、土地股份、资金互助等多种形式的合作社。积极引导合作社开展生产、销售、服务等专业联合,切实增强合作社的经营效益和市场竞争力。四是建设一批特色鲜明、类型多样、竞争力强的现代化生产基地,引入现代的营销策略和手段,积极实施品牌化发展战略,推动北辰农产品"走出去"。

(二)都市农业服务体系

一是完善政府服务,建立更加多元化的投入体系,加大对农业发展的政策支持。通过补助、担保、贴息、奖励、风险补偿等措施,吸引各方面的资源支持农业发展,建立竞争性的财政投入分配机制,在提高使用效率上下功夫,确保投入主要用于培育主体、调整结构、科技创新等关键环节。二是强化社会服务,围绕农业产销全流程,提高公益性机构的服务能力,采取政府购买服务等形式,鼓励和引导社会力量参与农业服务,进一步提升农业科技、加工、流通、培训、信息、法律等各方面的服务水平。三是加大金融服务,建立健全政、银、企合作机制,鼓励构建"银行 + 龙头企业 + 基地 + 农户""银行 + 担保 + 保险 + 农户",以及农户、企业联保等融资模式,促进农业融资健康持续良性发展。

(三)都市农业质量监管体系

一是加快全面推行农业标准化生产和绿色生产。健全完善农业标准体系,突出农产品产地环境保护、生产过程控制、收储运管理等关键环节,实现产前、产中、产后各环节有标可依。推进无公害、绿色和有机农产品认证,在全部实现无公害认证的基础上,鼓励生产基地、合作社和农业企业优化生产方式,积极参与绿色、有机认证。二是加强农业投入品监管和检测,建设农产品质量安全可追溯系统,加强农产品产地准出和市场准入,通过现代互联网技术的应用,实行质量全程监管,加大农产品质量检测和市场执法力度。三是强化农业生产环境监测,鼓励保护农田环境质量,通过加强农田环境质量监测,大力治理农业面源污染和控制农田污染,改善农业生态环境,实现北辰都市农业可持续发展。

(四)都市农业科技支撑体系

一是加强农业科技创新体系建设。加强与市农科院、农学院、农业技术研究中心、黄瓜研究所等天津各农业科研院所的合作,打造一批现代农业科技创新高层次平台。加强产学研合作,重点进行企业技术和新产品的开发。二是加强农业技术推广体系建设。积极引导一些社会力量参与到农业科技推广工作,紧密联系各种农业技术协会、研究会、农业龙头企业,共同进行农技推广转化活动。重点围绕北辰区现代都市型农业的发展需要,加强对生物育种、智能农业、生态环保和绿色增产等领域的攻关。三是建设一批现代农业科技示范高地。发挥政府农业科技项目的引导作用,推进农业物联网等一些示范应用基地建设。四是加大人才引进和培训的力度,引进一批符合北辰区产业发展需求,能够突破关键技术,拥有自主知识产权或高成长性项目的创新型科技人才。深入挖掘北辰区内部农业农村人才潜力,建立农业实训基地,强化职业技能培训,培养一批善经营、懂技术、会管理的实用人才队伍。支持优秀大学毕业生到北辰区进行农业创业。

(五)加强合作,拓宽区域发展空间

充分发挥北辰区的区位优势,紧紧抓住京津冀协同发展的战略机遇,加速资金、人才、技术等发展要素聚集,为区域经济发展注入强劲动力。一是以农业信息、科技与人才共享平台建设为切入点,借助北京的农业科研优势及农业科技人才优势,提高北辰区科技投入、成果转化规模和效率。二是以产业化、品牌化对接为重点,依托北京众多知名品牌的知名度、影响力以及经营管理和运作模式,辐射带动全区地方品牌产品的提档升级。三是对接北京农产品物流配送、加工等农业产业化龙头企业的带动作用,开拓北京高档农产品消费市场,提升北辰区农产品附加值和竞争能力。

宁河区乡村振兴发展调研报告

（天津市经济发展研究院　李李）

一、宁河区乡村振兴发展基础

乡村振兴是一个系统工程，"产业兴旺、生态宜居、乡风文明、治理有效、生活富裕"是对乡村振兴的总要求，其中产业兴旺是硬实力，是实现生活富裕的关键所在。宁河区是九个涉农区之一，是天津市的远郊区，位于区域发展的边缘地带。作为发达地区的后发区域，宁河区自 2015 年撤县设区之后迎来了前所未有的发展机遇，优势逐步凸显，城乡一体化进程不断推进，大项目、好项目逐步落户宁河。在经济发展新常态和全球产业大变革的时代背景下，宁河区蓄势待发，奋起直追。

（一）宁河区经济社会发展情况

1. 区位优势显著

宁河处在天津东部沿海发展带和北部生态涵养区，位于京津唐城市群几何中心，紧邻滨海新区，位于"一带一路"中蒙俄经济走廊节点和海陆联运大通道上，是京津冀区域合作的重要承载区、试验区。在京津冀协同发展和"一带一路"倡议大背景下，宁河成为辐射天津北翼、链接京唐的枢纽，区位优势愈发凸显。

2. 经济发展态势良好

2018 年前三季度宁河区在 GDP 增幅、税收收入、规模以上工业总产值、限上批发零售业销售额增速方面均位居全市前列，固定资产投资增速位居全市第三。税收收入增势强劲,一般公共预算收入 15.6 亿元,其中税收收入 12.8 亿元,同比增长 94.6%,增幅居全市排名第一位。全社会固定资产投资 103.11 亿元,同比增长 10.3%,较上半年提高 9.2 个百分点。完成在地口径规模以上工业总产值 260.84 亿元,同比增长 80.06%,拉动全市增长 1 个百分点。商品销售额快速增长,限上批发零售业销售额 171.3 亿元,同比增长 99.5%。

3. 大项目、好项目加快落户宁河区

天津未来科技城落户宁河,是宁河未来发展的重要引擎。占地 144.8 平方公里的天津未来科技城的总体规划已获市政府批复,北京市与天津市共建未来科技城京津合作示范区正式签约。未来科技城的智慧经济城、创新先导城的高起点、高层次定位,将对宁河的经济增长、产业发展、人才集聚起到重要的辐射带动作用。一汽大众整车项目落户宁河,是宁河产业发展可借重的最重要资源。总投资约 25 亿美元的一汽大众华北生产基地项目落地宁河,项目层级高、产业价值链长,将为宁河汽车及相关产业发展带来重大机遇,是宁河产业升级、跨越发展的重大利好和推动力量。

4. 产业发展载体不断升级

积极推动企业退城进园、集聚发展,产业园区形态类型不断丰富,现代产业区、潘庄工业区、经济开发区等产业园区建设稳步推进,成为全区产业发展的主要载体。三大工业园区成功纳入天津国家自主创新示范区宁河分园,园区发展进入新阶段。同时,积极规划建设宁东物流加工区、津东工业园区等工业园,以及新华科技城、嘉禾产业园、普洛斯物流园等特色专业园,为宁河产业发展打造了重要载体平台。

(二)宁河区乡村振兴已取得的成绩

1. 农村产业规模化发展初见成效

宁河区已建成六大国家级育种基地,形成种源农业、设施农业、生态休闲农业等特色农业类型。2017 年宁河区农业增加值 24.48 亿元,占生产总值比重为 6.1%。2017 年宁河区农林牧副渔总产值达到 50.29 亿元,其中种植业产值 15.66 亿元,林业产值 0.34 亿元,畜牧业产值 22.87 亿元,渔业产值 11.42 亿元。2017 年全年农作物播种面积 70.27 万亩,棉花种植面积 24.42 万亩,蔬菜种植面积 4.91 万亩。主要农产品包括生猪、家禽、肉类、牛奶和水产品,2017 年生猪出栏 87.2 万头,家禽出栏 1564 万只,肉类总产量 6.99 万吨,牛奶产量 3 万吨,水产品产量 6.65 万吨。

2. "一村一策"模式带动农民增收致富

宁河区作为农业大区,研究实施"一村一策"发展模式,扎实抓好农业种植结构改革调整和农民增收,有力推动困难村户致富。廉庄镇于怀村因地制宜,调整产业发展方向,发挥农产品地理产区优势,引入绿色、安全的生态混养技术,打造面向中高端客户群的绿色生态示范田,共建成 100 亩稻蟹混养生态示范田,全年河蟹销售额达 10 万元,生态大米销售额达 30 万元。俵口镇大坨村为提高农民收入,将农产品品种由玉米和棉花改为葡萄,全年共种植葡萄 10 万棵,每亩收入由一两千元增加到六七千元。

3. 新型城镇、新农村建设进展顺利

宁河新城(桥北新区)、潘庄示范小城镇、北淮淀示范小城镇建设工作有序推进。宁河通过验收获得"社会主义新农村建设档案工作示范县"等称号,岳龙镇小闫村获得"天津十大美丽乡村"等多项荣誉称号。基础设施建设逐步完善,京津高速、滨保高速、塘承高速、津宁高速等项目相继竣工,完成新型低压管道节水灌溉试点项目建设,铺设管网 4 万余亩。城市管理水平持续提升,建设工程招投标、住房保障、物业管理等多项工作实现 100% 电子信息管理。

4. 农业供给侧结构性改革持续推进

宁河区因人因户因村施策,精准滴灌、靶向治疗,把扩大农村供给侧结构性改革作为推动发展方式转变、经济结构优化的重中之重。齐心万亩生态农业示范园区,获得 3A 级景区、市级示范园区和全国休闲农业示范园区等称号,吸引了京津冀大量游客,旺季客流量 2 万人次,营业额达到 360 万元,充分拉动了周边村民就业。宁河全面启动实施泛七里海生态移民工程,严格落实市政府划定的生态红线,全力打造潘庄新市镇,按照规划率先将潘庄 8 个

村、7600 余户农民迁出,一期工程已完成 32 栋、11 万平方米生态移民楼的建设。

5.产城融合程度进一步深化

2018 年宁河区共建成农村电商综合服务站 105 家,农村日用消费品服务网络实现全覆盖,成功举办第八届七里海河蟹节和首届水稻"开镰节"。廉庄稻香文化小镇纳入第二批市级特色小镇建设,京津冀宁河国际农业高新区列入农业部与天津市合作项目。流转和经营土地达到 2 万亩,带动农民人均增收超千元。宁河区组建首家农业企业家联盟,发展市级以上龙头企业 28 家,联农带农 7.3 万户,玉祥牧业、原种猪场、兴宁蔬菜园圆满完成全运会食品供应任务。

二、宁河区实施乡村战略的主要措施

(一)坚持质量兴农,推进乡村产业兴旺

1.大力实施质量兴农战略

坚持市场需求导向,推进农产品绿色化、标准化、优质化、精品化、品牌化建设,提高农业质量效益和竞争力。深化农业结构调整,调减以玉米为主的低效粮食作物,增加蔬菜、水果、花卉等高效经济作物,推进畜牧水产养殖业的转型升级和优化布局。实施食品安全战略,推进放心农产品工程,加强农业投入品和农产品质量安全追溯体系建设,建立属地管理、权责一致的农产品质量安全目标管理责任制,健全农产品质量及食品安全监管体制和政府与企业联动、反应快捷、运行高效的预警应急防控体系,确保主要农产品产地监测合格率保持在全市前列。实施品牌强农工程,完善农产品品牌培育、发展和保护机制,强化无公害农产品、绿色食品、有机农产品和国家地理标志产品"三品一标"产品认证,着力培育打造一批市场竞争力强的特色农产品品牌。

2.促进农业三次产业融合发展

依托农业特色镇村、现代农业产业园区、农产品加工园区、农业科技园区、农村创业创新园区等载体,以促进农民增收为核心,以延伸农业产业链、完善利益联结机制为切入点,以生产经营合作和农村土地股份合作为主要方式,推动农产品生产、服务、加工、销售"四位一体"融合发展,着力构建农业与二、三产业交叉融合的现代产业体系。深化农业企业转型提升,加强农产品产后分级、包装、营销,推进农产品产业链拓展延伸,提高链条价值收益。实施休闲农业和乡村农业精品工程,推进农业、林业与旅游、教育、文化、康养等产业深度融合,着力打造一批精品民宿、特色小镇和休闲观光示范村镇。

3.着力推动京津冀协同发展

深化与北京首创、滨海新区、河北唐山的合作,加快推进未来科技城、津冀协同发展示范区和宁河国际农业高新区规划建设,积极承接北京疏解的农业功能,主动服务京津冀市场,着力打造京津冀绿色、精品、高档菜篮子产品供给区、农业高新技术产业示范区。推动未来科技城、京津合作示范区、津冀协同发展示范区和宁河国际农业高新区等载体建设取得阶段性成果,基本实现京津冀绿色、精品、高档菜篮子产品供给区和农业高新技术产业示范区功能定位。

(二)坚持绿色发展,优化农村生态环境

1.深化农村环境问题综合整治

打好农业面源污染防治攻坚战。严格落实"土十条",认真开展土壤环境质量详查,全面推进耕地土壤环境质量类别划分工作,建立土壤环境质量监测网和数据库,提升土壤环境信息化管理水平。加强农村饮用水水源保护,推进规模化畜禽养殖场粪污治理,改善畜禽养殖生态环境,完成168家规模化畜禽养殖场粪污治理,完成现有规模化畜禽养殖场粪污治理。严禁工业和城镇污染向农业农村转移,实施建设用地准入管理,持续深化"散乱污"企业治理,推进园区循环化改造和生态工业园区建设。加强农业环境监管能力建设,推进

农村环境综合治理常态化、专业化、长效化。

2.推动农业废弃物资源化利用

开展农业绿色发展行动,推进投入品减量化、生产清洁化、废弃物资源化、产业模式生态化。建立完善的秸秆还田、收集、储存、运输社会化服务体系,形成布局合理、结构优化、可持续运行的综合利用格局,稳步提高农作物秸秆综合利用水平,尽快实现全量化利用。推进秸秆燃料化、原料化、基料化利用,支持生物质发电等秸秆规模化利用企业提升秸秆利用的能力。完善秸秆收储运体系,加大秸秆综合利用装备补贴力度,积极支持秸秆收储运服务组织发展,建立规范的秸秆储运场所,促进秸秆后续利用。

3.加强农业生态资源保护

开展水系连通和农村河道清淤整治,深化河长制改革,建立完善的河道、坑塘管护协调联动机制。深入推进七里海湿地保护修复,接续实施"十大工程",鼓励采用长期租用或生态补偿方式流转保护区土地,启动缓冲区土地流转调查摸底,力争完成缓冲区土地流转。加快实施生态移民工程,推进潘庄和北淮淀示范镇建设,稳妥做好移民搬迁工作。加大重点生态功能区转移支付力度,探索建立生态保护成效与资金分配挂钩的激励约束机制。

(三)坚持繁荣农村文化,提高乡村文明程度

1.加强农村思想道德建设

坚持教育引导、实践养成、制度保障三管齐下,采取喜闻乐见的方式,深入开展形势政策宣传教育,宣传习近平新时代中国特色社会主义思想等党的创新理论,宣传党的路线、方针、政策,宣传中央、市委和区委重要决策部署。以社会主义核心价值观为引领,采取符合农村特点的有效方式,深化中国特色社会主义和中国梦的宣传教育,大力弘扬民族精神和时代精神。每个镇选取1~2个村,突出地域文化特色,把剪纸、农民画元素等有机融入社会主义核心价值观公益广告中,以农民喜闻乐见的方式宣传普及社会主义核心价值观。

2. 弘扬创新农村优秀传统文化

多形式、多渠道传承和弘扬优秀传统文化,支持帮助文化志愿者和社会力量组织好弘扬中华优秀传统文化行动,推进文化传承与创新。积极组织中国农民丰收节系列活动,秉承"弘扬文化、振兴乡村"的宗旨,突出"鱼米之乡"地域特色,策划宁河首届大米展销会、记忆乡愁宁河区农耕文化和非物质文化遗产展览、抖音中的丰收节等线下活动。组织承办天津市第十届农民艺术节小戏、小品展演活动,举办"文化和自然遗产日"宁河区非遗保护项目展示展演活动,开展送文化下乡综艺演出。实施戏曲振兴工程,举办"迎国庆"京津冀全国评剧十大名票演唱会活动,建立少儿评剧培训基地。

3. 推进农村移风易俗

把反对铺张浪费、反对婚丧大操大办作为农村精神文明建设的重要内容,倡导文明简约的婚嫁新风、厚养薄葬的丧葬新风、艰苦奋斗的节俭新风,推动移风易俗,树立文明乡风。加强科普宣教工作,提高农民科学素养。加强对党员干部移风易俗工作落实情况的管理监督,以上率下,上行下效,为群众树立榜样。坚持移风易俗与反腐倡廉相结合,坚决杜绝党员干部借婚丧嫁娶敛收财物的现象。发挥好农村党员的示范带头作用,积极推进各村建立完善的红白理事会。

(四)坚持创新乡村治理,促进农村和谐稳定

1. 加强农村基层党组织建设

全面落实党建工作责任制,压实镇党委主体责任、书记第一责任人责任和班子成员"一岗双责",充分发挥镇党委一线指挥部作用。以提升组织力为重点,突出政治功能,深入开展"五好党支部"创建,推进村党支部建设标准化、规范化。加强支部书记队伍建设,全面推行党组织书记、村委会主任"一肩挑",定期对支部书记队伍状况进行综合分析,实行基层支部班子目标任务清单管理,完善绩效考核办法,实现对支部书记履职的全过程监管。

2.健全村民自治有效途径

坚持自治为基,加强农村群众性自治组织建设,健全和创新村党组织领导的充满活力的村民自治机制,形成多层次基层协商格局。引导各村制定贴近实际、向善进取、简便易行的村规民约,加强对村规民约的指导监督,充分发挥村规民约、村务联席会议、村民民主协商、村民自我约束自我管理的积极作用。推动乡村治理重心下移,尽可能把资源、服务、管理下放到基层。加强农村社区治理创新,落实村干部坐班、值班制度,推行全程为民代办服务,整合优化公共服务和行政审批职责,建设"一站式服务"综合平台,建立健全网上便民服务体系。

3.提升乡村法治水平

坚持法治为本,树立依法治理理念,强化法律在维护农民权益、规范市场运行、农业支持保护、生态环境治理、化解农村社会矛盾等方面的权威地位。增强基层干部的法治观念、法治为民意识,深入开展法治乡村、平安乡村建设,将政府涉农各项工作纳入法治化轨道。深入开展扫黑除恶专项斗争,严厉打击农村黑恶势力、宗教恶势力,持续整治"村霸"问题。推进综合行政执法改革向基层延伸,创新监管方式,推动执法力量下沉,提高执法能力和执法水平。推进区、镇公共法律服务中心和村公共法律服务站建设,加强对农民的法律援助和司法救助。

(五)坚持决胜高质量小康,增强农民的获得感、幸福感

1.加快提升农村教育卫生水平

着力推进农村教育基础设施建设,提速村办幼儿园标准化建设,实施新一轮农村地区义务教育学校提升工程。加大对农村薄弱学校的扶持力度,制定农村教师培养规划,完善城区学校对口支援帮扶农村学校制度和教师校长交流轮岗长效机制,每学期开展1次"名教师"学员送教下乡活动,到2020年农村薄弱学校及格率、优秀率、平均分等多项指标达到全区中等水平。着力提升农村公共体育服务设施,大力发展农村社会体育指导员队伍建设,推进"体育

183

三下乡"活动,不断健全农村群众体育治理机制。

2.促进农村劳动力转移就业和农民增收

完善乡村就业创业服务体系,加快培育"一村一品""一镇一业",拓宽农民就业创业渠道,增加农村低收入者收入,扩大农村中等收入群体,保持农村居民收入持续稳定增长。大力开展农村劳动力职业技能培训,开展农村富余劳动力创业培训班,扶持农民创业,为创业的农村富余劳动力发放创业担保贷款,积极促进农民转移就业。

3.持续改善农村人居环境

以垃圾处理、污水治理、厕所改造、村容村貌整治为重点,深入实施农村人居环境整治行动,加快建设美丽宜居乡村。加快垃圾处理设施规划建设,健全垃圾收运体系,全面推行农村垃圾分类管理。深入推进农村"厕所革命",加大投入力度,完善改厕农户补贴机制,加强公共厕所可持续运转和排泄物无害化处理。开展以成片房屋整治为主的村容村貌提升工程,推动农村新建住房和保障性安居工程等项目配套公共生活服务设施建设。建立农村困难群众住房安全保障机制,全面完成农村危陋房屋改造任务。

(六)坚持人才支撑,凝聚乡村振兴合力

1.加大新型职业农民培育力度

完善新型职业农民教育培训、认定管理、政策扶持"三位一体"培育制度,健全"一主多元"新型职业农民教育培训体系,统筹利用各类公益性培训资源,开展新型职业农民培育。围绕现代种植业、养殖业优势产业,大力组织实施新型职业农民培训工程,结合主导品种和主推技术,因地制宜地向广大农民推广普及农业新技术、新成果,突出专业大户、科技示范户、家庭农场农场主、农民合作社等人群,多渠道、多形式开展农业新品种、新技术和新模式培训,切实提高农民从事现代高效农业的本领和技能,推动农业生产经营专业化、标准化、规模化、集约化发展。

2.加强农村专业人才队伍建设

加快实施"人才强区"战略,围绕宁河经济社会发展人才紧缺的现状,实施积极、开放、有效的人才政策,畅通人才下乡通道,为各类人才扎根农村提供保障。坚持把培养储备各村党政人员、职业农民、农村实用技术人员作为重要任务,研究制定相应的政策措施,鼓励大学生村官、选调生、机关后备干部和具备学历条件人员到村挂职、任职,使其成为"三农"工作行家里手。大力培训农业实用人才,重点培养村干部、农民专业合作社负责人、种养大户等农村发展带头人和农民植保员、防疫员、农机手等农村技能型人才。

3.鼓励社会各界投身乡村建设

建立有效的激励机制,以乡情为纽带,吸引与支持企业家、党政干部、专家学者、医生教师、律师、技能人才等,通过下乡担任志愿者、投资兴业、包村包项目、行医办学、捐资捐物、法律服务等方式服务乡村振兴事业。深化人才发展体制机制改革,遵循人才成长规律和市场规律,创新乡村人才培育引进使用机制,建立更为灵活的人才管理机制,形成多种方式并举的人力资源开发机制。坚持为人才"松绑",给待遇、给帮扶、给激励、给氛围,开辟智力、技术、管理下乡的"绿色通道",充分鼓励、激励人才的创新原动力,为人才提供全方位的服务,确保乡村人才引得来、留得住。

三、宁河区乡村振兴战略实施过程中存在的主要问题

(一)农业产业化水平仍然较低

一是农业产业化进程仍需进一步加快。宁河区新型农业经营主体数量虽然在不断增加,每个乡镇都有 3～5 个主导产业或新型产业,但特色品牌和绿色品牌优势尚未凸显,线上、线下市场产业链条对接不连贯。

二是产业带动作用不明显。现有工业、服务业类型不具备带动农业发展的功能,而且农产品加工企业较少,产业链较短,大多数农产品还停留在自产

自销阶段,一二三产业融合发展模式没有形成。二三产业没有给农民提供更多的就业机会,更没有发挥联农带户作用,不能带动农业增效、农民增收。

三是种植形式过于单一。当前宁河区农村除了屈指可数的村经营设施种植业、成片种植葡萄、种植水稻,大多数村实行村民自主经营,主要是种植棉花、玉米等品种,种植品种单一,经营模式单一,没有形成现代化的产业模式。

(二)基础设施建设"欠账"问题突出

一是乡村振兴战略重点工程整体推进还需要大量的资金支撑。当前,乡村基层组织底子薄、欠账多、债务积累大,导致经费不足、设施落后等问题仍然存在,有关金融扶持政策还没有出台,吸引外资和社会融资难度大。

二是基础设施"欠账"多。由于历史"欠账"以及发展不平衡不充分,农村道路、供排水、教育、卫生、文化等基础条件依然与城镇地区有较大的差距,距乡村振兴要求也有很大的差距。

三是高标准农田利用率不高。经过近几年的国土开发和农业综合开发,对宁河区的耕地进行了高标准改造,形成了较大规模的高标准农田,但是有一些农田的设施没有被充分利用,耕地还是在农户手中零散经营,没有把高标准农田的最大效益发挥出来。

(三)农民收入水平不高

一是农民收入不平衡。农民人口中虽然有经商办企业、外出打工、从事养殖业的,但大多数农民仍然以农业收入维持生活。因此,增加农民收入要充分考虑以土地为生产资料的农民,解决他们的问题。

二是农民工资性收入偏低。每年有部分壮劳力外出打短工、打季节工,一部分有技术的农民到本地企业工作,但是仍有一大部分劳动力没有被解放出来,只有农业经营性收入,这对增加农民可支配收入是一个较大的瓶颈。

三是新型职业农民队伍仍然薄弱。宁河区已建立农业广播学校,对农民进行经济作物栽培种植技术培训,但仍然有很多农民受根深蒂固的传统思想影响,新时代乡村振兴的思维意识不强,发展的大局观念不强,不适应新时代生产力的发展水平。

（四）主体作用发挥差

一是由于多数行政村集体经济实力有限,农民素质不高,很多群众对乡村振兴是"知其然,不知其所以然",认为乡村振兴是政府的事,等、靠、要思想严重,缺乏主人翁意识,参与热情不高,出现了"上头热、下头冷"的现象。

二是基层党组织带动作用仍需加强。基层党组织在结合实际抓落实、创新方式促提高方面还缺少有效的措施,有些工作已步入正轨,有些工作正在规范中,有些工作还需持续加强,这就需要更多的党员干部担起乡村振兴的重担,发扬"靠苦干、靠智慧、求发展、求振兴"的精神,带领广大农民攻坚克难、创新发展。

四、进一步推进乡村振兴战略实施的建议

（一）围绕产业兴旺,加速"三产"融合发展

充分发挥宁河区农业大区的优势,借助现有资源特色、产业特色、种源特色,不断壮大农业,发展涉农工业和服务业,实现一、二、三农村产业融合。加大培育主导产品力度。抓住宁河区特色农产品资源优势,充分利用主导农产品已经取得的成果,向打响品牌、打出特色品牌方向上发展,依托主导产业继续加大对主导产品的培育力度。促进农村"三产"融合发展。大力实施"互联网＋农业",用大数据现代网络构建"龙头企业＋合作社＋基地＋品牌销售"的"三产"融合发展模式,强化宁河农产品基地建设。发挥互联网作用,全面完成农产品从生产到加工到品牌注册到线上线下销售的全产业链条,从根本上打破农业与二、三产业之间的壁垒,促进三次产业快速融合。

大力发展特色农业产业。着力打造"一乡一业"和"一村一品",大力发展稻米、河蟹、葡萄等优质特产生产和生加工产业。大力发展设施农业。发展设施农业是增加农民收入的主要手段,是实施乡村振兴的一项重要举措,应因地制宜稳步推进,逐步达到连片规模经营,掌握农产品市场主动权。首先把适合

种植蔬菜的镇发展成设施农业示范镇,实现规模效应,做大做强农业品牌,促进农民增收。其次,发展冷链物流业,不断壮大农产品储存、销售环节,延长产业链条,进一步增加农业效益。

(二)实现适度规模经营,扩大养殖小区建设

土地是农村发展的基础,让农村土地发挥最大效益,最根本的是实现规模经营。一是先尝试村集体以合作社形式规模经营土地。主要是以土地入股或土地租赁等形式,使主要以种植为生的农民增加收入。二是鼓励发展农场。将本地的种植大户培育成为农场主,充分发挥他们的本土优势,带动农民致富。农民将土地流转后,一大部分人会从土地中解放出来,在分享红利或收取租赁费的同时,能够增加工资性收入。

畜牧业发展是农业增效的重要渠道,是加大农民增收的有效方式。首先,提升现有养殖小区。加大专项资金的扶持力度,借助天祥、农夫等畜牧业龙头企业,带动养殖小区提升整体环境和养殖能力,促进全区各养殖小区上档次。其次,规划发展新型养殖小区。对全区畜牧业养殖小区进行统筹规划,在偏远地块建设一批现代高档养殖小区,充分体现田园风光。

(三)围绕生活富裕,增强发展活力

强化科技支撑。积极推进现代特色农业示范区建设,引进推广新品种、新技术、新设备,加强"互联网+"在农业生产上的应用,用现代设施、装备、技术手段武装农业,大力发展高附加值、高品质的农产品,促进特色产业现代化、标准化、规模化发展。

强化产业扶贫。把产业扶贫作为脱贫攻坚的重要着力点,充分发挥宁河已经建立起来的项目库的作用,着力将"一镇一业""一村一品"规划变成实际效果,创建产业发展新格局,确保24个老区村所确定的各项产业抓出成果。

强化"互联网+"。做好乡村产业的全程管控和优质服务,重点是指导、引导、扶持产业带头人既要做好生产和加工,又要做好线上线下产品销售,让广大农民真正实现"丰产丰收"、致富脱贫。

(四)围绕治理有效,健全治理体系

继续加强基层党组织建设,突出核心地位。持续抓好"支部主题党日"活动,在农村党员中开展"双带"行动,通过开展一系列载体活动,将中心工作同党建工作紧密联合,全面激发党员干事创业的热情。突出党员作用引领。进一步深化党员创业致富示范基地和党员示范户创建工作,突出对党员贫困户的帮扶,积极发挥党员和村级后备带头人的先锋模范作用,为坚决打赢脱贫攻坚战,推进乡村振兴战略,完成全面建成小康社会的宏伟目标,提供坚强的组织保证。

加强农村法制建设,突出扫黑除恶。组织政法委、公安等部门,继续大力推进农村社会治安防控体系建设,推动社会治安防控力量下沉。深入开展扫黑除恶专项斗争,严厉打击农村黑恶势力、宗族恶势力,严厉打击黄赌毒盗拐骗等违法犯罪。增强基层干部法治观念、法治为民意识,将政府涉农各项工作纳入法治化轨道。加大农村普法力度,提高农民的法治素养,引导广大农民增强遵法、学法、守法、用法意识。健全农村公共法律服务体系,加强对农民的法律援助和司法救助。

(五)创新发展方式,加大农业招商引资

培育新型合作社。合作社作为农村发展的重要构成因素,其纽带桥梁作用对促进农村经济和社会各业的发展具有极为重要的作用。我们将进一步规范原有合作社,并结合宁河区乡村振兴工作实际,创建股份制、多家联合等形式的新型农业合作社,并以此为纽带,以家庭农场和种植大户为基础,加快培育发展,不断拉长产业链接、要素链接和利益联结。

加大农业招商引资作为实施乡村振兴战略的重要工作,将招商引资重点放在带动农业发展、延长农业产业链条上。一是扶持现有企业转型。宁河区应出台资金扶持政策,重视与农业联系紧密的工业、服务业发展,各镇积极引导其转型或延伸服务链条,带动农业发展。二是积极引入社会资本。引进一批农副产品深加工项目,带动畜禽养殖和种植业发展,打造订单农业。同时,充分发挥宁河区资源优势,引进资金投资物流、文化、餐饮等服务业,拉长产业链,真正实现一二三产业融合发展,相互促进。

武清区生态农业发展研究

（天津市经济发展研究院　秦晓璇）

一、生态农业的内涵与特征

（一）生态农业的内涵

"生态农业"的术语最早由美国土壤学学者威廉·阿尔布雷克特（Willian Albrecht）于 1970 年提出的。英国农业学家 M. 沃辛特（M. Worthingter）于 1981 年明确了生态农业的定义，指出生态农业是一种小型农业，经济上具有生命力和活力，生态上做到低输入、可以自我推荐，在审美、伦理及环境方面能够为社会所接受。

目前我国生态农业的定义是：生态农业是在保护和改善生态环境的基本前提下，按照生态学及经济学原理，运用现代科技和工程管理手段，实施集约经营，结合传统农业技术经验建立的，能获得比较高的经济、社会和生态效益的现代农业。2011 年，由中国产业研究报告网发布的《2011—2015 中国生态农业市场供需预测及投资前景评估报告》对生态农业的概念做了更为完整的定义。报告指出，生态农业是重要的农业发展模式，以保护和改善生态环境为前提，按照生态经济学、生态学的规律，运用现代科技和系统方法，开展集约化生产经营。也就是说，生态农业是现代化农业，按照经济学、生态学的原理，运用现代的管理手段和科技成果，结合传统农业经验做法，能够实现比较高的经济、生态和社会效益。

(二) 生态农业的特性

从国内外生态农业定义对比可以看出,我国的生态农业是一个有机统一的整体,一个多目标、多功能、内外交流、关系协调、能协同发展,具有动态平衡的巨大生态系统,一个不同于传统农业而又有中国特色的现代生态经济系统。图1形象地展现了我国生态农业的特点。

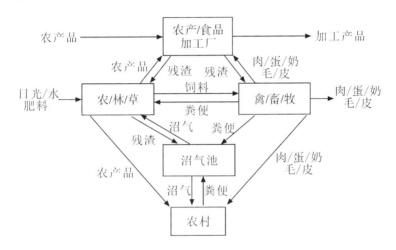

图1 我国生态农业典型运作方式

生态农业作为现代农业的主导模式,具有以下基本特征:

1. 综合性

生态农业重视发挥农业生态系统的整体功能,把农业生态系统和生产经济系统内部各要素按生态和经济规律的要求进行调整,使农村的一、二、三产业和农林牧副渔各业综合发展,实现各业之间的有机配合,使农业综合生产能力不断提高。

2. 多样性

农业生态系统结构、组成的多样性,能提高空间和光能利用率,并有利于物质和能量的多层次利用,增加生物生产量。物种的多样性,能有效控制有害生物,提高产品质量,并有效增强生态系统的免疫力,维持生态系统的稳定性。产品的多样性有利于提高经济效益。

3.高效性

生态农业通过对农村的自然—社会—经济复合,对生态系统结构进行改造和调整,可以增加农业产值,提高生产效益,同时使废弃物得到有效利用,减少农药和化肥的施用量,有效降低农业生产的成本,既做到了合理利用资源,增加了效益和财富,又有效改善了农业生态环境。

4.可持续性

发展生态农业既能防治污染,保护生态环境,保持生态平衡,又能增强农副产品的安全性,使农业从常规发展向可持续发展转变,从而使农业的发展后劲十足。

二、武清区生态农业发展现状

(一)发展优势

1.区位优势

武清区位于天津市西北部,地处京津之间,是京滨综合发展主轴上的重要节点。区域面积1574平方公里,辖29个镇街,640个行政村,常住人口110万。中心城区距北京市区71公里,距首都机场90公里,距天津市区13公里,距天津港71公里。区内现有6条高速公路、15个出入口,京津城际在城区设经停站,配套建成"九横九纵"路网体系,构建起武清到京津半小时交通圈。

2.资源优势

武清区属温带半湿润大陆季风性气候,全年平均气温12.2℃,≥0℃有效积温为4187.6℃;年日照2646.2小时,无霜期206天,年平均降水量489.9毫米,主要集中在7、8月份,全年平均风速2.6米/秒。辖区内土壤均属潮土类,普通潮土主要有沙性土、壤质土、黏性土三大类。全区土壤土层深厚,地势平坦,适合于多种粮食作物、经济作物和林果类作物的生长,也便于农田耕作和灌溉。境内共有一级河道 4 条,二级河道 7 条,中小型水库 2 座,水库、河道、坑塘等地表水蓄水能力为 9030 万立方米,是农业灌溉的主要水源。

3. 实践优势

2012 年,武清区被农业部认定为全国第二批国家现代农业示范区,2013年 5 月被农业部、财政部评定为全国 21 个国家现代农业示范区农业改革与建设试点之一,6 月被农业部评定为全国 40 个农业农村信息化示范基地之一。2015 年武清被评为全国农业与乡村旅游示范县,2017 年被评为国家农产品质量安全县。武清区优势主导产业特色鲜明。全区现有耕地面积 127.5 万亩。粮食、蔬菜、奶牛是武清区的优势主导产业。2017 年粮食播种面积 116.08 万亩,产量 5.38 亿公斤,蔬菜产量 129 万吨,奶牛存栏 4.3 万头,年产鲜奶 19.9万吨。粮食、蔬菜、奶牛产业规模和产量均占全市三分之一左右。全区蔬菜种植面积 13.8 万亩,设施棚室总面积 8 万亩,占蔬菜基地面积的 58%。已建成100 亩以上的规模化设施农业生产基地 50 余个,蔬菜基地"三品一标"获证面积达 6.9 万亩。全区农业龙头企业发展到 83 家,农民专业合作社 2000 家,带动了 92% 以上的农户进入产业化经营体系。

(二)发展现状

1. 建设全域节水高效示范区

实施农业节水工程。一是编制完成《武清区全域节水灌溉发展规划(2018—2020)》,规划实施重点是打造"一区两镇三园",即大王古庄高标准节水示范区、河北屯及白古屯节水示范镇、北国之春和灰锅口以及八百户设施农业示范园。二是因地制宜推广各种节水技术,在城区南部缺水区域通过实施深耕、选用抗旱作物和品种、地膜覆盖、提高土壤有机质含量等农艺措施,实现水资源的有效利用。

推进水系连通工程。通过工程实施,使域内河道整体相连,有利于对地表水资源的净化和充分利用。制定《武清区水系连通规划(2018—2025)》,推动规划内容逐步落实。

开展农业用水水价改革。发布《关于武清区农业水价管理及补贴奖励实施细则》和《关于推广农业水价综合改革工作的通知》,设立"武清区农业水价综合改革用水台账",推行全镇型水价改革试点(河北屯镇),按水量计量收费,对农业用水实施限额使用,减少水资源的浪费。开展灌溉计量设施改造项目,361 套计量设施即将安装,井灌区 3050 眼灌溉计量设施改造项目、河北屯及白古屯 2 个节水示范镇节水改造项目、八百户设施农业示范园改造项目等已进入设计阶段。

实施高标准农田建设项目 3 个,分别位于河西务镇、黄花店镇、城关镇,治理面积 4.76 万亩。总投资 7140 万元,建设完成排灌站 19 座,打井 130 眼,渠系建筑物 240 座,变压器 18 台(套),敷设输变电线路 52 公里,埋设管道 59 公里,清淤 26.46 公里,铺设修整田间道路 62 公里。

2.加强农业资源保护与利用

实施化肥、农药减量增效工程。一是化肥减量增效。制定实施《2018 年武清区化肥使用量零增长示范项目实施方案》,依据土壤营养状况科学用肥,建立 2 个智能配肥站,示范面积 1 万亩;扩大生物有机肥使用规模,进行商品有机肥补助;推广水肥一体化技术,按照作物需肥规律和特点施肥,降低化肥用量,提高化肥利用率;实施"技术人员入户技术承包"制度,保证各项政策措施和示范技术落到实处。2017 年武清区亩均化肥用量(折纯量)为 39.2 公斤,利用率为 38%,2018 年将达到亩均化肥用量 36.3 公斤,利用率提升至39%。二是农药减量增效。通过中标单位天津市保农仓病虫害防治专业合作社的引领和带动,截至 2018 年,武清区共完成统防统治示范 64 万亩次,实现小麦病虫害统防统治覆盖率为 93.8%(2018 年小麦播种面积为 41.8万亩)。总计使用化学农药 21195.6 公斤,平均亩用药量为 77.6 克,比 2017年亩用量减少 14.4 克,农药使用量减少了 15.7%,农药包装废弃物全部回收。

实施规模畜禽养殖粪污治理、秸秆综合利用、废弃地膜回收利用工程。一是提高农作物秸秆综合利用。制定实施《武清区 2018 年农作物秸秆综合利用工作方案》,通过秸秆肥料化还田利用、饲料化利用和商品化打捆离田利用,2018 年预计实现秸秆的再利用达到 98% 以上;实施秸秆综合利用机具购置补贴、储运场地建设扶持和秸秆综合利用作业引导扶持政策,引导农户主动开展秸秆的循环利用。二是提高畜禽粪污处理能力。截至 2017 年底,完成 320 个养殖场户的粪污治理提升改造,2018 年开展 60 个养殖场户治理提升工作(已完成 6 个),2017 年粪污利用率为 70%,2018 年粪污利用率目标为 78%。三是地膜处理利用。落实《2018 年天津市农田残膜回收利用工作实施方案》,按照"减量化、资源化、再利用"的循环经济理念,按照"政府组织、农户参与、网点回收、集中拉运、市场运作"的方式推进废旧地膜回收,示范应用可降解地膜,目前已设立 10 个地膜临时回收点,2018 年回收率可达到 60%。

实施农业综合开发区域生态循环农业项目 1 个,由百米马(天津)有限公司申报实施,总投资 3009 万元,其中财政资金 1500 万元,项目单位自筹资金 1509 万元。建设地点位于白古屯镇东马房村,建设有机肥厂 1 座。

3. 养护修复农业生态系统

实施大黄堡湿地自然保护区生态保护和修复工程。撰写《天津市大黄堡湿地自然保护区规划(2017—2015)》,展开湿地恢复的前期工作——土地流转、村落搬迁计划等。

实施龙凤河、永定河湿地公园专项综合治理工程。撰写《天津市武清区永定河故道湿地公园保护修复规划》《龙凤河综合治理专项规划》,通过土地整理、绿化种植、建设景观节点等工程,完成对龙凤河、永定河湿地公园的修复治理。

4. 推行绿色生活方式

实施农村生活污水治理、美丽乡村建设等工程。一是农村污水处理,制定《武清区农村生活污水处理工作实施方案》,明确采取 PPP 模式开展农村生活污水处理设施建设。采取"管网 + 污水处理站"或"接入镇区管网"模式,2018

年预计开展完成 156 个村庄的生活污水处理工作,将农户厕所废水、洗浴废水、洗衣废水和厨房废水"四水"和村内中小学校、村级活动场所、养老院等公共场所产生污水全部纳入收集处理系统,实现建设村庄污水处理设施覆盖率 100%。二是美丽村庄建设,制定印发《2018 年—2020 年基础设施建设项目申报指南》及《基础设施建设标准及指导价格》等指导性文件,规范美丽村庄建设申报流程、补助范围及建设标准。2018 年建设村庄 56 个,以村庄基础设施"六化"等村内户外村级公益事业为主要建设内容,按照"缺什么补什么"的原则,围绕道路硬化、街道亮化、生活污水无害化、能源清洁化、绿化美化、生活健康化六个方面,完成基础设施项目建设,使村庄设施水平得到显著提升,村容村貌得到明显改善,生态环境得到明显优化,提升农村人居环境质量和水平。

实施质量兴农、品牌强农工程。一是培育特色农产品。以田水铺青萝卜、东马房豆腐丝等武清传统特色农产品品牌为基础,着力打造一批"一村一品"特色产业示范村。二是提升品牌知名度。坚持组织区内影响力,带动较大的农业经营主体,参加国内外各类农产品展会。同时通过建设社区农产品直销门店,开展农产品直供直销等途径,进一步拓宽特色农产品的销售渠道,扩大市场占有率。三是发展电子商务。武清区政府与天津市农委合作,于 2013 年启动"津农宝"农产品电子商务平台,为武清特色农产品提供了网络销售渠道,经过几年的发展,目前"津农宝"上线销售的农产品达到 500 余种,年销售额达到 1000 余万元。通过电商覆盖面的不断扩大,武清农产品的影响力不断提升。目前武清区有国家级农业经营主体 16 家,市级以上农业经营主体 89 家。全区有 22.6 万亩蔬菜基地、62.2 万亩粮食基地、2.8 万亩水产养殖基地、2.3 万亩果品基地通过了无公害农产品认证,25 种农产品通过了绿色食品认证,21 种农产品通过了有机食品认证,6 个特色农产品品牌被认定为天津市知名品牌,打造出田水铺"小兔拔拔"青萝卜、"黑马"水培蔬菜、"学清公社"黑色农产品、"东马房"豆制品等一批在京津地区享有较高知名度的放心农产品品牌。

三、武清区生态农业发展存在的问题

（一）生态监测预警体系不够健全

农业生态系统监测包含两个方面，一是环境权益方面，除了生活环境（村庄环境，以农民居住区饮用水、大气等为主）质量监测外，还包括生产环境（如土壤、地表水）质量；二是环境责任方面，农业主体造成的污染或生态影响，既包括对自身环境的影响，也包括对外环境的影响。农业生态系统存在着诸多问题，例如农业扩张的系统性生态影响，非农建设用地扩张的系统性生态影响，矿产开采的污染和生态影响，水土流失与土壤退化，土壤化学污染，外源大气污染与酸雨，外源水污染，农业面源水污染，农业大气污染，农村生活环境污染等，都要求加强对农业污染和生态破坏的监管。

武清区生态农业发展过程中存在的生态监测预警体系不健全问题，主要体现在生态监测预警手段单一。遥感监测工作已开展多年，但是生态监测不等于遥感监测，遥感监测是生态监测的手段之一，但不是全部，也不是唯一。生态监测的技术路线应是遥感、生物监测与理化指标监测相结合，从常规理化指标入手，先水后气再土壤→理化指标＋生物监测→生态监测，由此构建全面的监测预警体系。

（二）农业废弃物资源化利用有待加强

一是农业废弃物总量大且统计难。农业废弃物包括种植业和养殖业两个方面。很多养殖场基于经济的考虑，将养殖动物的排泄物直接向外排放，这在很大程度上导致了资源的浪费并造成环境污染。而农业生产由农民自主决定，农业生产种类十分丰富，农产品的废弃物相对来说也比较分散，致使对农业废弃物资源利用无法有效进行。二是农业废弃物闲置情况严重。武清区部分农产品的废弃作物仍存在以焚烧的方式进行处理的现象，造成自身能量浪费的同时，还会对周边环境造成污染，不利于人们的身体健康。三是农业废弃物资源化的利用技术落后。目前,多数情况下武清区农业废弃物资源化利用采用较为粗放式的利用方式,操作手法简单,技术水平相对落后,对农业废弃物的利用率较低,可利用程度也较低。

(三)农产品质量安全监管水平有待提升

部分商家为了追求企业利润,实现企业经济效益的最大化,在实际产品的加工中,不断投入大量的高新技术,导致农产品直接或者间接地与化学物质进行接触。这在一定程度上给农产品的质量安全带来隐患。也有部分企业在农产品的运输方面使用未被纳入监管范围的生长调节剂,还包括消毒剂、防腐剂、保鲜剂等,导致农产品的安全事件不断发生。

蔬菜农药残留超标以及各种农产品药物残留等问题,是武清区农产品质量安全存在的最大隐患问题。我国颁布的《农产品质量安全法》,主要针对农产品从生产到市场全过程的质量监管,但是基于目前的实际情况观察,该法律文献并没有得到科学的落实。加之没有出台相关的配套制度,涉及农产品风险评估、市场准入等方面的制度也没有建立,这在一定程度上使得武清区的农产品质量安全监管水平较低。此外,武清区"三品一标"农产品的认证比例也较低,影响力较大的农产品品牌数量不多。

四、武清区生态农业发展的对策及建议

(一)提升人力资本存量水平,扩大人力资本增量

提升人力资本存量的素质和水平。一是加大合作社、园区、龙头企业等组织管理人员的培训。完善经常性、制度化的培训与资金保障机制,建立科技人员负责合作社、园区、基地技术服务的责任机制,提高经营管理者的素质与水平。二是着力培养创新创业型农民。适应规模化、企业化经营的需要,以奖励、担保、贴息等手段,打造现代职业农民;注重经营管理、市场开拓、综合素质以及创业培训,着力培养农民企业家。三是加大对新兴产业从业人员的培训。

开展休闲服务人员、管理人员、"农家乐"经营户的职业素质和技能培训;加大对专业性农业服务企业人员的技术培训,提高服务能力和水平。

多途径引进人才,扩大人力资本增量。一是重点引进创业大学生。鼓励扶持大学毕业生在设施农业、休闲农业、物流农业等领域创业,在资金、用地、税收、项目等方面进行扶持;建立大学生创业辅导、资金扶持制度,定期对有创业意愿的人员进行免费培训辅导。二是吸引鼓励科技人员创业。优先扶持农业科技人员带项目创业,通过农业技术推广应用,造就一批技能型人才队伍。

(二)推进生产经营组织创新,提升组织化水平

促进农产品生产经营者基于产业链经营的多种联合。一是着力完善产业化利益联结机制。大力发展订单农业,促进龙头企业与农户、农民专业合作社签订农产品购销合同;鼓励龙头企业资助订单农户参加农业保险,支持农民专业合作社兴办龙头企业。二是探索合作社带动农户以及合作社之间合作的机制与模式。扶持发展以土地、资金等资产为纽带的土地股份合作、金融合作等新型合作组织,形成多类型合作社竞相发展格局;鼓励建立区域合社联盟,提高合作社联盟的经营能力。三是充分发挥园区作用。建立现代农业示范园区产学研结合长效机制,促进园区通过种苗生产、技术服务等发挥带动功能,使园区与合作社、农户形成长期稳定的互利双赢关系。

扩大区域农业品牌的知名度和影响力。一是以特色产品为重点,带动农业品牌建设。推动生产、科研、流通环节的协作,打造一批区域农业知名品牌,培育有一定知名度、信誉度和美誉度的农业品牌合作社或企业,通过"品牌(地理标志品牌)+联社+合作社(园区、企业)+农户"模式带动产业发展。二是建立区域农业电子商务平台,扩大品牌辐射力。以政府为主导,以合作社、龙头企业和园区为主体,强化农业品牌的联合推介,在京津都市圈设立武清特产专卖店与展销中心,推进名优特农产品电子商务平台建设;举办基于特色农产品的"农业节庆会展"活动,扩大品牌影响力。

(三) 推进体制机制创新,建立高效的公共服务体系

切实加强区域农业服务能力建设。一是加强条件建设。改善农业技术推广、病虫害防控、农产品检验检测、农民培训等公共服务机构的设施设备条件,提高服务能力。二是保障工作经费,提高收入水平。将农业公共服务机构履行职责所需经费纳入地方财政预算,明确公益性定位,落实工资倾斜和绩效工资政策;积极发挥农民技术人员示范带动作用,按承担推广服务任务量给予相应的补助。

加快公共服务运行机制改革。一是建立公共服务人员负责制。探索服务人员乡镇所有、部门所有的界限,启动基层农业技术推广特设岗位计划,科学组织各种项目申报,实行项目负责制;建立以服务绩效为标准的人员考核评价机制,激发服务人员深入实际解决难题。二是积极探索多种形式的服务方式。推行"包村联户"推广机制和"专家—农技人员—科技示范户"服务模式,实现从单项技术服务向集成技术服务转变,从单个环节技术服务向全产业链技术服务转变;加强科技示范基地建设,探索产学研实质性合作的各种有效方式,积极聘用科技特派员。

(四) 多渠道筹集发展资金,形成稳定的投融资机制

积极争取、吸引财政资金和民间投资。一是落实国家有关政策。落实县级以上地方财政每年对农业的总投入增长幅度应当高于其财政经常性收入增长幅度,预算内固定资产投资要向重大农业项目倾斜,新增建设用地土地有偿使用费全部用于耕地开发和土地整理等一系列强农惠农富农政策;制定出台武清国家都市型现代农业示范区建设的具体政策措施。二是积极争取国家和天津市的财政资金。争取和用足扶持国家级、市级农业龙头企业以及产业化经营资金,支持各类现代农业示范园区建设资金,发展农民合作经济组织及农业政策保险资金等。三是多种方式吸引民间投资。加强农业招商引资,积极引进国内外知名农业企业投资武清现代农业,探索农业产业化龙头企业采取租赁、作制等方式投资安全农产品基地建设、合作社组建,创新土地流转方式,

为民间投资农业规模经营创造条件。

加快农业农村金融改革创新,着力解决农业融资难问题。一是创新农业金融产品和服务方式。强化金融机构扶持"三农"政策的执行监督力度,探索农业抵押贷款鼓励扶持政策,简化金融机构贷款程序及条件,制订灵活性的还款规定。研究建立政府出资农业信贷担保平台。二是重点支持合作社拓展金融业务。借助国家扶持农民资金互助社的时机,发展内部信用担保融资方式,扶持农民基于产业共同体需求的自主金融合作,实现产业发展、农民组织化建设与合作金融联动发展。

(五)加快土地制度改革创新,提高开发利用水平

健全土地承包流转制度和服务体系。一是鼓励土地承包经营权有序流转。建立健全土地承包经营权登记制度,切实加强农村土地承包档案管理;支持农户以承包土地的出租、转让、入股、作价抵押等多种形式实现效益最大化,鼓励农民把土地承包经营权正常流转给企业、集体、专业大户和农民专业合作组织等各种主体,发展土地股份合作,进行农业规模化经营。二是搭建公开公平规范有序的土地流转交易平台。加强土地承包经营权流转管理和服务,落实土地流转合同制和备案制,规范土地流转行为,强化流转土地用途监管;建立健全土地流转信息发布、法规政策咨询、价格评估、调处流转纠纷等制度,为土地流转市场发育创造条件。三是积极推进农业土地集约经营。调整土地利用结构和产业结构,推进奶牛养殖小区合并重组,向合理适度的规模化、标准化养殖场转变,实现农业高效化、精品化、集约化、生态化,提高土地资源集约利用水平。四是加快城镇化进程中整合后的农用地开发利用。尽快编制集体农用地利用总体规划,明确重点区域和重点项目;制定优惠扶持政策,吸引有实力的企业投资建设,建成一批具有区域特色的设施农业、休闲农业、生态农业、安全农业园区(或基地)。

加快制定农业建设用地扶持政策。一是均衡建设用地关系。根据规划确定的农业功能和产业重点,调整建设用地指标,保障现代农业附属建设用地规模,使现代农业项目及所在乡镇获取与城市化、工业化平等的发展权。二是解

决延伸农业产业链的建设用地短缺问题。针对合作社、园区以及龙头企业发展农产品加工、物流配送等产业化经营对建设用地的需求,抓紧制定详细的特殊规范,满足农业产业化、组织化对建设用地的客观需求。

(六)完善质量安全制度体系,提升监管服务水平

加强农产品质量安全监管能力和机制建设。一是加强基层执法监管能力建设。严格按照《农产品质量安全法》的要求,强化区、乡镇的农产品质量安全监管能力建设,实现农产品质量安全执法监管体系"机构专业化、人员稳定化、经费预算化、手段现代化",实行农产品质量安全责任包片包村制度,对违法行为加大处罚力度。二是建立高效监督检测机构。积极争取国家、天津市农产品质量安全体系建设项目和经费,尽快建立完善区域性监督检验检测机构,由政府提供财政支持,保障承担农产品质量安全检测监测职责机构的经费开支。三是进一步强化农业投入品生产经营监管。严打无证生产经营、超范围生产经营、生产经营明令禁止产品的行为,加大处罚力度;进一步完善农资销售体系,推行销售、购买高毒农药实名登记制度,加强监管控制。

推进农业发展方式转变,为农产品质量安全提供长久保障。一是切实重视和加强农产品产地环境质量安全问题。根据土壤、水等环境条件以及种养殖习惯等划分安全食用农产品生产区(保护区)、禁止生产区,在保护区周边禁止排污;加大对水污染的治理力度,尽快使污灌区退出食用农产品生产;加快规模养殖场粪污处理利用,控制农业面源污染;进一步规范工业"三废"治理、生活垃圾污水处理和排放制度,提高排放标准和收费标准。二是争取节能减排农业补贴。积极争取和实施农业部、天津市有机肥奖励、配方施肥、秸秆还田、畜禽养殖粪便无害化处理与还田、使用高效低毒生物农药等补贴。三是大力推进农业标准化。以园艺产品、畜产品、水产品等为重点,推行统一的标准、操作规程和技术规范;加快发展无公害农产品、绿色食品、有机农产品和地理标志农产品,强化认证后的质量安全监管、信誉保障,提高消费者对"三品一标"农产品的认知度和忠诚度,形成区域质量安全品牌形象。

京津冀协同发展下的宝坻区现代都市型农业高质量发展研究

（天津市经济发展研究院　尹晓丹）

一、选题意义及研究背景

（一）选题意义

一方面，延续 2017 年区县调研课题的选题研究。在了解宝坻区基本的经济社会发展状况和三次产业发展的基础上，选择农业作为 2018 年的研究对象。结合 2018 年以来的工作情况，对天津市农业农村工作有一定的接触和了解，掌握有关宝坻区农业发展一定的基础材料，便于进行进一步的分析研究。

另一方面，党的十九大报告提出的实施乡村振兴战略，为我国"三农"发展勾画了宏伟蓝图，是新时代做好我国"三农"工作的重要抓手。在国家实施乡村振兴战略规划中提出了"产业兴旺、生态宜居、乡风文明、治理有效、生活富裕"的总要求，产业兴旺是基础，农业的发展对于实现乡村振兴、全面建成小康社会具有重要的作用。宝坻区作为天津市重要的农业区，其农业的健康发展对于全市农业高质量发展具有重要意义。现代都市型农业是城郊地区农业发展的方向。宝坻区要建设"京津联动发展桥头堡、京津冀城市群重要支点"，因而从京津冀协同发展的视角下研究宝坻区现代都市型农业的发展更加科学、全面，更具有前瞻性。

（二）研究背景

1.理论背景

（1）都市型农业的内涵和发展模式

都市型农业是指发生成长于现代大都市及其城市化地区，由城郊型农业发展而成，以满足城市建设及其产业发展和人民现代生活多种需求与生态环境优化为主要目标和功能，具有与城市其他产业，除劳动对象外，基本相同的产业形态和生产方式，与城市融为一体的农业生产类型。

王晓君等通过对我国 14 个大中城市都市型农业调研，将我国都市型农业发展概括为 7 种类型，即保障农产品有效供给发展模式、特色农业集群发展模式、农业园区引领模式、休闲观光带动模式、科技创新驱动模式、产业化经营推动模式、机制创新驱动模式。天津都市农业发展属于科技创新驱动模式。

（2）都市型农业和城郊型农业的关系

城郊型农业是指发生成长于城市周边地区，从一般农区中分化而成，以生产本地城市需要的鲜活农产品为主要目标和功能的农业生产类型。

都市型农业与城郊型农业在产品、供给、主体、规模、市场、竞争力、效益上都有不同（详见表1），认清二者之间的差异，便于更好地推动宝坻农业向都市型农业的发展。

表 1　城郊型农业与都市型农业形态特征比较

项目	城郊型农业	都市型农业
内在功能	生产功能、不完整的生态功能和外向功能	经济功能、娱乐功能、示范功能、生态功能、集散功能、外向功能
产品	鲜活食品	鲜活食品、观赏品、生态品
供给	农业产品	前延产品(育种业、装备业)、农产品、后续产品(食品加工业、休闲业)
主体	本地农民	开放式，无身份限制、地域限制的生产经营主体(法人、自然人)
规模	小生产规模	规模经营(包括合作经营、产业化经营)
市场	"菜篮子"工程、本市市场	全方位开放，两种资源、两个市场综合开发

项目	城郊型农业	都市型农业
竞争力	弱质产业	强质、自立、足以成为投资经营领域
效益	高于传统农业,大幅度低于非农产业	经营利润率社会平均化,不低于非农产业平均水平

2. 天津市"十三五"时期现代都市型农业发展布局

天津现代都市型农业要按照突出区域特色和错位发展要求,进一步优化产业空间结构和区域布局,形成 4 个类型发展区。

(1)环城高端农业区

涉及东丽、津南、西青、北辰四区,主要依托和建设各种类型的现代农业园区,建成花卉、观赏鱼、食用菌和无公害蔬菜生产基地。

(2)中南部高效农业区

涉及宝坻、武清、静海、宁河四区和蓟州南部,建成绿色无公害蔬菜、健康水产养殖、生态畜禽养殖基地,面向京津市场,注重农业生产和生态协调发展,体现高效、环保、绿色发展要求。

(3)北部生态农业区

涉及蓟州北部山区、于桥水库、武清大黄堡、宁河七里海地区,建成特色果品、绿色有机蔬菜、林下山珍生产基地和生态渔业基地。

(4)滨海海洋农业区

涉及滨海新区,建成体现滨海特色的海珍品养殖、海洋捕捞、特色果品、耐盐碱植物生产基地,兼顾农业生产、生活、生态功能。

3. 宝坻区发展都市型农业的有利条件

(1)区位条件优越

宝坻区位于天津市北部,地处京、津、唐腹心地带。以区中心为核心,1 小时行车圈全覆盖或部分覆盖北京、天津、唐山及河北其他城市。交通圈内常住人口 5424 万人,年 GDP 总值约占全国 7.56%。以区中心为核心,宝坻区的 5 小时行车交通圈能够辐射至华北、东北、西北地区的 47 个地级市,交通圈内人口超过 3 亿。这些为宝坻现代都市型农业的发展提供了巨大的市场机遇。

目前,宝坻已经形成较为完整的交通体系,区内交通网络四通八达,紧邻北京、天津、唐山和秦皇岛的空港和海港枢纽,高铁建设也在加快建设。发达的城市交通体系有利于宝坻区农产品物流费用的降低,使得农产品以较低的运输价格和最快的速度运到城市,有利于提升宝坻区农产品在京津冀地区的区位优势和市场优势。同时,从城市到农村路途时间的缩短、交通方式选择的多样性,极大地鼓励了城市居民在闲暇时间到农村游玩、体验,有利于宝坻区休闲农业、观光农业、旅游农业的发展。

(2)资源优势显著

农业发展所必需的水、土资源丰富。宝坻境内有一、二级河道 14 条,水域总面积 30 多万亩,是华北地区水资源储量较丰富的地区之一。宝坻地势平坦,土质肥沃,适宜耕作,现有耕地面积 115.8 万亩,土壤类型多样,适宜多种农作物的生长需要。

具备发展生态绿色旅游农业的天然优势。宝坻地热资源丰富,有"中国温泉之城"的称号,水质含硫、硅、钙、铁、镁等多种元素,具有医疗、康复、保健等功能,有很高的开发价值和产业衍生潜力。宝坻生态环境优良,林地覆盖率27.3%,2015 年成功入选全国首批"国家级生态保护与建设示范区"。宝坻区也是天津市受污染最小的区,空气质量优于国家二级以上标准。

人文资源得到较好的传承,石经幢、大觉禅寺等古建筑物保存完好,广济寺等一批古建筑得到重建,城区内众多牌坊也构成了宝坻独特的建筑文化和景观,宝坻评剧和京东大鼓被列入"国家级首批非物质文化遗产项目名录"。宝坻依托了凡稻耕文化等传统农耕文化,建设了一批产品特色、功能多样、文化丰富、生态良好的农耕文化园区。

(3)有一定的发展基础

宝坻区经济社会发展基础良好。2017 年地区生产总值 607.97 亿元,同比增长 2.7%;一般公共预算收入完成 64.39 亿元,增长 0.6%;全社会固定资产投资增长 13%,高于全市 12.5 个百分点;农民人均可支配收入 20620 元,增长8%。农业发展基础较好。2016 年宝坻第一产业产值在天津市涉农区中(滨海新区除外)排名第 2 位,粮食、蔬菜、肉类、水产品产量分别占全市总产量的

22.1%、16.1%、17.8%、11.3%,在涉农区中(滨海新区除外)分别排在2、2、3、3位。从全市农产品生产来看,宝坻区是天津市重要的粮食、蔬菜产区,从比较优势的角度看,未来宝坻区都市型农业的发展重点应放在粮食和蔬菜的发展上。

二、宝坻区都市型农业发展现状及区域布局

(一)宝坻区都市型农业发展现状

近年来,宝坻区加快发展现代都市型农业,打造了一批设施农业科技示范园区,发展健康畜牧水产业,重点发展"三辣"(六瓣红大蒜、五叶齐大葱、天鹰椒)产业、稻区立体种养、林业循环经济等农业产业。宝坻区建成了天津市首个国家级绿色农业基地、全市单体规模最大的设施农业基地和服务京津的安全农产品生产基地。

1.农业结构调整取得显著成果

宝坻区完成了天津市种植业结构调整"一减三增"任务目标,按照增菜、增林果、稳畜牧水产业、促休闲观光农业"二增一稳一促"的发展方向,重点发展了蔬菜和林果产业。累计调减粮食作物14万亩,新增蔬菜种植10.2万亩,林业3.8万亩。

2.农业现代化水平不断提高

宝坻区建成了45万亩优质粮食作物基地、20万亩蔬菜、15万亩"三辣"、9.5万亩设施农业和6.5万亩稻渔立体种养示范区。主要粮食作物耕种收综合机械化水平达到92.5%,高于全市5.5个百分点,农业机械总动力达到93.5万千瓦。"互联网+"技术加速普及,农业物联网、智能化节水灌溉、农业资源循环利用、测土配方施肥等技术得到有效应用。宝坻区是天津市水稻种植面积最大的区,水稻种植面积达30万亩,稻田立体种养面积已达5万亩,套养品种涵盖河蟹、泥鳅、龙虾、甲鱼、南美白对虾、罗非鱼、水蛭等十余种,是京津冀稻渔养殖面积最大的地区。

3.持续推进科技兴农战略

2018年以来,宝坻区内农业企业与中国科学院、北京科技大学等高校科研

院所开展产学研对接 30 余次。以科技入户、新型农民培训、科技下乡等活动为载体,组织农技专家深入田间地头,做到科技知识到户、良种良法到田、技术要领到人"三到位",解决农技推广"最后一公里"问题。2018 年上半年,宝坻区共举办现场演示会 8 场,召开服务基层科技下乡活动 20 次,组织科技周活动 2 次,发放各类技术宣传资料 2000 余份,示范推广"三辣"机械化技术 600 亩。水稻项目服务人数 180 人,推广应用面积 1500 亩。"三辣"项目服务人数 178 人,示范面积 800 亩。

提升智能气象服务水平,依托 24 个气象服务站和 2 个农业气象服务点,及时通过短信、微博、公众号等途径,向涉农单位、农业合作社、种养大户实时推送农业气象信息,提供专业气象分析和合理农事建议服务。宝坻还获得了第四届天津市人工影响天气高炮作业岗位技能竞赛的团体和个人一等奖。

4.农产品质量安全水平稳步提高

2017 年,宝坻获评为国家级出口食品农产品质量安全示范县。宝坻的农产品质量安全水平稳步提高。一是推进农产品质量安全认证和品牌建设,有机、绿色、无公害认证率逐年提升。宝坻认证了 40.1 万亩无公害生产基地,60 家单位获得"无公害农产品"产地认定,62 个农产品获得了无公害认证,6 类农产品获得了地理标志认证。二是加强农产品质量安全常规监测。制定了《宝坻区农产品质量安全治理工作方案》《宝坻区农产品质量安全监管工作方案》等制度性文件。依托区、镇、基地三级监管网络,累计抽取样品近 5 万个,其中区级 2 万个、街镇 0.75 万个、基地 2.25 万个。

5.农产品品牌化建设取得一定成效

2018 年宝坻区获得认定天津市知名农产品品牌 7 个,其中区域公用品牌 1 个,占全市的 1/6,企业品牌 1 个,占全市的 1/6,产品品牌 5 个,占全市的 20.83%。在 10 个涉农区中,宝坻区近两年来的品牌认定情况呈上升趋势,且是唯一一个呈上升趋势的区,品牌认定数由第 6 位上升至第 2 位。

"宝坻黄板泥鳅""宝坻宽体金线蛭""有机泥鳅"等一批特色农产品分别获批国家地理标志产品、天津市著名商标称号,产品销往韩国、日本,市场占有率达到 40%。"黄庄洼大米""八门城""津宝欢喜""津宝地""袁黄"等大米品牌享誉京津冀。鸿腾水产农业科技有限公司研发的电驱石碾低温冷轧稻米深加工技术获得国家专利,蟹田米还成为第十三届全运会唯一指定用米。

6. 新型农业经营主体发展壮大

宝坻区新型农业经营主体不断壮大。农民专业合作经济组织达到 2000 家,规模化龙头企业达到 60 家,进入产业化体系的农户达到 90%。国家级龙头企业达到 3 家,占全市的 18.75%,国家级示范农民专业合作社达到 9 家。家庭农场、土地股份合作社、合作联社、行业协会等新型农业经营主体迅速壮大。

7. 农村新产业新业态蓬勃发展

一是休闲旅游业建设步伐加快,建成了 40 个休闲旅游村,26 个休闲旅游村(点)获得市级休闲农业示范村(点)称号。二是推动了农业生产由"大粮仓""大菜园"向"大厨房""大配送"转变。林下经济、立体种养、良种繁育、观赏鱼业等产业悄然兴起。三是农业电商发展迅速,"互联网+"广泛应用,建成了"劝宝商城""供销 e 家""京东宝坻特色馆""微商城"四个线上商城,将具有宝坻特色的工业品、农产品等经过加工、包装推向全国市场,既提高了宝坻品牌在全国的知名度和影响力,又带动了企业增收。

(二)都市型农业总体布局与发展方向

宝坻区按照"统筹协调发展、产业布局合理、区域特色鲜明、资源环境匹配"的原则,依托特色优势资源,着力推动农业特色化、规模化、品牌化发展,加快推进产业载体建设,提升农业发展质量和经济社会效益,重点打造四大特色农业板块。

(1)南部林水生态产业板块

以宝坻南部大洼地区各街镇为主,加快天津市农产品加工专业园区、八门城现代生态农业示范园区、泰泽康休闲农业示范园区等项目建设,大力发展林下经济、稻田立体种养和水产养殖等优势产业,加强生态环境保护与修复,构建生态农业体系。

(2)北部优势蔬菜产业板块

以京哈高速沿线各街镇为主,依托特色蔬菜和陆地蔬菜的传统种植优势,重点发展方家庄台湾现代食用菌园区、史各庄宝地科技食用菌基地、牛道口

（松江）现代农业综合发展试验区和新安镇设施农业园区等项目，做强史各庄萝卜、牛道口山药、新安镇黄瓜、食用菌等优势蔬菜品种。

（3）东部特色产业板块

以大钟庄、王卜庄、林亭口、口东等街镇为主产区，打造集种植、储存、加工、销售等环节于一体的"三辣"产业链，实现规模化、市场化、品牌化发展。

（4）西部高效设施农业产业板块

以新开口、潮阳、郝各庄、大口屯等街镇为主，大力发展以瓜果、蔬菜为特色的设施农业，重点打造潮白河现代农业示范园区等项目，尽快形成集群效应，打造高效设施种植业、农产品物流业和观光休闲业互促发展的多功能农业综合发展区。

三、宝坻区发展都市型农业存在的问题

（一）科技引领有待加强

2017 年宝坻区农业科技进步贡献率为 60%，仍低于全市 5 个百分点。农业科技水平有待进一步提升。农业技术推广应用能力有待加强，推广技术人员不足，进行技术推广培训不能覆盖全区。农民获得科技知识的渠道有限，农民的整体技术水平偏低，进一步阻碍了科技兴农的发展。

（二）农产品品牌化有待加强

2017 年宝坻区获得天津市知名农产品品牌的农产品共 6 个，占全市总数不到 8%。2018 年宝坻区获得天津市知名农产品品牌的农产品数量有所增加，但总体来说在全市占比较低。同时，宝坻区缺乏具有区域或国际影响力的农产品品牌，现有的农产品品牌价值有待进一步开发，农产品品牌增收效益有待进一步提升。

（三）组织化程度不高

宝坻区龙头企业较少，多为加工型企业，且农业龙头企业实力不强，与农户联结不紧密,辐射带动能力较弱。农业合作社缺乏专业的管理人才、销售人才,管理机制和激励机制不健全等,使得合作社没有发挥出相应的作用。农产品生产者之间的协作能力不足,农业生产、加工、销售等产业链主体之间缺乏深度合作。

(四)农业基础设施薄弱

乡间机耕路、基地道路建设滞后,水利设施老化,农业生产设施化水平不高,抵御自然灾害能力差。农业基础设施投入可进一步强化。

四、政策建议

(一)夯实农业生产能力基础

1.走质量兴农之路

深化农业供给侧结构性改革,推进"四个全覆盖",加快建设"四区两平台",加快构建现代农业产业体系、生产体系、经营体系,不断提高农业创新力、竞争力和全要素生产率。

2.强化农业科技支撑

完善技术创新支持体系,积极整合京津冀三地资本、技术、人才等优势资源,鼓励生物育种、智能农业、农机装备、生态环保等领域关键技术创新,进一步提升农业科技贡献率。强化农业科技研发激励力度,探索建立与劳动力市场价格相一致的奖励绩效机制,形成农技人员下乡长效激励机制。积极开展职业农民培训,提升农民的科学素养。

3.提升农业信息化水平

推动"互联网+"在生产、经营、管理、服务各领域的深度融合渗透,搭建农业物联网基础应用、技术支撑、推广服务三大支撑平台。完善农村互联网基础设施建设,推动农村基层农业信息服务站建设,推进联通公司配套还迁及新建小区光纤入户,电信广电及移动公司逐步完成光纤宽带全区覆盖,逐步推进通信技术薄弱地区的深度覆盖。推动农业全产业链信息化改造,持续改善农民应用信息化的能力,特别是应用智能手机的能力。

4. 推动产业融合发展

积极推动创意农业、分享农业、众筹农业、电子商务等农村新产业新业态发展,不断挖掘农业的多功能性。抓住京唐、京滨城际铁路开工,宝坻步入高铁时代的良好契机,做强现代物流业和休闲农业,把高铁宝坻枢纽站建成天津优质农产品外销的出口和吸引周边市民来宝坻休闲旅游的进口。依托宝坻新城城中村和平房宿舍拆迁改造工程,加快推进产业融合,鼓励发展仓储物流、加工配送、交易结算等生产性服务业。

(二)加快农业品牌化、特色化、标准化建设

1. 充分发挥园区功能

依托四个示范工业区、京津新城现代服务业聚集区、京津中关村科技城、八门城镇现代生态农业示范区等各类功能区,大力发展农产品标准化生产、精深加工、物流配送、网上交易等为一体的全产业链产业集群,构建现代都市型农业生产体系、经营体系,推动农业高端化、品牌化、市场化发展。

2. 壮大特色优势产业

在大力发展设施农业的基础上,不断发挥资源禀赋优势,做强稻鱼立体种养、林下经济、优质苗木繁育、淡水养殖、良种繁育等优势产业。加大"三辣"种植,增强深加工项目成果应用推广力度,提高产品质量,实现标准化生产。推广无公害(绿色、有机)蔬菜、水产、稻米、食用菌等生产技术,加快推进淡水养殖技术研究、示范、推广。

3. 培育提升农业品牌

积极推进"三品一标"建设。加大农业标准推广应用,推动广大新型经营主体率先实行按标生产,通过"公司 + 农户""合作社 + 农户"等多种规模经营方式,全面推行规范生产。建立健全品牌创建激励保护机制,鼓励支持农业经营主体进行品牌塑造与传播。构建区域农业品牌发展长效政策体系,借助市农委的天津农产品品牌网、"津农品牌"微信公众号、"天津农产品品牌"应用

软件,建立宝坻区农产品品牌信息服务管理平台。

4.构建农业对外开放新格局

紧抓"一带一路"建设、京津冀协同发展和宝坻即将迈入高铁时代的良好契机,创建宝坻区农业对外开放体系,立足区域资源、生态、区位等优势,积极与北京对接,用好北京资源,着力引进一批优质项目,促进农业加速提档升级。鼓励农业企业大胆走出去,支持农业企业积极融入"一带一路"建设,开展境外交流合作。

(三)建立现代农业经营体系

1.巩固和完善农村基本经营制度

以党的十九大确定的第二轮土地承包到期后再延长三十年为契机,深入推进农村土地制度改革,在保持土地集体所有权不变的基础上,放活土地经营权,发展适度规模经营,有效配置土地资源。鼓励农业经营主体以土地经营权流转、股份合作、土地托管等多种形式开展适度规模经营,推动农业企业现代化经营。

2.推进农村金融体制改革

强化银企对接,鼓励各商业性金融机构打造覆盖不同层次、不同客户群的服务体系,支持村镇银行等新型金融机构发展,稳妥推进民间金融机构发展。鼓励金融机构开展农村土地承包经营权抵押贷款、大型农机具融资租赁服务。推进涉农银行电子商务平台建设,提供快捷的金融服务。

3.壮大新型农业经营主体

壮大现有龙头企业,引导扶持其做大做强。培育发展家庭农场、合作社、龙头企业、社会化服务组织和农业产业化联合体。围绕良种繁育、稻渔立体种养、林下经济等优势和特色产业,深化与北京农业部门、科研院所的对接合作,招引一批新的大项目、好项目和先进适用技术,扩充农业新项目、新技术储备库。

4.发展新型农村集体经济

充分开发利用村集体所有的土地、林地、水面等自然资源,创办集体经济实体。鼓励村集体领办高效农业、设施农业、生态农业、观光农业示范项目,带动农民发展优势突出和特色鲜明的主导产业,壮大集体经济实力。围绕服务做文章,鼓励村集体结合推进农业产业化和新农村建设,满足广大农民日益增长的生产生活需求,创办各种服务组织,增加集体收入。

5.促进小农户生产和现代农业发展有机衔接

健全农业社会化服务体系,加强农企对接,健全农业科技特派员制度,建设互联网信息平台。推进产业链的纵向延伸和横向整合,打通和拓展产业链条。健全扶持机制,推动更多惠农政策和资金资源向小农倾斜。引导和组织小农户参与和发展农民专业合作社,完善土地入股、股份合作、订单带动、利润返还等"风险共担、利益共享"的利益联结机制。

(四)完善农业支持保护制度

1.加大农业基础设施投入

建立健全区级农业投入增长机制,政府固定资产投资继续向农业倾斜,积极吸引社会资本更多投向农业领域,加快改变农业基础设施薄弱的状况。加快农村公路、供水、供气、环保、电网、物流、信息、广播电视等基础设施建设,推动城乡基础设施互联互通。

2.提高农业补贴政策效能

健全对农业的支持保护体系。保持农业补贴政策的连续性和稳定性,逐步扩大农业支持保护政策实施的规模和范围。财政补贴向主产区和新型农业经营主体倾斜,实施农业生产重大技术措施推广补助政策。扩大现代农业示范区奖补范围。落实粮食主产区耕地保护补偿、生态补偿制度。

3.提高农业风险保障能力

健全农产品质量安全管理体系,完善农业保险政策体系,推动农业保险提标、扩面、增品,设计多层次、可选择、不同保障水平的保险产品。全面开展农业大灾、农机保险,鼓励开展天气指数保险、价格指数保险等试点,全面提高农业风险保障能力。

公共服务篇

提升南开区基本公共服务水平研究

（天津市经济发展研究院　王刚）

进入新时代,我国已经从高速增长转向高质量发展阶段,社会主要矛盾已经转化为人民日益增长的美好生活需要和不平衡不充分的发展之间的矛盾,广大人民群众对过上更加美好的新生活有了新期待和新要求。基本公共服务是人民群众能切身感受到的最关心、最直接、最现实的利益,促进基本公共服务均等化对南开区率先全面建成小康社会具有重要意义。按照天津市委、市政府的要求,南开区结合实际,扎实推进基本公共服务领域各项重点工作,全面落实全市基本公共服务清单中明确的目标任务,不断提升基本公共服务水平,逐步实现基本公共服务均等化。

一、南开区基本公共服务各领域近期发展状况

（一）基本公共教育领域

"十三五"以来,南开区在基本公共教育领域所做工作如下:一是在义务教育方面,对义务教育阶段在校学生53870人免学费、杂费,同时区财政安排480万元用于免教科书费,安排850万元用于免学杂费。公用经费方面,初中阶段区资金投入2183.23万元,生均4851元;小学阶段区资金投入3678.58万元,生均1501元,均已达标。二是中等职业教育方面,为困难学生864人减免216万元。国家助学金方面,受助学生达到806人,其中市财政安排161.2万元。市政府助学金方面,受助学生达到227人,区财政安排5.675万元。三是普通高中方面,国家助学金受助学生达到611人,区财政安排122.25万元。免除

217

普通高中建档立卡等家庭经济困难学生学杂费方面,困难学生为 56 人,区财政安排 5.126 万元。四是学前教育资助方面,受助学生为 5 人,区财政安排 0.75 万元。普惠性幼儿园补助 2 所,区财政安排 22.6 万元。

(二)劳动就业创业领域

"十三五"以来,南开区在劳动就业创业领域所做工作如下:一是在就业服务和管理方面,新增就业 57615 人,其中新成长劳动力为 10637 人。二是创业服务方面,做好创业培训,共计培训 1022 人。做好创业担保贷款工作,累计放款 87 笔,共 1310 万元,年度累计贴息 107 万元。三是就业援助方面,共认定就业困难群体人员 5847 人,同时加强对困难群体认定工作的管理。积极开展就业援助月活动,活动期间举办招聘会 2 场,共有 167 家企业参加,提供岗位 835 个。走访就业困难家庭 882 户,帮助就业困难人员实现就业 515 人。四是百万技能人才培训福利计划方面,累计组织培训 14349 人,涉及焊工、西式面点、中药调剂员、中药购销员、医药商品储运员、医药商品购销员等。五是劳动关系协调方面,做好劳动合同指导服务。办理劳动合同备案登记 55605 人次。推行集体协商和集体合同制度,办理 7557 户,涉及 137737 人次。健全协调劳动关系三方机制,创建劳动关系和谐企业 188 家。六是劳动保障监察方面,合法合理地行使行政处罚自由裁量权,完善行政执法责任制,严格执行行政执法自由裁量权基准制度,做到"有标准、有执行、有审核、有监督"。全面推行劳动保障监察"两网化"管理体制,加大劳动保障书面审查宣传力度,广泛动员辖区内 7000 户用人单位进行参检,加强用人单位信息库建设。着力解决拖欠农民工工资问题,确保农民工按时足额拿到工资,维护社会稳定。七是劳动人事争议调解仲裁方面,劳动争议仲裁院立案受理劳动人事争议案件 1852 件,审结案件 1965 件(含上年结转案件),仲裁结案率达到时限内 96%。八是就业见习服务方面,加强对就业见习基地的检查力度,按规定对见习基地进行每月至少一次的巡查,并做好询问笔录和检查记录,保证资金安全运行。受理新增见习基地申报 9 家,市人力社保局已批复成立 9 家,新增见习人员 410 人,审核拨付见习补贴 1070 人次。九是大中城市联合招聘服务方面,组织企业参加"京津冀暨环渤海人才智力交流洽谈会"等天津市各类招聘活动。自发组织对外招聘交流活动,与北京市东城区人力社保局联合组织两地企业共同参加毕业生专场招聘会。

(三)基本社会服务领域

"十三五"以来,南开区在基本社会服务领域所做工作如下:一是在最低生活保障方面,严格认定低保对象,审批低保 504 户 779 人,低保家庭共有 7156 户 11754 人,累计发放低保资金 1.37 亿元。二是医疗救助方面,社会救助对象城乡居民医疗保险参险率达到 100%。对于特殊困难人员的医疗救助工作,做到医疗救助金发放手续完备,财务票据齐全。三是城乡低收入救助家庭方面,审批低收入救助家庭 62 户 140 人,低收入家庭救助对象共有 302 户 670 人,累计发放低收入家庭救助资金 103.01 万元。全区共有特困救助供养对象 620 户 620 人,累计发放特困供养人员生活补贴 958.73 万元,已全部完成《特困人员救助供养证》的换发工作;享受特困供养照料护理补贴 454 户 454 人,累计发放照料护理补贴 288.7 万元。四是自然灾害救助方面,做好生活救助物资的储备工作,准备采取协议储备方式,利用政府采购和招投标的方式与商家或制造企业签订生活救助物资储备协议。五是优待抚恤方面,依据优抚对象抚恤补助自然增长机制的有关规定,南开区按期足额落实调标金共计 202.1 万元,确保优抚对象的"惠普 + 优待"。六是退役士兵安置方面,为做好退役士兵权益保障工作,自主就业退役士兵地方一次性补偿金调整至 2 年兵 5 万元,每增加 1 年服役期上调 6%,全区共为 162 名自主就业退役士兵发放自主就业金 822.6 万元。七是流浪乞讨人员生活救助方面,充分发挥区、街、居三级网络的作用,加大街面巡查力度,重点对桥梁、涵洞、车站广场等区域进行巡查。同时,积极发动社区居民发现流浪乞讨人员及时向街道办事处报告,引导流浪乞讨人员向救助管理机构申请救助。八是困境家庭儿童基本生活保障方面,共有困境家庭儿童 2565 户 2752 人,累计发放困境儿童基本生活费 733.26 万元。九是孤儿养育保障方面,积极贯彻孤儿相关政策,为区内 5 名散居孤儿发放孤儿基本生活费,每人每月 2420 元,将散居孤儿的救助落到实处,促进孤儿的健康成长。十是基本养老服务补贴方面,从 2017 年 4 月 1 日将补贴标准按照轻、中、重度分别调整为每人每月 200、400、600 元,将发放方式调整为现金方式。补贴资金由市、区两级财政按 1:1 匹配,委托第三方专业机构对申请人进行入户评估,做到精准发放和目标人群全覆盖。十一是殡葬补贴方面,发放丧葬补助 143.46 万元,使 797 户亡人的家属享受到国家的惠民政策,发放覆盖率达 100%。十二是社区服务用房方面,从优化社区硬件环境,满足居民需求入手,通过空地插建、改扩建、腾退出租房、共建、购置、租赁、置换等方式,加强社区建设,开展精品社区打造工作。社区服务用房 7.92 万平方米,每百户约 22.9 平方米,已超过"十三五"基本公共服务清单中提出的"每百户居民拥有社区服务设施面积不低于 20 平方米"的标准。十三是临时救助方面,临时救助困难群众8947 户次 12855 人次,累计发放临时救助资金 1621.23 万元。十四是法律援助方面,做好法律援助组织实施工作,积极扩大法律援助范围,便捷法律援助便民服务网,深化法律援助重点人群服务,提高法律援助工作质量和保障能力。

(四)基本公共卫生领域

"十三五"以来,南开区在基本公共卫生领域所做工作如下:一是社区卫生服务机构方面,全区 13 家社区卫生服务中心免费为辖区 104 万居民提供健康体检、健康教育、疾病预防与控制等公共卫生服务。二是居民健康档案方面,辖区常住总人口 104.9 万人,截至 2017 年底全区建立居民健康档案 97.1 万份,建档率 92.51%。三是健康教育方面,居民免费享有健康教育宣传信息和健康教育咨询服务。目前南开区健康素养率为 32.6%,高于本市平均水平,并于 2017 年底成功创建"全国健康促进区"。四是预防接种方面,免费为辖区内0 ~ 6 岁儿童和其他重点人群接种国家免疫规划疫苗。2017 年南开区适龄儿童预防接种建证率为 100%,辖区适龄儿童各类疫苗接种率均达国家规定要求,其中一类疫苗接种率为 98.91%。五是传染病防治方面,对辖区法定传染病病人、疑似病人、密切接触者以及相关人群开展法定传染病报告,加大肝炎、流感、手足口病、布鲁氏菌病、狂犬病等传染病的防控力度,及时处理疫情,防止疫情蔓延,传染病报告率达到 100%。六是结核病防治方面,及时报告、转诊疑似肺结核病人,登记、减免治疗活动性肺结核病人,免费筛查病人密切接触者,免费享有结核病防治知识宣传和咨询服务,对耐多药肺结核患者进行减免治疗。活动性肺结核发病率28.25/10万。七是慢性非传染病监测方面,对辖区内居民死亡病例、肿瘤等非传染病新发病例及时登记、报告。区户籍居民死亡报告达标率为100%,常住居民死亡病例报告覆盖率达到100%,非传染病全市电子报病占全部报告数据的100%。作为肿瘤监测登记国家监测点,按照要求开展危险因素监测和营养监测等各项工作。八是烟草烟雾危害控制方面,大力开展控烟工作,继续推动无烟机关、无烟单位创建工作,对居民进行免费烟草烟雾危害宣传信息和戒烟咨询、随访管理服务,定期开展烟草危害监测等。九是大肠癌筛查方面,辖区居民免费享有问卷调查、便潜血检查、大肠癌防治知识宣传服务,高危人群免费享有全结肠镜检查服务和定期随访服务。对40~74岁常住居民进行大肠癌初筛,共初筛问卷调查人数4.4万人,问卷任务完成率87.09%;对既往发现大肠癌的高危人群进行随访,共随访7千人,随访任务完成率60.40%。十是儿童保健方面,为7岁以下儿童建立保健手册,进行保健管理、体格检查、生长发育监测及评价和健康指导。7岁以下儿童保健管理率达85%以上,儿童残疾筛查率达90%,儿童慢性病危险因素筛查率达60%以上,儿童孤独症、脑瘫筛查率达95%以上。十一是孕产妇保健方面,为孕产妇免费建立保健手册,进行孕期保健、产后访视及健康指导,孕产妇系统管理率达90%以上。十二是老年人保健方面,对辖区65岁以上老年人进行登记管理,提供健康危险因素调查、一般体格检查、中医体质辨识、疾病预防、自我保健及伤害预防、自救等健康指导。截至2017年,65岁以上常住老年人11万人,体检率达88.49%。十三是慢性病管理方面,辖区高血压、糖尿病等慢性病高危人群免费享有登记管理、健康指导、定期随访和体格检查等服务。截至2017年底,高血压患者估算人数22万人,高血压患者规范化管理率73.71%;糖尿病患者估算人数8.7万人,规范化管理率70.32%。十四是严重精神障碍管理方面,对辖区严重精神障碍患者进行登记管理、随访、免费服药、应急处置、住院费用减免、康复指导等服务。目前,严重精神障碍患者在册建档数4175人,在管患者2879人,非在管患者1076人,失访220人,管理率87.99%。十五是卫生监督协管方面,全区13家社区卫生服务中心全部开展卫生监督协管工作,覆盖率100%,26名协管员协助开展的食源性疾病、饮用水卫生安全、学校卫生、非法行医和非法采供血、计划生育实地巡查次数(次)共581次,发现线索130个,上报线索130个,信息报告率100%。十六是中医药健康管理方面,13家社区卫生服务中心100%能够提供中医药健康管理服务,并定期对居民进行健康教育。截至2017年底,南开区对65岁以上常住老年人进行中医体质辨识及健康指导服务6万人,完成率达到54.36%;对0~3岁儿童进行中医药健康知识宣教1.1万人次,完成率达到60.29%。十六是艾滋病病毒感染者和病人随访管理方面,为艾滋病病毒感染者和病人提供随访服务。感染者和病人规范管理率逐步达到94.5%。十七是社区艾滋病高危行为人群干预方面,为艾滋病性传播高危行为人群提供综合干预措施,干预措施覆盖率逐步达到100%。十八是基本药物制度方面,辖区居民享有国家规定的零差率销售的基本药物,全部纳入基本医疗保障药物报销目录,实际报销水平逐渐提高。十九是药品安全保障方面,辖区公立医疗卫生机构从正规厂家采购药品,药品出厂检验合格率100%,符合国家标准。二十是基本药物监督抽验方面,抽验药品195批次,抽验药包材1批次,抽验药品已全部送往市、区两级药品检验机构检验。二十一是食品安全宣传教育方面,围绕"尚德守法、共治共享食品安全"主题,召开食品安全宣传周活动,发放各类宣传资料4000余份,张贴宣传画600张,制作宣传展板30个,开展现场咨询活动70场,咨询人数超过1300人,营造了良好的社会氛围。

(五)人口和计划生育领域

"十三五"以来,南开区在人口和计划生育领域所做工作如下:一是外来人口基本公共服务方面,开展农民工专场招聘会8场,为1364名有就业意愿的农村劳动者和其他劳动者提供免费的政策咨询、职业指导等服务。对45人进行了创业咨询并组织其中30人进行了创业培训,组织184名农村劳动者参加了职业技能培训,各类企业吸纳招用了2008名农村劳动者就业,为600余名农村劳动者提供了劳动维权服务咨询和法律援助咨询。二是技术指导咨询方面,辖区内16家基层医疗卫生机构均可以免费为育龄服务提供计划生育技术指导咨询服务。三是临床医疗服务方面,育龄夫妇免费享有避孕和节育的医学检查、计划生育手术、计划生育手术并发症和计划生育药具不良反应的诊断、治疗,目标人群覆盖率100%。四是再生育技术服务方面,符合条件的育龄夫妇免费享有再生育相关的医学检查、输卵(精)管复通手术,目标人群覆盖率100%。五是宣传服务方面,辖区居民免费获取计划生育、优生优育、生殖健康等宣传品,家庭覆盖率达到90%以上。独生子女父母奖励方面,发放独生子女费40万元,目标人群覆盖率达85%以上。六是计划生育家庭特别扶助方面,发放特别扶助金1899.1万元,通过开展免费查体、建立就医绿色通道、发放家政服务补贴、节日慰问等方式做好计划生育特殊家庭的帮扶工作。七是免费孕前优生健康检查方面,为1032对计划怀孕夫妇提供健康教育、健康检查和风险评估,发现高危219人次,95%以上接受了优孕指导转诊。

(六)基本住房保障领域

"十三五"以来,南开区在基本住房保障领域所做工作如下:一是住房租赁补贴方面,受理审核"三种补贴"各类申请6955户,核发"三种补贴"资格2036户。二是公共租赁住房方面,受理审核公租房各类申请4832户,核发公租房资格3663户,其中核发一、二级视力、肢体残疾138户,全面完成了住房保障资格审核工作任务。三是棚户区改造方面,新裕里、六马路、战备楼老三片棚户区改造项目以及灵隐南里征收完成比例均超过90%,八大楼、长虹楼、长江楼排水所、石化楼、通江路、二马路二纬路、红旗北桥、五马路棚户区改造项目积极推进。通过产权调换、加大补贴、加大奖励、增房安置、政策托底等对策解决各类问题,改善群众的居住条件,完善城市功能,改善城市环境。

(七)公共文化体育领域

"十三五"以来,南开区在公共文化体育领域所做工作如下:一是公共文化场馆开放方面,财政安排专项资金485.88万元用于"三馆"免费开放。完善覆盖三级公共文化服务设施网络,提升区内文化宫、图书馆、博物馆、街道综合文化站功能,对黄河道影剧院进行提升改造。二是文物保护单位开放方面,对区属文物建筑、遗址类博物馆——老城博物馆展陈内容和公共服务设施进行了提升,对戏剧博物馆、周邓纪念馆等博物馆公共服务设施进行了提升。三是基层公益文化服务方面,举办"南开杯"天津市第六届新广场舞大赛、中国天津曲艺文化旅游嘉年华、"迎全运"暖场系列活动;巩固"飞雪迎春""南开之夏"、《南开讲堂》系列公益讲座品牌活动。推动"一街一特色"文化品牌创建。公益电影放映方面,具备电影放映条件的学校每学期能够组织学生观看 2 部爱国主义教育影片。四是突发情况应急服务方面,第一时间发现敏感问题,研判区情走势,引导舆论。利用报纸、电视媒体开展及时宣传报道,开设《啄木鸟在行动》栏目,正确引导舆论。积极发挥网评员作用,开展评论引导。五是公共阅读方面,财政安排专项资金 195 万元用于购买图书。全区拥有 36 家"城市书吧",组织主题讲座、展览和培训等特色活动。举办"好书伴我成长""你读书我买单"等活动,推广全民阅读活动的开展。六是文化遗产展示门票减免方面,格格府典藏博物馆、联升斋刺绣博物馆、老美华华夏鞋博物馆等民办博物馆不断提升服务水平,并面向群众定期免费开放。全区各博物馆均对未成年人、老年人、现役军人、残疾人等特殊人群实行门票减免。七是体育场馆开放方面,财政安排专项资金 454 万元主要用于绿水园全民健身中心建设等。落实体育场馆"五个一建设"绩效考核工作任务,建成南开公园、绿水园、长虹公园等体育公园。八是全民健身服务方面,大力推动普及全民健身活动,举办第 22 届全民健身运动会。加快完善街道社区体育路径设施建设,在基本完成"15 分钟体育健身圈"的基础上努力打造南开区"10 分钟体育健身圈"。

(八)残疾人基本公共服务领域

"十三五"以来,南开区在残疾人基本公共服务领域所做工作如下:一是残疾人基本养老保险缴费补贴方面,自愿申请且符合条件申请人 1152 人,覆盖率 100%。基本生活保障方面,享受困难残疾人生活补贴共计 3710 人,累计发放金额为 944.3 万元。二是重度残疾人护理补贴方面,重度残疾人护理补贴共计 10720 人,累计发放金额为 1189.47 万元。三是残疾人教育资助方面,高等以下残疾学生和低保、低收入残疾人在学健全子女自愿申请办理 580 人,共发放补助 387698.5 元,覆盖率 100%;高等残疾学生和低保、低收入残疾人在学健全子女自愿申请办理 206 人,共发放补助 389970 元,覆盖率 100%。四是残疾儿童抢救性康复方面,为符合条件有需求的孤独症儿童 105 人办理康复审批,办理肢体(脑瘫)残疾儿童康复审批 6 人,办理智力残疾儿童康复审批 2 人,总计审批 113 人,符合条件且有需求的残疾儿童抢救性康复项目覆盖率达到 100%。五是残疾人就业和扶贫服务方面,自愿申请且符合自主创业条件残疾人申请 8 人次,发放补贴共计 57500 元,覆盖率 100%;自愿申请且符合残疾人个体工商户社会保险补贴条件残疾人申请共 12 人次,发放补贴共计 78215.37 元,覆盖率 100%。用人单位新招用残疾人就业补贴、超比例安排残疾人就业、集中安排残疾人就业的养老保险补贴、雇用残疾人个体工商户社会保险补贴无单位自愿申请。六是残疾人文化服务方面,建成 3 个社区残疾人综合服务站,在华苑街居华里社区、向阳路街宜君里社区、万兴街三潭东里社区,配发了相关康复、文体设施,并统一制定了残疾人综合服务站牌子,该社区目标人群覆盖率达到 50%。七是残疾人体育健身服务方面,为 125 户重度残疾人家庭发放 375 件康复器材,并对 44 名康复体育指导员进行培训,为残疾人进行康复体育知识普及和指导提供帮助。八是残疾人康复服务方面,为 1598 人次进行康复服务,为有需求且提出申请的残疾人提供康复服务达到 100%。九是残疾人辅助器具服务方面,为残疾人发放辅助器具 319 件。十是法律救助方面,为残疾人开具法律援助转办函 75 人,为符合条件的困难残疾人提供法律援助 17 件,财政支出 10800 元,为有需求且符合条件的残疾人提供法律援助率达到 100%。十一是无障碍环境建设方面,为残疾人家庭提供无障碍改造 107 户,社区无障碍改造 22 个,对符合条件并提出申请的残疾人家庭提供无障碍改造率为 100%。十二是残疾人托养服务方面,为有需求且符合条件的残疾人服务 12143 人次,覆盖率 100%。十三是残疾人基本住房保障方面,区公租房管理公司共进行了 8 批次的公共租赁住房的摇号活动,租房补贴残疾家庭首先进行选房,共有 202 户租房补贴残疾人家庭摇号入围,于 2018 年 6 月前全部安排入住。

(九)基本公共环境领域

"十三五"以来,南开区在基本公共环境领域所做工作如下:一是暖气供应保障方面,接收居民来访来电 15000 余次,各类信访工单 7000 余件,各用热户卧室、起居室(厅)基本达到不低于 18 摄氏度的标准。二是污染减排方面,主要大气污染物和水污染物总量减排项目已按计划基本完成。三是噪声处理方面,积极开展城市环境噪声专项整治行动,建立噪声污染防治长效机制,实现区域环境噪声平均值 53.7 分贝。四是固体废物危险废物处理方面,危险废物实现综合利用、安全处置零排放,危险废物(医疗废物)无害化集中处理处置率达到 100%。对重点源共 34 家单位进行危险废物规范化管理监督检查和督查考核,抽查的 10 家产生危险废物的单位全部达标。五是环境风险源重点监控方面,建立环境污染公共监测预警机制,建立重点流域、重点区域环境预警体系,积极开展应急演练。六是生态保护与建设方面,完善区永久性保护生态区域目标责任书,完成区永久性保护生态区域保护和修复规划编制工作并正式颁布实施。

二、南开区公共服务各领域重点任务推进情况

(一)大力培育扶持发展,强化社会组织承接服务能力

一是举办创投大赛,推动社会治理模式创新。启动南开区首届公益创投大赛,收到公益项目申报 40 余份,开展社区活动 138 次,培训 27 场次,座谈会 14 次,入户慰问 238 户,募集爱心物资 3065 件,受益群众 6793 人次。着力以优质公益服务项目提供精准服务,满足居民需求,引导社会组织提高承接公共服务和政府委托事项能力。二是建立基层试点,强化社区社会组织能力建设。积极探索政府购买服务新模式,培育壮大基层社会组织,通过引入专业社会工作机构,提供技术支持,以学府街和王顶堤街为试点,打造社区社会组织参与公益创投活动试点,积极为社会组织搭建创新、发展、锻炼、成长的平台。共计 22 个社区公益项目落地实施并开展各类公益活动近 200 场次,惠及社区居民 10000 余人次,深受社区居民的欢迎。三是建设孵化基地,搭建社会组织发展平台。以区级社会组织创益中心为核心,按照"一园·四中心·三空间·五功

能"的职能定位,打造集区、街、居资源共享,社区、社会组织、社会工作人才"三社联动"的社区治理创新空间。四是充分发挥监管服务职能,助力社会组织健康发展。大力宣传《中华人民共和国慈善法》,鼓励公益社会组织开展公益活动,鼓励区级社会组织和备案社区社会组织积极开展志愿服务,发挥其应有的作用。

(二)加强公共服务人才培养,提升公共服务人才能力

一是加强教师队伍建设。以优质课大赛为契机,提升教师的专业水平,促进教师的专业化发展。规范招聘程序,严把教师队伍入口关,创新方式,规范招聘,招聘170人充实到教师队伍中。加强教师交流,均衡教师资源配置。构建培训体系,实施"全员 + 卓越"的教师培养规划,开展全区208名新当选的南开区首届"领航教师""新锐教师"高级研修班活动。加快高层次、创新型教育专业技术人才培养的步伐。二是加大对高端人才的培训力度。组织南开区"天津市'131'创新型人才培养工程"第一层次人选获得者参加在清华大学举办的"'131'创新型人才培养工程第一层次人选高级研修班"。

(三)加强公共服务设施规划,促进公共服务设施合理配置

一是控规深化及总体城市设计工作情况。根据各领域需求并结合现行的规划,保证在原有公共服务设施数量和规模不减少的前提下,尽可能地扩大选址用地规模。二是规划审批情况。审批公共服务设施的建设项目共6个,分别为水厂南侧3个地块、南大迎水道校区2个地块以及天拖二期(岁丰路东侧)地块。其中,社区卫生服务中心、社区综合服务中心、菜市场、基层环卫机构、幼儿园、托老所等居住区级及居住小区级公共服务设施约2.23万平方米。组团级居委会、警务室、公厕等公共服务设施,均按相关标准补建充足。三是推动项目建设情况。积极推动涉及的公共服务设施在建项目,主动服务,及时审批,确保项目实施进度。完成绿水园、43中改扩建项目等7个涉及公共服务设施项目的审批。四是配合专项规划落位情况。推动信美道地块、龙滨园地块教育设施建设,确保项目顺利实施。积极选址和建设环卫设施。落实南开

区"五个一工程"达到拥有一个体育场、一个体育馆、一个游泳馆、一个全民健身中心、一个体育公园,确保各专项规划在控规中予以落位。

(四)加强公共服务行业自律和社会监督,强化信用支撑

一是在公共服务大厅公布"红黑榜",定期报送守信、失信典型案例。二是推动落实《南开区关于建立完善守信联合激励和失信联合惩戒制度加快推进社会诚信建设的实施意见》。在守信联合激励方面,引导相关单位针对信用良好企业,出台相应的激励服务举措,加大政策扶持和媒体宣传,在市场准入、资质认定、行政审批和政策扶持等方面对守信者实施联合激励。在失信联合惩戒方面,通过强化行政监管性约束和惩戒,将市场监管部门经营异常名录、法院"老赖"黑名单系统等失信信息进行共享,通过信用惩罚联动等措施对失信者实施严厉打击。

三、南开区基本公共服务满意度调查中发现的问题

为了更全面、客观的反映南开区公众对基本公共服务的满意程度,在天津市基本公共服务体系"十三五"规划执行情况基本公共服务满意度调查的基础上,特别进行了南开区基本公共服务满意度调查,以期更加精确地反映南开区人民群众对基本公共服务的真实感受。本次调查对象是南开区范围内 18 周岁以上的常住人口,发出问卷 200 份,剔除收回问卷中组别信息填写不全、多项题目未填写的问卷及填写内容基本雷同的问卷,实际有效问卷 189 份。

(一)总体满意度分析

从 189 份公众问卷来看,总体满意度达到 78.84%,说明南开区基本公共服务受到大部分群众的认可,肯定了目前南开区基本公共服务的水平。但是,与全市基本公共服务满意度水平(82.62%)、市内六区基本公共服务满意度水平(81.6%)相比,南开区基本公共服务满意度水平存在一定的差距(详见图1)。

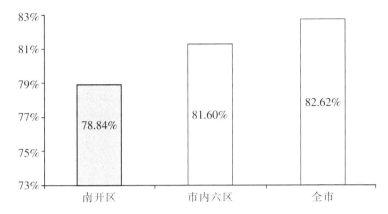

图1 南开区基本公共服务满意度与全市对比图

（二）分领域满意度分析

1. 基本公共教育

在基本公共教育方面,南开区总体满意度为65.39%,低于全市73%的满意度,也低于市内六区71.6%的满意度。其中,公众对小学、初中的教师教学水平、敬业程度满意度最高为72.36%,低于全市满意度(74.69%)2.33个百分点;公众对孩子就近入幼儿园、小学的方便程度满意度为69.86%,低于全市满意度(73.35%)3.49个百分点;公众对中等职业学校的办学水平满意度最低为53.95%,低于全市满意度(70.92%)16.97个百分点。(详见图2)

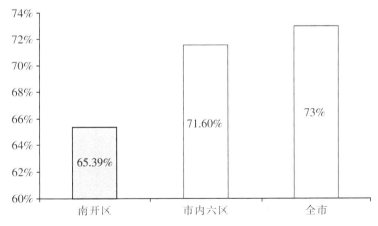

图2 南开区基本公共教育满意度与全市对比图

群众认为南开区基本公共教育还有如下问题,排名第一位的是不满意居住地学校的教学质量,跨区跨片择校(51.25%),其余各项按选择人数由多到少依次是:幼儿园师资水平低、优质幼儿园数量少(46.88%),小学放学时间过早、校区分散、接送不便(45.0%),中职学校学生缺乏职业生涯规划指导(18.75%),普通高中家庭经济困难学生资助水平低(10.63%)。认为无问题的人群比例只占到10.63%。

2.劳动和就业服务

在劳动和就业服务方面,南开区总体满意度为48.72%,低于全市60%的满意度,也低于市内六区55.90%的满意度(详见图3)。其中,公众对使用劳动就业部门提供的就业、创业服务方便程度满意度最高为50%,低于全市满意度(62.90%)12.90个百分点;公众对劳动人事权益的投诉、仲裁方便程度满意度为47.44%,低于全市满意度(57.10%)9.66个百分点。

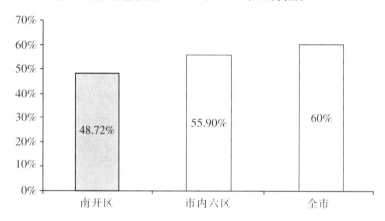

图3　南开区劳动和就业服务满意度与全市对比图

关于创业和就业中希望享受的优惠政策方面,税费减免比例最高,达到63.13%,之后依次为职业培训、就业援助、降低准入门槛、职业补贴、投融资便捷,分别为56.88%、40%、36.88%、36.25%、33.75%。

3.基本社会保障

在基本社会保障方面,南开区总体满意度为64.58%,低于全市66.28%

的满意度,也低于市内六区66.30%的满意度(详见图4)。其中,公众对使用失业保险等相关服务便捷性的满意度最高为67.11%,低于全市满意度(74.64%)7.53个百分点。

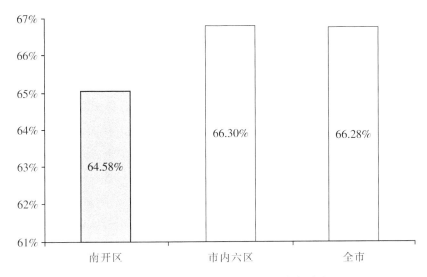

图4 南开区基本社会保障满意度与全市对比图

对于南开区养老保险运行中存在的问题,群众认为排名第一位的是养老金水平偏低(55%),其余各项按选择人数比例由高到低依次是:个人养老保险缴纳比较多(43.13%),养老保险关系衔接不畅(25%),养老保险办理手续繁琐(19.38%),覆盖面不广(13.13%)。认为无问题的人群比例仅为10%。

对于南开区医疗保险运行中存在的问题,群众认为排名第一位的是医保可报销的范围过窄(60%),其余各项按选择人数比例由高到低依次是:医保报销比例偏低(55%),医保异地报销结算不便(41.88%),医保报销手续复杂(29.38%),个人医疗保险缴纳比较多(25%)。认为无问题的人群比例仅为8.75%。

4.基本医疗卫生服务

在基本医疗卫生服务方面,南开区总体满意度为60.64%,低于全市

62.70%的满意度,也低于市内六区 61.70% 的满意度(详见图 5)。其中,公众对免费孕前优生健康检查服务满意度最高为 87.63%,高于全市满意度(83.90%)3.73 个百分点;公众对社区医疗机构的医疗水平满意度为 62.20%,低于全市满意度(62.70%)0.50 个百分点;公众对社区医疗机构为老年人提供的保健服务满意度为 49.09%,低于全市满意度(58.90%)9.81 个百分点;公众对领取国家免费提供的避孕药具方便程度满意度最低为 43.62%,低于全市满意度(56.40%)12.78 个百分点。

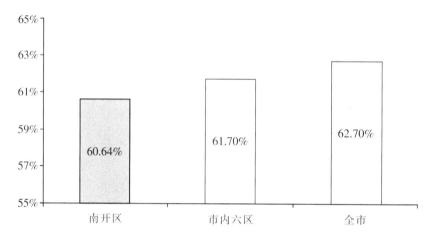

图 5　南开区与全市基本医疗卫生服务满意度对比

群众认为南开区公共医疗卫生还有如下问题,首先是高水平医师挂号难(61.88%),其余各项按选择人数由多到少依次是:医护人员数量不足(50.0%),药品种类和数量少(49.38%),儿童保健项目少(36.88%),老年人保健项目少(33.13%),医疗教育宣传不够(27.5%)。认为无问题的人群比例占到了 6.88%。

5.基本社会服务

在基本社会服务方面,南开区总体满意度为 57.76%,低于全市 61.38% 的满意度,也低于市内六区 59.74% 的满意度(详见图 6)。其中,公众对困难群体医疗救助待遇提高程度的满意度最高为 78.87%,高于全市满意度(73.48%)5.39 个百分点;公众对居家养老服务的方便程度满意度最低为

26.25%,低于全市(45.97%)19.72 个百分点。

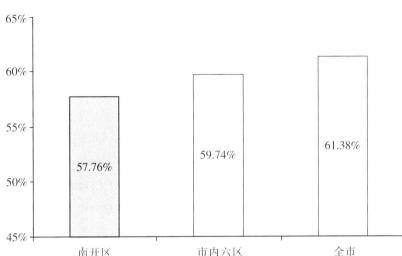

图6 南开区基本社会服务满意度与全市对比

对于目前南开区低保方面存在的问题,群众认为主要是低保人群的认定标准不合理(51.88%),低保人群不能及时领到全部低保金(15%)。认为无问题的人群比例为 21.25%。

对于当前南开区养老机构服务的主要缺点,群众认为排名第一位的是床位申请困难(62.5%),其余各项按选择人数比例由高到低依次是:收费高(51.88%),老弱病残集中环境压抑(48.75%),没有家庭温暖(45.63%),伙食差(20%)、卫生差(20%)。认为无问题的人群比例仅为 8.13%。

6.基本住房保障

在基本住房保障方面,南开区总体满意度为 46.54%,低于全市 50.45%的满意度,也低于市内六区 50.11%的满意度(详见图7)。其中,南开区公众对棚户区改造进程的满意度最高为 61.33%,低于全市满意度(62.70%)1.37个百分点;公众对申请和使用公共租赁住房、限价商品住房的方便程度满意度为 31.75%,低于全市满意度(38.20%)6.45 个百分点。

在申请保障性住房方面,南开区受访群众中有 48.75%的人认为保障房位置偏远、配套差,44.1%的人认为无渠道了解相关政策,33.75%的人认为分配方法不科学,27.5%的人认为申请条件苛刻,23.1%的人认为住房户型较差。

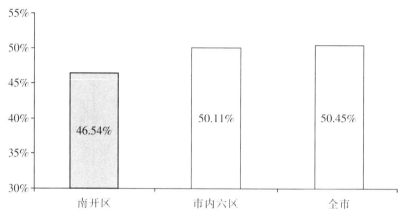

图7　南开区与全市基本住房保障满意度对比

7. 公共文化体育

在公共文化体育方面,南开区总体满意度为74.76%,低于全市75.28%的满意度,也低于市内六区78.19%的满意度(详见图8)。其中,南开区公众对公共图书馆的可借阅图书数量增减情况满意度最高为91.75%,高于全市满意度(82.82%)8.93个百分点;公众对居住区域的体育场馆数量增减情况满意度为83.72%,高于全市满意度(83.11%)0.61个百分点;公众对所在街道的文化站服务水平满意度最低为48.81%,低于全市满意度(59.90%)11.09个百分点。

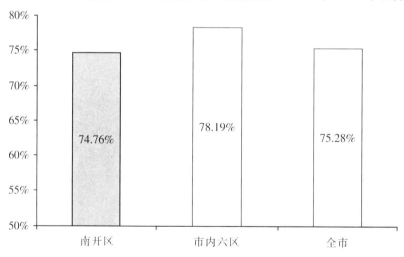

图8　南开区与全市公共文化体育满意度对比

群众认为南开区公共文化体育还有如下问题,排名第一位的是文体场所少(65%),其余各项按选择人数比例由高到低依次是:社区公共文化活动太少(56.88%),企事业单位、学校体育场馆不对公众开放(55%),公共体育馆收费高(53.13%),节庆日文化活动不够丰富(36.25%)。认为无问题的人群比例仅为5.63%。

8.基本公共环境

在基本公共环境方面,南开区总体满意度为79.41%,高于全市74.07%的满意度,也高于市内六区77.65%的满意度(详见图9)。其中,南开区公众对城市生态环境改善程度的满意度最高为86.54%,高于全市满意度(82.20%)4.34个百分点;公众对公共交通出行便利化程度的满意度为83.65%,高于全市满意度(80.59%)3.06个百分点;公众对电信资费下降程度的满意度为68.03%,高于全市满意度(59.41%)8.62个百分点。

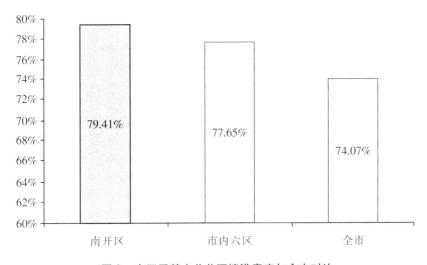

图9　南开区基本公共环境满意度与全市对比

群众认为南开基本公共环境还有如下问题,排名第一位的是宽带资费高(60.63%),其余各项按选择人数比例由高到低依次是:环境噪声污染(55.63%),地铁建设进度慢(49.38%),供暖期室内温度达不到18℃的标准(30%)。认为无问题的人群比例仅为5%。

四、进一步提升南开区基本公共服务水平的对策建议

（一）办好人民满意的教育

优化教育资源配置,完成五马路小学、四十三中学扩建工程,提升改造科技实验小学、二十五中学,扶持非营利性民办学校、幼儿园发展。探索集团化办学,做强"翔宇教育学团"。深化教师队伍建设改革,加强师德师风建设,全面提升教师的素质能力。深入推进课程改革,着力解决中小学课外负担重等突出问题,打造南开优质教育品牌。

（二）实现更高质量就业

积极开展就业服务,充分发挥区就业服务网络系统的作用,最大限度地挖掘就业岗位,不断提高即时化服务覆盖范围,扎实做好就业帮扶。发挥创业带动就业作用,为有创业意愿者实现自主创业提供优质服务,通过扶持创业促进就业,确保新增就业 4 万人,登记失业率控制在 3.8% 以内。根据市场需求,加强师资力量的储备及硬件设施的更新、改造,为适应市场的需求,主要促进中、高级以上人员职业技能的提升。

（三）增强社会保障和社会救助能力

实施对困难群众专项救助与分类施保相结合的精准救助机制,确保对困难群众应保尽保。发挥区残疾人康复中心的服务作用,减免费用、精准服务,新建一批残疾人综合服务站。继续做好基本养老服务补贴发放工作,全力推动全国社区和居家养老改革试点区工作,完善以居家养老为基础,社区养老为依托,机构养老为补充的养老服务体系,满足老年人多样化的需求。加强社会组织监督管理,积极探索社会组织管理模式和社会组织公益创新工作机制,激发社会组织活力,强化社会组织的承接服务能力。

（四）提高人民健康水平

加快推进公立医院改革,完善医疗卫生和计划生育服务保障机制,强化全科医生培养与使用激励。推进分级诊疗,实施中医药服务能力提升行动,巩固全国慢性病综合防控示范区成果,加快区妇儿计生服务中心和疾病预防控制中心建设,深化基本公共卫生和计划生育项目管理。广泛开展全民健身活动,举办全民健身运动会,完善全民健身设施网络,加强体育健身组织、基础设施建设,打造"10分钟健身圈"。

（五）提升公共文化服务水平

优化公共文化服务网络,持续推进"区、街、居"三级公共文化服务体系建设,提升公共文化机构的服务功能。加强对社区文艺团队等的培训指导,完善各街道文化站专职文化工作者队伍建设。加强文博的保护与管理,做好国家级文物单位保护工作。加强博物馆规范化建设,全面提升人防、物防、技防水平。做好非物质文化遗产的传承、保护和推广,筹办"非物质文化遗产日""文化和自然遗产日"传承等系列活动。利用新浪网及微博双端资源,开展好"韵味南开"之"讲民俗说文化"网络传播活动。

（六）完善住房保障体系

积极落实住房保障政策,做好"三种补贴、三种住房"受理、审核、复核、监管工作,确保符合条件的家庭纳入应保尽保范围。加大核查和违规查处力度,依法严厉查处违规骗保行为。完成新裕里、六马路、战备楼棚户区改造,加快成片和零散点房屋棚改征收。对标安全标准,扎实推进老旧小区及远年住房的改造任务,切实改善居民住房条件。

（七）保护公共环境质量

深化中央环保督察突出问题的整改落实,实施"三大"环保行动,着力解决一批群众反映突出的环境问题。加大大气污染综合治理力度,有效控制机动车尾气、餐饮油烟、施工扬尘等污染源,扎实做好重污染天气应对工作,持续改善空气质量。加强固体废弃物和垃圾无害化处理,做好全国污染源普查,加强对噪声污染的管理力度。完善环境风险应急预案,建立健全突发环境事件应急机制,建立重点区域环境预警体系。加强生态保护与建设,筹措建立南开区永久性保护生态区域保护项目库,设立永久性保护生态区域专项资金。积极开展永久性保护生态区域保护和修复工作,确保永久性保护生态区域主要功能发挥作用。

红桥区基本公共服务研究

（天津市经济发展研究院　魏泳博）

基本公共服务的范围比较广，根据经济社会发展的水平高低和政府建设的能力大小而定，但基本上都包括公共教育、公共卫生、公共文化等社会事业，也包括公共交通、公共通信等公共产品和公用设施建设，还包括解决人的生存、发展和维护社会稳定所需要的社会就业、社会分配、社会保障、社会福利、社会秩序等公共制度建设。

基本公共服务体系构建的基本原则主要有基础性原则、系统性原则和公正性原则。第一，基础性原则。基本公共服务体系的基础性在于它保障人民群众最基本的生存与发展需要，事关人民群众的生存权、健康权、受教育权等宪法规定的基本政治权利。第二，系统性原则。基本公共服务体系的组成元素应是一个整体，各元素之间相互联系、相互作用、不可分割，虽然可能随着经济社会事业的不断发展而扩充，但并不改变其系统性。第三，公正性原则。基本公共服务体系的构建必须要体现社会的公平正义，这是它的核心价值。构建全民共享的基本公共服务体系是促进社会公平公正、维护社会和谐安定、确保人民共享发展成果的重大举措。

本文旨在科学、全面地反映红桥区基本公共服务的总体发展水平和公众满意度，综合评估红桥区基本公共服务均等化实现程度，深入剖析出现的问题，及时提出调整和完善的对策建议，持续推动目标任务全面落实，促进红桥区基本公共服务事业全面协调可持续发展。

一、红桥区基本公共服务现状

近年来,红桥区牢固树立共享的发展理念,以全面保障城乡居民生存和发展的基本需要为中心任务,全面落实各项任务,基本公共服务各项事业全面持续健康发展,民计民生加快改善,人民群众的生活品质进一步提升。红桥区大力发展教育、卫生、文化、体育等各项社会事业,坚持教育优先发展,促进教育公平。加强医疗卫生服务体系建设,提高人民的健康水平。加快发展文化事业和文化产业,满足人民群众的文化需求。实施积极的就业政策,完善就业服务体系。促进就业再就业,加强劳动保护,发展和谐的劳动关系,实现经济发展和扩大就业良性互动。健全社会保障制度,保障群众基本生活。逐步建立社会保险、社会救助、社会福利、慈善事业相衔接的覆盖城乡居民的社会保障体系,着力解决困难群众的基本生活问题。完善收入分配制度,规范收入分配秩序。加强收入分配调节,在经济发展的基础上,更加注重社会公平,促进走共同富裕道路。加强生态环境保护,促进人与自然和谐相处。加快建设资源节约型、环境友好型社会,实现可持续发展。强化市场监管,整顿和规范市场经济秩序。继续加强道路、电力、通信、供排水等公共设施建设,不断改善城乡居民的生活条件。但也要清楚地认识到,红桥区在一些基本公共服务领域与全市及其他区域还存在一定差距,还具有一定的提升空间。

(一)教育水平显著提高

2017 年,红桥区中学义务教育巩固率为 96.74%,小学义务教育巩固率为 96.15%,高中阶段入学率为 98.01%。各级各类教育优质发展,建成第一幼儿园和苑园区、启春里配套幼儿园,市级示范幼儿园达到 4 所,一级幼儿园 10 所。特殊教育体系进一步完善,区域内 97%的未入学残疾学生得到教育安置。教师教育培养体系逐步完善,中小幼各学段 30 余名骨干教师参加"国培计划"培训团队专项研修、紧缺领域骨干教师培训、网络研修创新等项目培训,全区市特级教师达到 17 人,36 人入选天津市"领航工程"学员。

（二）就业数量质量显著提升

2017年，红桥区新增就业3.4万人，城镇登记失业率控制在3.8%以内。红桥区大力推动创业带动就业，广泛开展技能人才福利培训，加大就业援助力度。连续开展"春风送岗位""迎'三八'妇女招聘专场""庆'八一'军嫂招聘会""高校毕业生十百千万系列服务活动"等促进就业系列活动。鼓励创业，发放创业担保贷款3000万元，发放小微企业、初创期科技型企业、自主创业企业和企业吸纳就业困难人员社保补贴1.1亿元，岗位补贴5034.9万元。提升劳动者就业能力，组织开展就业技能、岗位技能和创业培训1.2万人次，其中70%以上实现就业。

（三）医疗卫生水平显著提升

全面推进公立医院综合改革，取消二级医院药品加成。推进分级诊疗制度建设，建设了6个对接三级医院的专科医疗联合体，2个区域诊疗中心，智慧医疗更多惠及百姓健康。家庭责任医生签约服务稳步推进，签约服务覆盖率达到31.71%，各类重点人群覆盖率达到85.06%。实现区中医院整体搬迁，累计对9个医疗机构进行提升改造，全区区属公立医疗机构达到18个，非公立医疗机构44个，千常住人口拥有病床7.26张。

（四）棚户区改造步伐不断加快

坚持把棚户区改造作为全区第一件大事，创新棚改体制机制，充分调动各方力量，加快实施棚改"三年清零"计划，全年完成征迁面积28.52万平方米，占全市完成量的55.8%。坚持紧锣密鼓出手与全力以赴收手相结合，全面实现棚改前期工作大提速，启动了同义庄、群众影院等6个项目；集中人员力量实施重点突破，团结村、红桥分局、端阳里项目实现净片清零，丁字沽北大街项目在2个月计时期内完成任务量的80%。西于庄地区采取分片包干、限期清片模式，组织实施的两个阶段"百日会战"成效显著。成立区属承接平台公司，采取政府购买棚改服务和发行政府债券等形式，确保棚改资金及时足额到位。

多方筹措安置房源,率先在全市新出让地块配建定向安置商品房。积极探索协商搬迁货币补偿安置政策,并在同义庄、群众影院项目实施,有效破解了安置房源不足的难题,为棚改工作顺利推进开辟了新路径。加大住房保障工作力度,新增公租房、经济适用房、限价商品房,三种住房补贴受益居民达5267户,完成全年任务的176%。积极推进历史遗留问题房产证项目产权办理工作,实现发证6742件。

(五)社会保障工作取得新成效

坚持在发展中保障和改善民生,精心组织实施20项民心工程。社保覆盖范围不断扩大。2018年,全区职工养老保险、医疗保险、失业保险、工伤保险、生育保险参保人数分别达到8.74万人、9.63万人、6.92万人、6.56万人、6.96万人。保障能力不断增强,共发放失业保险金74万人次、3.6亿元;发放灵活就业人员社保补贴44万人次、2.5亿元;为失业人员续接社会保险达4.7万人,办理职工退休手续0.8万人。社会救助体系不断健全,低保金提高至860元,低收入家庭救助金提高至258元。进一步完善社会保障体系,累计发放各类保障金和救助金2.7亿元,社会保险和医疗保险覆盖面持续扩大。围绕落实基层党建"万千百十"行动计划,集中开展"问需帮困十个百户"精准帮扶专项行动。推进残疾人普惠特惠政策落实,托养服务和康复工作水平持续提升。组织开展红十字博爱精准系列救助活动。举办第24届"民族团结月"系列活动,区民宗办被国家宗教事务局授予集体三等功,和苑街道康和园等4个社区荣获"天津市民族团结进步创建示范社区"称号。

(六)完善公共文化服务体系

重点项目建设扎实推进,建成区级综合文化中心、10个街道综合文化站和4个图书馆分馆,创建了31个"津城书吧"。引入社会资本参与第28届运河桃花文化商贸旅游节。基层文化队伍建设成效显著,全区公共文化志愿服务团队共26支,馆办文化团队达到17支,200余支文艺团队活跃在社区。加强非物质文化遗产传承保护,新增区级非物质文化遗产项目11个,市级项目6

个,国家级代表性传承人1名。积极塑造旅游文化形象,打造运河文化旅游新名片和红色旅游精品路线,平津战役纪念馆被评为国家4A级旅游景区。文化协同发展成效显著,与北京市海淀区、河北省张家口市联合举办《三地情 冬奥梦》京津冀书画展》。文化惠民扎实有效,公共图书馆、文化馆、博物馆和各街道、社区综合文化服务中心全部免费向社会开放。组织系列品牌文化活动,连续举办第七届、第八届天津市老年文化艺术节系列活动、天津相声节和社区文体艺术节。按照"五个一"建设标准,完成游泳馆、健身中心、体育公园建设。建设西沽健身中心、2个街道级全民健身中心和17个社区健身园,体育基础设施网络基本形成。全民健身运动广泛开展,经常参加体育锻炼人数占全区人口总数的44.5%。

(七)市政基础设施建设不断完善

推动保康东路、本溪路建设,完成天骄公寓等17个小区二次供水改造和7处旧燃气管网改造,实施1.2万平方米老旧供热管网改造。加快老旧社区提升改造,提升改造旧楼区194个,其中散片旧楼区85个,旧楼区物业管理全覆盖。大力推进夜景灯光提升工程,重点对海河沿线及其上游红桥段夜景灯光进行提升。优化环卫设施布局,新建成和苑地区临时垃圾转运站、营门西临时垃圾转运站。提升机械化作业水平,主干道路机扫率、水洗率始终保持100%。推进生活垃圾无害化、减量化、资源化处置,城市生活垃圾无害化处理率达到100%。通信基础设施加快推进,积极落实新建住宅光纤到户国家标准,已完成金桥、金筑、亿城等6个新建住宅项目和和苑居住区的信号接入,光纤到户覆盖率达到100%。重点建设十大生态园林景观,相继完成三岔河口带状公园、子牙河碧桃园、北运河桃柳堤、南运河"天子津渡"遗址公园、水趣园建设。实施道路绿化工程,完成了中环线、光荣道、复兴路、西青道等精品园林景观道路。完成桃花堤、青年园等公园改造。人均公园绿地面积达到7.94平方米。

(八)生态环境质量持续提升

以落实中央环保督察整改为契机,集中开展露天烧烤、马路餐桌、车辆运输撒漏等各类专项整治,下大力气解决了西于庄农工商闲置地块等一批历史遗留环境问题,办结中央环保督察组转办信访件34批次256件。全力打好大气污染综合治理攻坚战,加强扬尘管控,严格落实"六个百分之百"防控措施,分类治理餐饮油烟企业,妥善处置散乱污企业,加快散煤清洁化治理,全面完成4699户"煤改电"和5382户集中供热补热任务,全区环境空气质量明显好于往年,综合排名提升7个名次,PM$_{2.5}$同比下降12.3%。大力推进水污染防治、土壤污染防治和永久性保护生态区域工作,建成南运河河水自动监测站。全面推行河长制工作,形成全区河湖河长名录,深入排查全区河湖水环境问题,水环境质量位居全市前列。

二、基本公共服务满意度问卷调查

(一)公众调查问卷及调查对象情况

本次调查对象是天津市红桥区范围内18周岁以上的常住人口。分析中设立了不同组别方向,情况如下:"男、女"两类性别组别,"20~35岁、36~50岁、51岁以上"三段年龄组别,三段年龄组别占比分别为29.5%、47.7%、22.7%。"10年以下、11—20年、20年以上"三段本地居住时间组别,占比分别为22.7%、20.5%、56.8%;"3000元以下、3000—6000元、6000元以上"三段月收入组别,占比分别为22.7%、25%、52.3%。"专科及以下、本科、硕士及以上"三项受教育程度组别,占比分别为34.1%、41%、22.7%。"机关事业单位人员、企业人员、农民、个体经营者、退休人员、未就业人员、学生、其他"八项职业组别。

从公众问卷来看,共分为基本公共教育、劳动和就业服务、基本社会保障、基本医疗卫生、基本社会服务、基本住房保障、公共文化体育、基本公共环境八方面内容,包括免费孕前优生健康检查,居住区域的体育场馆数量增减情况,公共图书馆的可借阅图书数量增减情况,城市生态环境改善程度,公共交通出行便利化程度,小学或初中的教师教学水平、敬业程度,使用劳动就业部门提供的失业保险等相关服务便捷性,困难群体医疗救助待遇,孩子就近入幼儿园、小学的方便程度,中等职业学校办学水平,使用劳动部门提供的就业、创业服务的方面程度,所居住社区基层医疗卫生机构医疗水平,棚户区改造和农村危房改造进程,所在乡镇(街道)的文化站服务水平,对电信资费下降的满意度,社区医疗机构为老年人提供的保健服务,领取免费计生用品方便程度,享受居家养老服务的便捷性,申请和使用公共租赁住房、限价商品房方便程度等30 多个问题。

(二)调查问卷分析

从调查结果(详见图 1)来看,红桥区基本公共服务总体满意度达到81.8%,说明当地基本公共服务受到大部分群众的认可,肯定了目前基本公共服务的水平。红桥区公众对于基本公共教育的满意度为 73.6% ,与全市基本公共教育 73%的满意度基本持平;劳动和就业服务的满意度为 63.6% ,与全市60%的满意度基本持平;基本社会保障的满意度为 90% ,远高于全市66.28%的满意度;基本医疗卫生满意度为70.5% ,高于全市 65.5% 的满意度;基本社会服务的满意度为56.3% ,低于全市 66.3% 的满意度;基本住房保障的满意度为75% ,高于全市50.5%的满意度;公共文化体育的满意度为 87.5% ,高于全市75.3%的满意度;基本公共环境的满意度为 79.7% ,高于全市 74.1%的满意度。

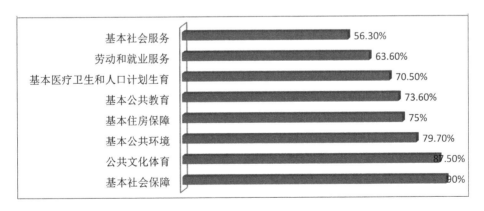

图 1　红桥区各领域基本公共服务满意度对比图

1. 基本公共教育

对孩子就近入幼儿园、小学方面,满意度为76.3%。对小学或初中的教师教学水平、敬业程度方面,满意度为73.5%。对中等职业学校的办学水平方面,满意度为72.2%。小学、中学、职业学校等基本公共教育方面之间的满意度差距较小。从性别组别来看,男、女性对于基本公共教育满意度分别为72.3%、75%,二者相差较少。从年龄组别来看,"20—35岁、36—50岁、51岁以上"三段对于基本公共教育满意度分别为50%、79.1%、90%,呈现年龄越大满意度越高的趋势。从受教育程度来看,"专科及以下、本科、硕士及以上"三项组别对于基本公共教育满意度分别为77.8%、65%、85%。

对于当前基本公共教育方面存在的问题(详见图2),群众认为排名第一的问题是不满意居住地学校的教学质量,跨区跨片择校(50%)。其余各项按选择人数比例由高到低依次是:幼儿园师资水平低,优质幼儿园数量少(45.5%);小学放学时间过早、校区分散,接送不便(38.6%);中职学校学生缺乏职业生涯规划指导(34.1%);普通高中家庭经济困难学生资助水平低(18.2%)。此外,还有部分群众反映教室没有空调,夏天孩子们上课太热,课上讲的内容不够深入等,这些问题同样需要予以重视。

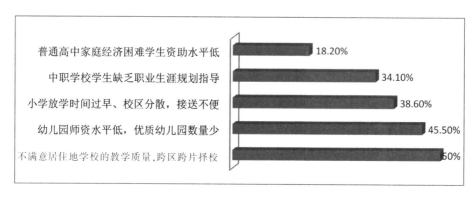

图2 红桥区公共教育方面存在的问题

2. 劳动和就业服务

在方便使用劳动就业部门提供的就业、创业服务方面,总体满意度为

75%。在方便使用劳动人事权益的投诉、仲裁方面,总体满意度为57.9%。从性别组别来看,男、女性对于劳动和就业服务满意度分别为65%、61.5%。从受教育程度来看,"专科及以下、本科、硕士及以上"三项组别对于劳动和就业服务满意度分别为83.3%、46.7%、66.7%。从收入来看,"3000元以下、3000—6000元、6000元以上"三段月收入组别对于劳动和就业服务满意度分别为71.4%、83.3%、55%。

关于创业和就业中享受的优惠政策方面存在的问题(详见图3),群众认为排名第一位的是税费减免(52.3%),之后依次为职业培训(50%)、职业补贴(50%)、降低准入门槛(50%)、就业援助(38.6%)、投融资便捷(29.5%)。

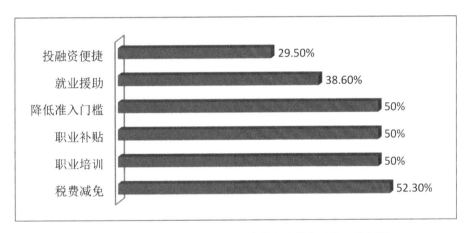

图3 红桥区创业和就业中享受的优惠政策方面存在的问题

3.基本社会保障

在使用劳动就业部门提供的失业保险等相关服务方面,总体满意度为90%。从性别、年龄、受教育程度、收入水平来看,组别之间基本不存在差距,公众满意度都较高。

对于当前养老保险方面存在的问题(详见图4),群众认为排名第一位的是养老金水平偏低(68.2%)。其余各项按选择人数比例由高到低依次是:个人养老保险缴纳比较多(43.2%),养老保险关系衔接不畅(20.5%),养老保险办理手续繁琐(18.2%),覆盖面不广(18.2%)。

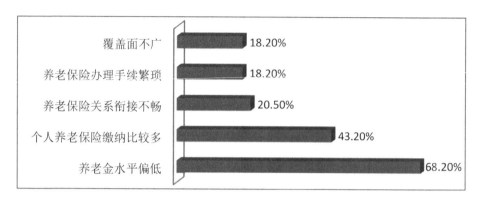

图4　养老保险方面存在的问题

对于目前医疗保险运行中存在的问题(详见图5),群众认为排名第一位的是医保报销比例偏低(70.5%)。其余各项按选择人数比例由高到低依次是:医保可报销的范围过窄(54.5%),医保异地报销结算不便(40.9%),个人医疗保险缴纳比较多(38.6%),医保报销手续复杂(20.5%)。此外,还有部分群众认为医院操作繁琐、自费项目较多、医保额度太少、社区医院药少、"刷卡倒药"现象普遍等问题较严重,这些问题都需要予以重视。

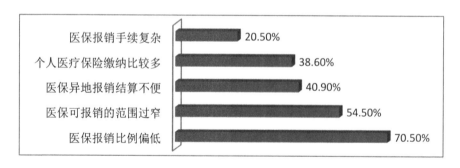

图5　医疗保险方面存在的问题

4.基本医疗卫生

对于社区或村卫生室的医疗水平方面,总体满意度为63.2%。对于社区医疗机构为老年人提供的保健服务方面,总体满意度为64.9%。从性别组别来看,男、女性对于基本医疗卫生满意度分别为75.7%、52.6%。从收入来看,

"3000元以下、3000—6000元、6000元以上"三段月收入组别对于基本医疗卫生满意度分别为60%、63.2%、65.9%。从受教育程度来看,"专科及以下、本科、硕士及以上"三项组别对于基本医疗卫生满意度分别为80%、52.9%、62.5%。

对免费孕前优生健康检查服务方面,总体满意度为92.6%。对方便领取到国家免费提供的避孕药具方面,总体满意度为65%。从收入来看,"3000元以下、3000—6000元、6000元以上"三段月收入组别对于人口计划生育满意度分别为71.4%、90%、75.9%。

对于目前基本医疗卫生中存在的问题(详见图6),群众认为排名第一位的是高水平医师挂号难(65.9%)。其余各项按选择人数比例由高到低依次是:药品种类和数量少(56.8%),医护人员数量不足(54.5%),儿童保健项目少(43.2%),老年人保健项目少(40.9%),医疗教育宣传不够(34.1%)。此外,还有受访群众提出的社区医院就诊环境和医疗条件应加以改善,老年人看病挂号排队困难等问题,同样需要加以重视。

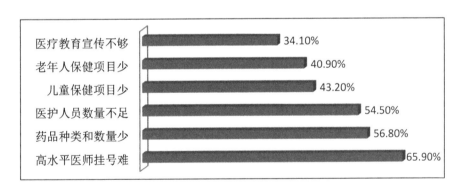

图6　基本医疗卫生方面存在的问题

5.基本社会服务

对于方便享受到居家养老服务方面,总体满意度为44%。对困难群体(低保、特困及低收入人员等)的医疗救助待遇提高方面,总体满意度为69.6%。从性别组别来看,男、女性对于基本社会服务满意度分别为60.7%、50%,二者差距较大。从受教育程度来看,"专科及以下、本科、硕士及以上"三项组别对于基本社会服务满意度分别为 50% 、59.1% 、60% ,呈现依次上升的趋势。从收入来看,"3000 元以下、3000—6000 元、6000 元以上"三段月收入组别对于基本社会服务满意度分别为 36.4% 、70% 、59.3% 。

对于目前最低生活保障方面存在的问题,群众认为排名第一位的是低保人群的认定标准不合理(54.5%)。其余各项按选择人数比例由高到低依次是:农村低保的配套措施(教育、医疗等方面的救助制度)不健全(31.8%),低保人群不能及时领到全部低保金(15.9%)。

对于目前养老机构中存在的问题(详见图 7),群众认为排名第一位的是床位申请困难(56.8%),其余各项按选择人数比例由高到低依次是:老弱病残集中、环境压抑(54.5%),收费高(52.3%),没有家庭温暖(31.8%),伙食差(20.5%),卫生差(27.3%)。此外,还有群众认为还存在护理人员不够专业、公办养老机构申请困难、医养结合配套服务有待提高等问题。

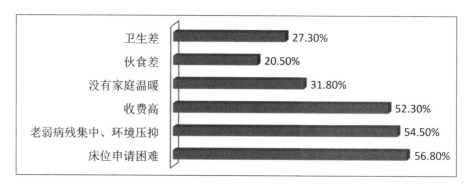

图 7　养老机构存在的问题

6.基本住房保障

对棚户区改造和农村危房改造进程方面,总体满意度为 62.5% 。对方便申请和使用公共租赁住房、限价商品住房方面,总体满意度为 50% 。从性别组别来看,男、女性对于基本住房保障满意度分别为 62.1% 、47.8% ,二者差距较大。从受教育程度来看,"专科及以下、本科、硕士及以上"三项组别对于基本住房保障满意度分别为 44.4%、54.2%、80%，呈现依次上升的趋势。从收入来看，"3000 元以下、3000—6000 元、6000 元以上"三段月收入组别对于基本住房保障满意度分别为 33.3%、66.7%、60.7%。

对于申请保障性住房中存在的问题（详见图 8），群众认为排名第一位的是保障房位置偏远配套差（52.3%）。其余各项按选择人数比例由高到低依次是：无渠道了解相关政策（45.5%），住房户型较差（38.6%），申请条件苛刻（36.4%），分配方法不科学（29.5%）。

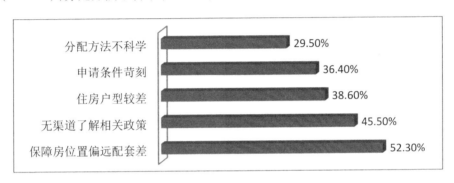

图 8　申请保障性住房存在的问题

7. 公共文化体育

对公共图书馆的可借阅图书数量较之前增减变化方面，50% 的人认为增加，剩余 50% 认为没变化；对所在乡镇（街道）的文化站服务水平提升方面，总体满意度为 68.4%；居住区域的体育场馆数量较之前变化方面，24.3% 的人认为增加，62.2% 认为没变化，其余认为减少。从年龄组别来看，"20—35 岁、36—50 岁、51 岁以上"三段对于基本公共文化体育满意度分别为 74.1%、93.1%、85.6%。

对于目前公共文化体育中存在的问题（详见图 9），群众认为排名第一位的是文体场所少（60.5%），其余各项按选择人数比例由高到低依次是：社区公共文化活动太少（53.5%），企事业单位、学校体育场馆不对公众开放（48.8%），公共体育馆收费高（37.2%），节庆日文化活动不够丰富（30.3%）。此外还有部分群众反映运动场所环境太差、污染太严重，广场舞占用运动场所等,这些问题同样需要予以重视。

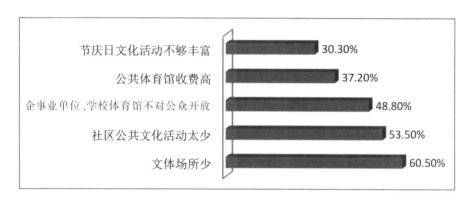

图9 公共文化体育存在的问题

8.基本公共环境

对公共交通出行便利化程度提升方面,总体满意度为88.1%;对电信资费下降方面,总体满意度为65.8%;对(空气、水、噪声、固体废物等)城市生态环境改善方面,总体满意度为83.7%。从性别组别来看,男、女性对于基本公共环境满意度分别为83.3%、70.2%,二者差距较大。从收入来看,"3000元以下、3000—6000元、6000元以上"三段月收入组别对于基本住房保障满意度分别为45.8%、87.1%、83.6%。

群众认为基本公共环境存在如下问题(详见图10),排名第一位的是宽带资费高(62.8%),其余各项按选择人数比例由高到低依次是:地铁建设进度慢(48.8%),环境噪声污染(48.8%),农村生活生产污染(30.2%),供暖期室内温度达不到18℃的标准(25.6%)。此外,还有部分群众认为存在城市整体绿化水平低,公共卫生间少,老旧社区环境整治不彻底,学校医院周边因接送学生和病患造成交通堵塞,供暖温度标准偏低,供水水质有待提高等问题。

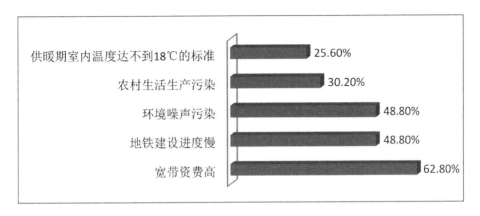

图10　基本公共环境存在的问题

综上所述,红桥区基本公共服务具体服务项目满意度呈现"四优三劣"两种极端。在小学或初中的教师教学水平、敬业程度,困难群体医疗救助待遇,享受居家养老服务的便捷性,棚户区改造和农村危房改造进程四个方面低于全市满意度,其他均高于全市满意度。

公众对免费孕前优生健康检查的满意度最高,达到92.6%;红桥区在城市生态环境改善程度、公共交通出行便利化程度、使用劳动就业部门提供的失业保险等相关服务便捷性也得到群众认可,满意度均超过80%。

但是,公众对申请和使用公共租赁住房、限价商品房方便程度的满意度最低,仅为50%;群众对我区在享受居家养老服务便捷性、使用投诉、仲裁服务方便程度的认可偏低,满意度均低于60%。建议继续加强基本住房保障、养老和劳动服务的投入力度。

表1　红桥区与全市具体服务项目公众满意度对比

服务项目	红桥满意度(%)	全市满意度(%)
免费孕前优生健康检查	92.6	83.90
城市生态环境改善程度	83.7	82.20
公共交通出行便利化程度	88.1	80.59
小学或初中的教师教学水平、敬业程度	73.5	74.69

服务项目	红桥满意度（%）	全市满意度（%）
使用劳动就业部门提供的失业保险等相关服务便捷性	90.0	74.64
困难群体医疗救助待遇	69.6	73.48
孩子就近入幼儿园、小学的方便程度	76.3	73.35
中等职业学校办学水平	72.2	70.92
使用劳动部门提供的就业、创业服务的方面程度	75.0	62.90
所居住社区基层医疗卫生机构医疗水平	63.2	62.70
棚户区改造和农村危房改造进程	62.5	62.70
所在乡镇（街道）的文化站服务水平	68.4	59.90
对电信资费下降的满意度	65.8	59.41
社区医疗机构为老年人提供的保健服务	64.9	58.90
使用投诉、仲裁服务方便程度	57.9	57.10
领取免费计生用品方便程度	65.0	56.40
享受居家养老服务的便捷性	44.0	45.97
申请和使用公共租赁住房、限价商品房方便程度	50.0	38.20

三、对策建议

（一）增加公共服务供给

将新建扩建幼儿园所列入"十三五"后期的重点任务，加快破解"入园难"。加强素质教育，提高教育质量，打造 1～2 所初高中优质教育品牌，搭建云教育公共服务平台，推动教育国际化、信息化、现代化。充分发挥医联体功能，扩大家庭医生签约服务覆盖面，加大社区医疗服务投入，提高群众就医满意度，提升公共卫生安全保障水平。提升区级综合文化中心服务功能，完善区、街道、社区三级公共文体设施网络，持续举办好运河桃花文化商贸旅游节、天津相声节等文化品牌活动。

（二）完善市政基础设施

针对干线路网中的薄弱环节，实施一批道路新建扩建工程，协调推进地铁4号线、10号线红桥段建设对接，提高交通承载能力。推动子牙河、南运河、北运河河岸通道建设，畅通沿河交通系统，缓解主干道交通拥堵现状。建设城区交通慢行系统，建设一批便民公益停车场和人行天桥，提高人民群众对交通出行的满意度。继续推进老旧住宅提升改造工作，加强旧楼区物业长效管理，继续开展美丽社区创建工作。

（三）全面推进棚户区改造

把"三年清零"任务作为红桥再度腾飞的机遇，要集中人员力量，创新征迁工作思路，多方筹措资金房源。通过棚户区改造和加快土地整理出让进度，红桥将拥有在全市中心城区中不可多得的土地资源，这些土地资源将成为"十三五"后期红桥高质量发展的有效载体，有利于改变红桥的城区形象和在全市的功能地位。

（四）完善社会保障

拓宽就业再就业渠道，鼓励以创业带动就业，突出抓好高校毕业生、就业困难人员等重点群体就业问题。全面实施全民参保计划，提高社会保险覆盖面和保障水平。继续开展问需帮困、精准帮扶行动，健全低收入家庭状况核对制度，切实做到应保尽保。全面落实各项住房保障政策，切实解决困难群众和人才住房困难。形成就业援助、社会保险、社会福利与救助相衔接的基本保障网。